高职商务英语数字教学资源设计与开发研究

唐香红 ◎ 著

吉林出版集团股份有限公司
全国百佳图书出版单位

图书在版编目（CIP）数据

高职商务英语数字教学资源设计与开发研究 / 唐香红著. -- 长春：吉林出版集团股份有限公司，2024.6.
ISBN 978-7-5731-5346-3

Ⅰ．F7

中国国家版本馆CIP数据核字第20240Q5K06号

GAOZHI SHANGWU YINGYU SHUZI JIAOXUE ZIYUAN SHEJI YU KAIFA YANJIU

高职商务英语数字教学资源设计与开发研究

著　　者	唐香红
责任编辑	张婷婷
装帧设计	朱秋丽
出　　版	吉林出版集团股份有限公司
发　　行	吉林出版集团青少年书刊发行有限公司
地　　址	吉林省长春市福祉大路5788号（130118）
电　　话	0431-81629808
印　　刷	北京昌联印刷有限公司
版　　次	2024年6月第1版
印　　次	2024年6月第1次印刷
开　　本	787 mm×1092 mm　1/16
印　　张	13.5
字　　数	288千字
书　　号	ISBN 978-7-5731-5346-3
定　　价	76.00元

版权所有·翻印必究

前　言

在全球经济一体化的背景下,商务英语成为连接中国与世界的桥梁。高职商务英语教学旨在培养具备扎实英语基础和较强商务沟通能力的专业人才,以满足国际交流与合作的需求。然而,传统的高职商务英语教学方式往往侧重于理论教学,缺乏实践性和互动性,难以激发学生的学习兴趣和积极性。

与此同时,信息技术的快速发展为高职商务英语教学带来了前所未有的机遇。数字化教学资源具有内容丰富、形式多样、互动性强等特点,能够为学生提供更加真实、生动的商务英语学习环境。高职商务英语教学通过整合多种教学资源,构建线上线下相结合的教学模式,可以有效提升教学效果。

数字教学资源的设计与开发是高职商务英语教学改革的关键环节。一方面,优质的数字教学资源能够为学生提供丰富的学习材料和实践机会,帮助他们更好地掌握商务英语知识和技能;另一方面,数字教学资源的设计与开发还能够促进教师教学方法的创新和教学水平的提升,推动高职商务英语教学的现代化和信息化。

高职商务英语数字教学资源的设计与开发是一项具有重要意义的工作。通过不断优化和完善数字教学资源,我们可以为高职商务英语教学注入新的活力,提升教学质量和效果。在未来,随着信息技术的进一步发展,我们有理由相信高职商务英语数字教学资源将更加丰富多样、智能化和个性化,为培养更多优秀的国际商务人才做出更大贡献。

国家社会科学基金"十三五"规划教育学一般课题《智慧型3D网络学习空间构建应用研究》(编号:BCA170078)子课题《3D虚拟学习环境下商务英语课程资源建设与应用研究》阶段性成果。

目 录

第一章 引言 ·· 1
 第一节 研究背景和动机 ·· 1
 第二节 研究目的和目标 ·· 7
 第三节 研究方法和数据来源 ·· 13

第二章 高职商务英语教育与数字化转型 ································ 20
 第一节 高职商务英语教育的特点和需求 ···························· 20
 第二节 数字化转型在高职商务英语教育中的意义 ················ 26
 第三节 高职商务英语数字教学资源的发展现状 ··················· 33

第三章 高职商务英语数字教学资源需求分析与设计 ················ 39
 第一节 高职商务英语学习者需求分析 ······························· 39
 第二节 高职商务英语数字教学资源设计原则 ····················· 45
 第三节 高职商务英语数字教学资源设计流程 ····················· 50
 第四节 高职商务英语数字教学资源设计案例分析 ················ 56

第四章 高职商务英语数字教学资源开发与实施 ····················· 60
 第一节 高职商务英语数字教学资源开发工具和技术 ············· 60
 第二节 高职商务英语数字教学资源开发过程 ····················· 65
 第三节 高职商务英语数字教学资源的实施和评估 ················ 71
 第四节 高职商务英语数字教学资源开发与实施案例分享 ······· 77

第五章 高职商务英语数字教学资源的应用与教学策略 ············ 81
 第一节 高职商务英语数字教学资源的应用场景 ··················· 81
 第二节 高职商务英语数字教学资源的教学策略和方法 ··········· 88

  第三节 高职商务英语数字教学资源的案例分析…………………… 95

  第四节 高职商务英语数字教学资源应用效果反馈与改进…………… 101

第六章 高职商务英语数字教学资源的管理与维护…………………… 108

  第一节 高职商务英语数字教学资源的管理策略……………………… 108

  第二节 高职商务英语数字教学资源的维护与更新…………………… 115

  第三节 高职商务英语数字教学资源的版权与法律问题……………… 122

  第四节 高职商务英语数字教学资源管理与维护案例分析…………… 127

第七章 高职商务英语数字教学资源的评估与效果分析………………… 132

  第一节 高职商务英语数字教学资源的评估方法与工具……………… 132

  第二节 高职商务英语数字教学资源的学习效果分析………………… 139

  第三节 高职商务英语数字教学资源的改进与优化…………………… 146

  第四节 高职商务英语数字教学资源评估与效果分析案例分享……… 154

第八章 高职商务英语数字教学资源的实践案例与经验分享…………… 160

  第一节 高职商务英语数字教学资源的实践案例介绍………………… 160

  第二节 高职商务英语数字教学资源的成功经验分享………………… 166

  第三节 高职商务英语数字教学资源的问题与解决方案……………… 174

第九章 3D网络学习空间平台在高职商务英语教学中的应用………… 182

  第一节 3D网络学习空间平台的独特设计特点……………………… 182

  第二节 平台功能与学生沉浸式学习体验……………………………… 188

  第三节 商务英语教学情境模拟与增强学生参与性…………………… 194

  第四节 平台使用效果与反馈分析………………………………………… 197

第十章 结论与展望………………………………………………………… 200

  第一节 研究成果总结……………………………………………………… 200

  第二节 研究的局限性和不足之处……………………………………… 203

  第三节 未来研究方向和建议…………………………………………… 205

参考文献……………………………………………………………………… 209

第一章 引言

第一节 研究背景和动机

一、当前高职商务英语教育面临的挑战与机遇

高职商务英语教育在当前全球化背景下扮演着举足轻重的角色，它既是培养国际商务人才的重要途径，也是推动经济发展的关键力量。然而，随着国际形势的不断变化以及教育改革的深入推进，高职商务英语教育面临着诸多挑战与机遇。

（一）高职商务英语教育面临的挑战

当前，一些高职院校的商务英语课程设置过于传统，未能及时反映市场动态和行业发展趋势。这导致学生所学的知识与实际工作岗位需求存在差异，难以直接应用于实际工作。因此，如何根据市场需求调整课程结构，提高教育的实用性和针对性，是高职商务英语教育面临的一大挑战。传统的商务英语教学方法往往以讲授为主，缺乏互动和实践环节。同时，教学手段也相对单一，未能充分利用现代信息技术和多媒体资源。这既影响了学生的学习兴趣和积极性，也制约了教学效果的提升。因此，如何创新教学方法和手段，提高学生的学习兴趣和参与度，是高职商务英语教育需要解决的重要问题。

高职商务英语教育的质量很大程度上取决于教师的素质和能力。然而，目前一些高职院校的商务英语教师队伍存在数量不足、结构不合理、教学水平不高等问题。这直接影响了教学质量和学生的学习效果。因此，如何加强师资队伍建设，提高教师的专业素养和教学能力，是高职商务英语教育面临的重要挑战。商务英语教育的核心目标是培养学生的语言应用能力，包括听、说、读、写等方面。然而，目前一些高职院校的商务英语教学侧重于语言知识的传授，而忽视了对学生语言应用能力的培养。这导致学生在实际工作中难以有效地运用商务英语进行沟通和交流。因此，如何加强对

学生语言应用能力的培养，提高学生的综合素质和竞争力，是高职商务英语教育需要关注的重要问题。

（二）高职商务英语教育面临的机遇

随着全球化的深入发展，国际交流与合作成为推动高职商务英语教育发展的重要力量。高职院校可以通过与国外高校或企业开展合作，引进先进的教育理念和教学资源，提高教育的国际化水平。同时，也可以为学生提供更多的国际交流和实习机会，拓宽他们的国际视野和就业渠道。现代信息技术的快速发展为高职商务英语教育创新提供了广阔的空间。高职院校可以利用互联网、大数据、人工智能等技术手段，构建在线学习平台、虚拟实验室等教学环境，实现线上线下相结合的混合式教学。这不仅可以提高教学的灵活性和便利性，还可以为学生提供更加丰富的学习资源和互动体验。

随着经济全球化和国际贸易的不断发展，社会对商务英语人才的需求持续增长。这为高职商务英语教育提供了广阔的发展空间和市场前景。高职院校可以通过调整专业设备、优化课程体系、加强实践教学等方式，培养更多符合市场需求的高素质商务英语人才。

（三）对策与建议

高职院校应加强与企业和行业的联系，及时了解市场需求和行业动态，根据市场需求调整课程结构和内容。同时，也应注重培养学生的综合素质和创新能力，以适应不断变化的市场环境。高职院校应积极探索新的教学方法和手段，如案例教学、项目教学、混合式教学等，以提高学生的学习兴趣和参与度。同时，也应充分利用现代信息技术和多媒体资源，构建高效、便捷的教学环境。

高职院校应加大对商务英语教师队伍的建设投入，引进优秀人才，加强培训和交流，提高教师的专业素养和教学能力。同时，也应建立完善的激励机制和评价机制，激发教师的工作热情和创造力。高职院校应加强与企业和行业的合作，建立稳定的实习基地和实践教学平台，为学生提供更多的实践机会，以增加其实践经验。同时，也应注重培养学生的实际操作能力和解决问题能力。

二、数字化转型对教育行业的推动和影响

随着科技的快速发展，数字化转型已经深入社会的各个领域，其中包括教育行业。数字化转型对教育行业的推动和影响是深远的，它不仅改变了教学方式和手段，也促进了教育资源的优化和共享，提高了教育质量和效率。

（一）数字化转型推动教学方式的创新

数字化转型为教育行业带来了丰富多样的教学方式和手段。传统的课堂教学已经不再是唯一的选择，网络教育、在线教育、远程教育等新型教学方式应运而生。这些新型教学方式突破了时间和空间的限制，让学生可以随时随地进行学习，大大提高了其学习的灵活性和自主性。

同时，数字化转型也为教学带来了更多的互动性和趣味性。通过多媒体、虚拟现实、人工智能等技术手段，教师可以创设更加丰富多样的教学情境和互动环节，激发学生的学习兴趣和积极性。学生也可以通过这些技术手段进行自主学习和探究，培养自己的创新能力和实践能力。

（二）数字化转型促进教育资源的优化和共享

数字化转型使教育资源的获取和共享变得更加便捷和高效。通过互联网和数字化技术，教育资源可以实现跨地域、跨学校的共享和交流，使得优质教育资源得到更加充分的利用。这不仅有助于缩小地区之间、学校之间的教育差距，也为学生提供了更多的学习机会和选择。

同时，数字化转型也促进了教育资源的优化和整合。学校通过大数据和人工智能等技术手段，可以对教育资源进行精准的分析和评估，为教育决策提供更加科学的依据。这有助于优化教育资源配置，提高教育质量和效率。

（三）数字化转型提高教育质量和效率

数字化转型通过改变教学方式和手段，优化教育资源，进而提高了教育质量和效率。首先，数字化教学手段使得教学更加生动、形象、直观，有助于学生更好地理解和掌握知识。其次，数字化技术可以帮助学生进行自主学习和探究，培养他们的创新能力和实践能力，从而提高他们的综合素质。最后，数字化技术还可以帮助教师更好地了解学生的学习情况和需求，从而使其进行更加精准的教学和指导。

同时，数字化转型也使得教育管理和服务更加高效和便捷。学校通过数字化管理系统和平台，可以实现对学生信息、课程信息、教学资源等的全面管理和跟踪，提高了教育管理的精细化和科学化水平。此外，数字化技术还可以为学生提供更加便捷的服务，如在线答疑、课程咨询等，提高了学生的满意度和获得感。

（四）数字化转型带来的挑战与对策

尽管数字化转型为教育行业带来了诸多的机遇和优势，但也面临着一些挑战。首先，数字化转型需要投入大量的资金和技术支持，对于一些经济欠发达或技术基础薄弱的地区和学校来说,实现数字化转型可能存在一定的困难。其次,数字化转型也对教师的素质和能力提出了更高的要求,需要教师具备数字化教学的知识和技能。此外,数字化转型也可能带来一些安全隐患和隐私问题,需要加强数据保护和安全管理。

针对这些挑战,我们应该采取积极的对策。首先,政府和社会应加大对教育行业数字化转型的投入和支持力度,为学校和教师提供必要的资金和技术支持。其次,应加强教师的数字化教学培训和能力提升工作,帮助他们适应和掌握数字化教学方式和手段。此外,还应加强数据保护和安全管理,以确保学生的个人信息和隐私不被泄露和滥用。

三、高职商务英语数字教学资源设计的必要性和紧迫性

随着信息技术的迅猛发展,数字化教学已成为教育领域的重要趋势。高职商务英语作为培养国际商务人才的关键学科,其数字教学资源的设计与应用显得尤为重要。

(一)必要性分析

在信息化时代背景下,教育信息化的推进已经成为教育改革的重要方向。高职商务英语作为与国际接轨的学科,其教学资源的数字化设计是适应信息化教学趋势的必然要求。数字教学资源的设计与应用,可以推动高职商务英语教学的现代化和信息化,增强教学效果和提高教学质量。高职学生的学习需求呈现出多样化和个性化的特点。然而,传统的商务英语教学方式往往难以满足学生的个性化学习需求。数字教学资源的设计可以根据学生的不同特点和需求,提供多样化的学习路径和资源,从而满足学生的个性化学习需求,激发学生的学习兴趣和积极性。

商务英语教学的目标是培养学生的实际运用能力,而数字教学资源的设计可以通过模拟商务场景、提供真实案例等方式,让学生在实践中学习和掌握商务英语知识。这不仅可以提升学生的实际运用能力,还可以增强学生的学习体验,提高商务英语教学的实效性。

(二)紧迫性分析

随着全球经济的不断发展,对商务英语人才的需求日益旺盛。高职商务英语专业毕业生在就业市场上面临着激烈的竞争。为了提高学生的就业竞争力,高职商务英语教学必须紧跟市场需求,加强数字教学资源的设计与应用,以提升学生的商务英语水平和实际应用能力。

传统的高职商务英语教学资源往往存在内容陈旧、形式单一、缺乏互动性等问题。这些问题限制了学生的学习效果和兴趣。数字教学资源的设计可以弥补这些不足,提

供更加丰富、生动、实用的学习资源，以提高学生的学习兴趣和参与度。

高职商务英语教学改革是当前教育领域的重要任务之一。数字教学资源的设计与应用是推动教学改革的重要手段之一。学校通过数字教学资源的设计，可以探索新的教学模式和方法，推动商务英语教学从传统的教学模式向现代化、信息化的教学模式转变。

（三）数字教学资源设计的原则与策略

数字教学资源的设计应充分考虑学生的学习需求和特点，提供多样化的学习路径和资源，以满足不同学生的个性化学习需求，同时，应注重学生自主学习能力和探究能力的培养，激发学生的学习兴趣和积极性。数字教学资源的设计应紧密结合商务实际，提供真实、生动的商务场景和案例，让学生在实践中学习和掌握商务英语知识，同时，应注重资源的实用性和可操作性，方便学生在实际工作中运用所学知识。

数字教学资源的设计应探索新的教学模式和方法，注重互动性和协作性。教师通过设计在线讨论、小组合作、角色扮演等活动形式，增强学生的学习体验和激发学生的参与度，增强教学效果和提高教学质量。

四、研究动机：提升高职商务英语教育质量

在全球化的今天，商务英语作为国际交流的桥梁，其教育质量的提升显得尤为重要。特别是对于高职商务英语教育来说，它不仅是培养国际商务人才的重要途径，也是推动国家经济发展和提升国际竞争力的重要支撑。因此，笔者深感研究如何提升高职商务英语教育质量具有重大的现实意义和深远的社会价值。

（一）高职商务英语教育的现状与挑战

当前，高职商务英语教育虽然取得了一定的成绩，但仍存在一些问题和挑战。首先，教学方法单一，传统的灌输式教学模式仍然占据主导地位，导致学生的主动性和创新性受到抑制。其次，教材内容与实际需求脱节，很多教材过于注重理论知识的讲解，而忽视了实际商务场景的应用。此外，师资力量不足，部分教师缺乏商务实践经验，难以将理论与实践相结合，影响了教学质量。

这些问题不仅制约了高职商务英语教育的发展，还影响了学生的就业前景和职业发展。因此，提升高职商务英语教育质量成为当前亟待解决的问题。

（二）研究动机与目标

面对高职商务英语教育的现状与挑战，笔者深感有必要进行深入研究，探索提升

教育质量的有效途径。笔者的研究动机主要源于以下几个方面。

首先，作为一名教育工作者，笔者深知教育对于国家和社会的重要性。提升高职商务英语教育质量，不仅可以培养学生的综合素质和竞争力，还可以为国家培养更多优秀的国际商务人才，推动国家的经济发展和国际交流。

其次，作为一名研究者，笔者对于教育领域的创新与发展充满热情。笔者希望通过深入研究高职商务英语教育，探索新的教学理念和方法，为教育改革和发展贡献自己的力量。

最后，作为一名关注社会发展的公民，笔者认识到商务英语在国际交流中的重要作用。提升高职商务英语教育质量，可以加强我国与世界的联系和沟通，推动全球化进程和构建人类命运共同体。

基于以上动机，笔者的研究目标主要包括以下几个方面：一是分析高职商务英语教育的现状和问题，找出制约教育质量的关键因素；二是探索新的教学理念和方法，构建符合实际需求的教学体系；三是通过实证研究，验证新的教学方法和体系的有效性，为高职商务英语教育的改革和发展提供科学依据。

（三）研究意义与价值

对提升高职商务英语教育质量的研究具有重要的现实意义和深远的社会价值。首先，它可以为高职商务英语教育的改革和发展提供理论支持和实践指导，推动教学方法和体系的创新与完善。其次，它可以提高学生的综合素质和竞争力，帮助他们更好地适应市场需求和职业发展。此外，它还可以培养更多优秀的国际商务人才，提升我国的国际竞争力，为促进全球化进程做出积极贡献。

（四）研究内容与方法

为了实现研究目标，笔者将采用多种研究方法进行深入研究。首先，通过文献综述和案例分析，了解高职商务英语教育的现状和问题，梳理相关理论和研究成果。其次，运用问卷调查和访谈等实证研究方法，收集教师和学生的反馈数据，分析教育质量与效果的影响因素。最后，结合实践经验和理论思考，提出提升高职商务英语教育质量的具体操作措施和建议。

在研究过程中，笔者将注重理论与实践的结合，关注教学一线的实际需求和实践经验，力求使研究成果具有可操作性和实用性。同时，笔者也将不断学习和借鉴国内外先进的教育理念和教学方法，为高职商务英语教育的改革和发展提供新的思路和方向。

第二节 研究目的和目标

一、明确高职商务英语数字教学资源设计的核心目标

随着信息技术的迅猛发展和教育信息化的深入推进，数字教学资源在高职商务英语教学中扮演着越来越重要的角色。高职商务英语数字教学资源的设计，旨在通过创新教学手段和方法，提升教学质量，满足学生个性化学习需求，培养具有国际视野和竞争力的商务英语人才。

（一）提升教学质量

提升教学质量是高职商务英语数字教学资源设计的首要目标。传统的商务英语教学方式往往存在教学内容单一、教学方法陈旧等问题，难以激发学生的学习兴趣和积极性。数字教学资源的设计可以充分利用信息技术手段，将文字、图片、声频、视频等多种媒体形式有机结合，使教学内容更加生动、形象、直观。同时，数字教学资源还可以提供丰富的教学案例和模拟场景，让学生在实践中学习和掌握商务英语知识，提高实际应用能力。通过数字教学资源的应用，教师可以更加灵活地组织教学活动，引导学生主动思考和探究，从而提升教学质量。

（二）满足学生个性化学习需求

满足学生个性化学习需求是高职商务英语数字教学资源设计的另一个重要目标。每个学生都具有独特的学习特点和需求，传统的教学方式往往难以兼顾每个学生的个性化需求。数字教学资源的设计可以根据学生的学习风格、兴趣爱好和学习进度等因素，提供个性化的学习路径和资源推荐。学生可以根据自己的需求选择适合自己的学习内容和学习方式，实现自主学习和个性化发展。同时，数字教学资源还可以提供在线交流、协作学习等功能，方便学生之间的交流和合作，促进学习共同体的形成。

（三）培养具有国际视野和竞争力的商务英语人才

培养具有国际视野和竞争力的商务英语人才是高职商务英语数字教学资源设计的长远目标。随着全球化的加速推进和国际交流的日益频繁，具备良好商务英语能力的国际人才成了社会的急需。数字教学资源的设计可以引入国际化的教学内容和教学方法，帮助学生了解国际商务规则和惯例，提高其跨文化交际能力。同时，数字教学资

源还可以提供与国际接轨的商务案例和实践机会，让学生在模拟的商务环境中进行实践演练，培养学生解决实际问题的能力。学校通过数字教学资源的应用，可以培养出具有国际视野、跨文化交际能力、实践应用能力的商务英语人才，为国家的经济发展和国际交流做出贡献。

（四）促进教育信息化进程

高职商务英语数字教学资源设计还有一个重要的目标，即促进教育信息化的进程。教育信息化是当代教育发展的重要趋势，数字教学资源作为教育信息化的重要组成部分，其设计与应用对于推动教育信息化进程具有重要意义。数字教学资源的设计可以推动高职商务英语教学与现代信息技术的深度融合，实现教学手段和教学方法的创新。同时，数字教学资源的设计还可以促进教育资源的共享和优化配置，提高教育资源的利用效率和质量。这不仅有助于提升高职商务英语教学的水平和质量，也有助于推动整个教育领域的信息化进程。

（五）推动高职商务英语教学改革与创新

高职商务英语数字教学资源设计的核心目标之一是推动高职商务英语教学改革与创新。传统的商务英语教学模式已经难以适应现代社会对人才的需求和变化，因此需要进行深入的改革和创新。数字教学资源作为一种新兴的教学工具和手段，具有很大的创新空间和应用前景。教师通过数字教学资源的设计与应用，可以探索新的教学模式和教学方法，如线上线下相结合的混合式教学、项目式学习等，使商务英语教学更加符合时代需求和学生实际。同时，数字教学资源还可以促进教师角色的转变和教学能力的提升，推动教师从知识的传授者转变为学生学习的引导者和合作伙伴。

二、探究数字教学资源在高职商务英语教育中的应用价值

随着信息技术的快速发展和普及，数字教学资源在高职商务英语教育中的应用越来越广泛，其应用价值也日益凸显。数字教学资源以其独特的优势，为高职商务英语教育带来了革命性的变革，其不仅丰富了教学手段，还提高了教学质量，为培养具有国际化视野和竞争力的商务英语人才提供了有力支持。

（一）丰富教学手段，增强教学效果

传统的商务英语教学手段往往局限于教材和课堂讲解，形式单一，难以激发学生的学习兴趣和积极性；而数字教学资源则以其多样化的形式，如文字、图片、声频、视频等，丰富了教学手段，使得商务英语教学更加生动、形象、有趣。

通过数字教学资源，教师可以根据教学内容和目标，灵活选择教学资源，设计丰富多样的教学活动。例如：利用视频资源展示商务场景，模拟商务对话，让学生在观看中学习和掌握商务沟通技巧；利用声频资源进行听力训练，提高学生的听力理解能力；利用在线平台进行互动练习，增强学生的实际应用能力。这些多样化的教学手段不仅激发了学生的学习兴趣，还增强了他们的学习效果。

此外，数字教学资源还可以实现远程教学和在线学习，突破时间和空间的限制，为学生提供更加便捷的学习方式。学生可以随时随地进行学习，自主选择学习内容和学习进度，实现个性化学习。

（二）促进自主学习与合作学习，培养综合能力

数字教学资源在高职商务英语教育中的应用，有助于促进学生的自主学习和合作学习，培养他们的综合能力。

自主学习是数字教学资源应用的重要体现之一。通过数字教学资源，学生可以自主选择学习内容和学习方式，根据自己的学习进度和兴趣进行学习。他们可以随时随地利用数字资源进行预习、复习和拓展学习，形成自主学习的良好习惯。这种自主学习方式不仅提高了学生的学习效率，还培养了他们的自我管理和自我学习能力。

合作学习也是数字教学资源应用的重要方面。通过在线学习平台和社交媒体等工具，学生可以与他人进行交流和合作，共同完成学习任务和项目。他们可以分享学习心得和资源，相互讨论和解决问题，形成学习共同体。这种合作学习方式不仅有助于提高学生的团队协作能力，还促进了他们之间的交流和互动，培养了他们的沟通能力和合作精神。

（三）拓宽学习视野，提升跨文化交际能力

数字教学资源具有国际化的特点，可以为学生提供丰富的国际商务信息和文化背景知识。通过数字教学资源，学生可以接触到不同国家和地区的商务文化、商务礼仪和商务实践，了解国际商务规则和惯例，拓宽学习视野。

同时，数字教学资源还可以提供模拟的商务场景和交际环境，让学生在实践中学习和掌握跨文化交际技巧。学生可以通过在线平台进行角色扮演、模拟谈判等活动，模拟真实的商务交际情境，锻炼自己的跨文化交际能力。这种实践性的学习方式有助于学生在未来的国际商务活动中更加自信、从容地应对各种挑战。

（四）促进教师角色转变，提升教学水平

数字教学资源的应用也促进了教师角色的转变和教学水平的提升。传统的商务英

语教学中，教师往往是知识的传授者，而在数字教学资源的应用下，教师逐渐转变为学生学习的引导者和合作伙伴。

教师需要不断学习和掌握新的信息技术和教学方法，以便更好地利用数字教学资源进行教学设计和实施。他们需要关注学生的学习需求和学习进度，提供个性化的指导和支持。同时，教师还需要积极参与数字教学资源的开发和更新工作，与同行进行交流和合作，共同推动高职商务英语教育的创新和发展。

通过数字教学资源的应用，教师可以更加高效地组织教学活动，增强教学效果。他们可以利用数字资源制作精美的课件和教案，提高学生的学习兴趣和参与度；可以利用在线平台进行作业布置和批改，方便学生进行自主学习和反馈；可以利用数据分析工具对学生的学习情况进行跟踪和评估，为教学决策提供有力支持。

（五）推动高职商务英语教育的现代化与国际化

数字教学资源的应用是推动高职商务英语教育现代化与国际化的重要手段。随着信息技术的不断发展，数字教学资源将不断更新和完善，为高职商务英语教育提供更加先进、丰富的教学工具和手段，这将有助于推动高职商务英语教育的现代化进程，提高教学质量。

同时，数字教学资源的应用也有助于推动高职商务英语教育的国际化进程。通过数字教学资源，学生可以接触到国际化的教学内容和教学方法，了解国际商务的最新动态和发展趋势。这将有助于拓宽学生的国际视野和提升学生的跨文化交际能力，为他们未来的国际商务活动打下坚实的基础。

三、提出高职商务英语数字教学资源设计的具体策略和方法

高职商务英语数字教学资源设计是一项系统性工程，旨在通过整合信息技术和商务英语知识，为高职商务英语教学提供高质量、多样化的教学支持。

（一）明确设计目标和原则

在设计高职商务英语数字教学资源之前，先要明确设计目标和原则。设计目标应围绕提高教学质量、促进学生自主学习和合作学习、培养具有国际视野和跨文化交际能力的人才等方面展开。同时，应遵循以学生为中心、实用性为导向、创新性和可持续性等原则，确保数字教学资源的设计符合高职商务英语教学的实际需求和发展趋势。

（二）进行需求分析和内容筛选

进行需求分析是设计数字教学资源的重要前提。通过调查了解学生的学习需求、

教师的教学需求以及企业的实际需求，确定数字教学资源的内容范围和重点。在内容筛选方面，应选择具有代表性、实用性和时效性的商务英语知识，包括商务礼仪、商务谈判、市场营销、国际贸易等方面的内容。同时，要注重内容的更新和维护，确保数字教学资源始终与时俱进。

（三）优化数字教学资源的形式和结构

数字教学资源的形式和结构对于其使用效果具有重要影响。在形式上，可以采用文字、图片、声频、视频等多种媒体形式，以丰富多样的方式呈现商务英语知识。在结构上，应设计清晰的导航和目录，方便用户快速找到所需内容。同时，要注重界面的美观性和易用性，提高用户的使用体验。

（四）加强互动性和实践性的设计

互动性和实践性是高职商务英语数字教学资源设计的重要特点。教师通过设计互动练习、模拟场景、角色扮演等活动，激发学生的学习兴趣和积极性，提高他们的实际应用能力。此外，还可以利用在线学习平台和社交媒体等工具，建立学习社区，方便学生之间的交流和合作，形成学习共同体。

（五）注重技术整合与更新

高职商务英语数字教学资源的设计应充分利用现代信息技术的优势，实现技术整合与更新。可以引入人工智能技术，实现智能推荐、个性化学习等功能；利用大数据和云计算技术，对学生的学习数据进行收集和分析，为教学决策提供有力支持；同时，要关注新技术的发展和应用，及时将新技术引入数字教学资源的设计中，提高资源的技术含量和实用性。

（六）实施持续更新和维护

高职商务英语数字教学资源的设计不是一蹴而就的，而是需要实施持续更新和维护。随着商务英语知识的不断更新和教学方法的不断改进，数字教学资源也需要进行相应的调整和优化。因此，应建立数字教学资源的更新和维护机制，定期检查和更新资源内容，确保其始终保持最新状态。同时，还要关注用户反馈和需求变化，及时调整和完善数字教学资源的设计。

（七）强化教师培训与推广

高职商务英语数字教学资源的设计与应用离不开教师的参与和支持。因此，应加强对教师的培训与推广工作，提高他们的数字素养和信息化教学能力。通过组织培训课程、分享会等活动，向教师介绍数字教学资源的设计理念和操作方法，帮助他们更好地利用数字教学资源进行教学。同时，还要建立激励机制，鼓励教师积极参与数字教学资源的设计与应用工作，推动高职商务英语教育的信息化进程。

（八）建立评价反馈机制

为了不断优化高职商务英语数字教学资源的设计，建立评价反馈机制至关重要。可以设计用户满意度调查、学习效果评估等方式，收集学生和教师对数字教学资源的反馈意见。学校通过对反馈数据的分析，了解数字教学资源在使用过程中的优点和不足，为后续的改进和优化提供依据。同时，还可以邀请行业专家和学者对数字教学资源进行评价和指导，提升资源的专业性和权威性。

四、预期研究成果及其对高职商务英语教育的贡献

随着信息技术的快速发展和高职商务英语教育改革的深入推进，数字教学资源的设计与应用逐渐成为教育领域的研究热点。

（一）预期研究成果

通过深入研究和探索实践，本研究将形成一套系统完整的高职商务英语数字教学资源设计框架。该框架将包括设计目标、原则、内容、形式、结构、互动性、实践性以及技术整合等方面的具体策略和方法，为高职商务英语数字教学资源的设计提供全面指导。基于设计框架，本研究将针对高职商务英语教育的实际需求，设计出高质量、多样化的数字教学资源。这些资源将涵盖商务礼仪、商务谈判、市场营销、国际贸易等方面，采用文字、图片、声频、视频等多种媒体形式，为学生提供丰富多样的学习体验。

为了方便学生和教师的使用，本研究还将构建高职商务英语数字教学资源应用平台。该平台将整合各类数字教学资源，提供便捷的检索、浏览、下载等功能，同时支持在线学习、交流互动等功能，为高职商务英语教育提供全方位的支持。为了确保数字教学资源的质量和效果，本研究将形成一套科学的评价与优化机制。通过收集用户反馈、分析学习数据等方式，对数字教学资源进行定期评价和优化，不断提升其质量和实用性。

（二）对高职商务英语教育的贡献

高职商务英语数字教学资源的设计与应用，将为教师提供更加丰富生动的教学素材和手段，有助于激发学生的学习兴趣和积极性。同时，数字教学资源可以随时随地

访问和使用，为教师提供了更大的教学灵活性和便利性，有助于提升教学质量和效率。高职商务英语数字教学资源具有互动性和实践性的特点，可以为学生提供更多的自主学习和合作学习的机会。学生可以通过在线平台进行自我测试和练习，了解自己的学习进度和薄弱环节；同时，也可以与其他学生进行交流和合作，共同完成学习任务和项目。这种学习方式有助于培养学生的自主学习能力和团队合作精神，提高他们的综合素质。

高职商务英语数字教学资源涵盖了国际化的商务知识和文化背景，可以为学生提供更加广阔的学习视野。通过学习和使用这些资源，学生可以了解不同国家和地区的商务文化、商务礼仪和商务实践，增强自己的跨文化交际能力。这将有助于学生在未来的国际商务活动中更加自信、从容地应对各种挑战。高职商务英语数字教学资源的设计与应用是推动高职商务英语教育现代化与信息化进程的重要手段。通过引入信息技术和数字化手段，可以推动高职商务英语教育的创新和发展，提升教育的现代化水平。同时，数字教学资源的应用也可以促进教育资源的共享和优化配置，提高教育资源的利用率。

高职商务英语数字教学资源的设计与应用成果可以为高职商务英语教育改革提供有力支持。实践应用和效果评估可以验证数字教学资源在高职商务英语教育中的实际应用价值和效果，为教育改革提供实证依据和参考。同时，这些成果也可以为其他相关领域的教育改革提供借鉴和启示。

第三节　研究方法和数据来源

一、采用的研究方法：文献综述、问卷调查、案例分析等

在高职商务英语数字教学资源设计的研究中，我们采用了多种研究方法，包括文献综述、问卷调查和案例分析等，全面深入地探讨相关问题和解决方案。以下是对这些研究方法的详细阐述。

（一）文献综述

文献综述是本研究的基础性工作，通过系统搜集、整理和分析相关领域的文献资料，了解高职商务英语数字教学资源设计的研究现状和发展趋势。我们广泛查阅了国内外学术期刊、会议论文、专著以及网络资源等，对高职商务英语教育的特点、数字教学资源的设计原则和方法、技术应用等方面进行了深入探讨。文献综述不仅为我们

提供了丰富的理论支撑和参考依据，还帮助我们明确了研究问题和目标，为后续的研究工作奠定了基础。

（二）问卷调查

问卷调查是本研究中获取实证数据的重要手段。我们设计了针对高职商务英语教师和学生的问卷，旨在了解他们对数字教学资源的需求、使用情况和满意度等方面的信息。问卷调查采用了随机抽样和分层抽样相结合的方法，确保了样本的代表性和广泛性。通过对问卷数据的统计和分析，我们获得了大量关于高职商务英语数字教学资源使用现状和改进方向的宝贵信息。这些信息为我们优化数字教学资源的设计提供了实证支持，也为我们后续的研究工作提供了重要参考。

（三）案例分析

案例分析是本研究中深入探究高职商务英语数字教学资源设计具体策略和方法的重要手段。我们选取了几所高职院校作为典型案例，对其商务英语数字教学资源的设计和实施情况进行了深入调查和分析。通过收集案例学校的教学大纲、课程计划、数字教学资源库等资料，结合访谈和观察等方法，我们详细了解了这些学校在数字教学资源设计方面的做法和经验。案例分析不仅为我们提供了具体的设计思路和操作方法，还帮助我们发现了存在的问题和不足，为后续的优化和改进提供了针对性的建议。

（四）研究方法之间的相互作用

在本研究中，文献综述、问卷调查和案例分析这三种研究方法并非孤立存在，而是相互补充、相互印证的。文献综述为我们提供了理论基础和研究方向，问卷调查则帮助我们获取了实证数据，案例分析则使我们对具体实践有了更深入的了解。通过综合运用这三种研究方法，我们能够更加全面、深入地探讨高职商务英语数字教学资源设计的问题和挑战，提出更加具有针对性和可操作性的解决方案。

（五）研究方法的局限性与改进方向

虽然文献综述、问卷调查和案例分析等研究方法在本研究中发挥了重要作用，但也存在一定的局限性。例如：问卷调查可能受到样本选择、问卷设计等因素的影响，导致数据存在一定的偏差；案例分析则可能受到案例选择的代表性和普遍性问题的影响，难以全面反映所有高职院校的情况。为了克服这些局限性，我们在后续的研究中将进一步优化问卷设计，提高样本的代表性；同时，扩大案例选择的范围，增加不同类型高职院校的案例，以提高研究的普遍性和适用性。

此外，随着信息技术的不断发展和高职商务英语教育的深入改革，新的研究方法和手段不断涌现。在未来的研究中,我们将积极探索和应用新的研究方法,如数据挖掘、文本分析、实验研究等,以更加全面、深入地揭示高职商务英语数字教学资源设计的内在规律和机制,为高职商务英语教育的创新和发展提供更加有力的支持。

二、数据来源：国内外相关文献、高职商务英语教育实践数据等

在高职商务英语数字教学资源设计的研究中,为了确保研究的准确性和可靠性,我们广泛采用了多种数据来源,主要包括国内外相关文献和高职商务英语教育实践数据等。这些数据来源为我们提供了丰富的理论支撑和实践依据,有助于我们深入探究高职商务英语数字教学资源设计的现状、存在问题和发展趋势。

（一）国内外相关文献

国内外相关文献是本研究的重要数据来源之一。我们通过图书馆、学术数据库、期刊等途径,广泛搜集和整理了关于高职商务英语教育、数字教学资源设计、信息技术应用等方面的文献资料。这些文献涵盖了理论探讨、实证研究、案例分析等方面,为我们提供了深入了解高职商务英语数字教学资源设计的基础和背景信息。

在文献综述过程中,我们重点关注了国内外学者在高职商务英语数字教学资源设计方面的研究成果和经验总结。通过对这些文献的深入分析和比较,我们发现了高职商务英语数字教学资源设计的共性问题和差异特点,为后续的研究提供了理论支撑和参考依据。

（二）高职商务英语教育实践数据

高职商务英语教育实践数据是本研究中更为直接和实用的数据来源。我们通过与高职院校合作,收集了大量关于商务英语教育实践的数据,包括课程设置、教学资源使用情况、学生学习效果等方面的信息。这些数据为我们提供了真实反映高职商务英语教育现状的素材,有助于我们发现问题、分析原因并提出改进措施。

在收集实践数据的过程中,我们采用了问卷调查、访谈、观察等方法。通过问卷调查,我们获得了大量关于学生对数字教学资源的需求和满意度的信息;通过访谈和观察,我们深入了解了教师在数字教学资源使用过程中遇到的问题和困难。这些实践数据为我们提供了丰富的案例和实证支持,使我们的研究更加贴近实际,具有针对性。

（三）数据整合与分析

在获取了国内外相关文献和高职商务英语教育实践数据后,我们进行了数据的整

合与分析工作。首先，我们对文献资料进行了分类、整理和归纳，提取出与高职商务英语数字教学资源设计相关的理论观点和实证研究成果。其次，我们将实践数据与文献资料相结合，进行了对比分析和验证。

在数据分析过程中，我们采用了描述性统计、相关性分析、因果分析等方法，对高职商务英语数字教学资源设计的现状、存在问题和影响因素进行了深入探讨。通过数据分析，我们发现了一些规律性的现象和趋势，为优化数字教学资源设计提供了有力的证据和依据。

（四）数据来源的局限性与改进方向

虽然国内外相关文献和高职商务英语教育实践数据为我们提供了丰富的研究素材，但也存在一定的局限性。首先，文献资料的时效性可能存在一定的滞后性，无法完全反映最新的研究成果和发展动态。其次，实践数据的收集可能受到样本选择、数据质量等因素的影响，存在一定的偏差和局限性。

为了克服以上这些问题，我们在后续的研究中将采取以下改进措施：一是加强文献资料的更新和筛选工作，确保研究使用的文献资料具有时效性和代表性；二是优化实践数据的收集方法，提高样本的代表性和数据的质量；三是引入更多的数据来源，如网络资源、行业报告等，以丰富研究的内容和视角。

三、研究方法的可行性和有效性分析

在高职商务英语数字教学资源设计的研究中，我们采用了文献综述、问卷调查和案例分析等多种研究方法。为了确保研究的顺利进行和结果的可靠性，我们需要对这些研究方法的可行性和有效性进行深入分析。

（一）文献综述的可行性和有效性分析

文献综述作为本研究的基础性工作，其可行性和有效性对于整个研究至关重要。

首先，文献综述的可行性体现在其可操作性和易实施性上。通过图书馆、学术数据库、期刊等途径，我们可以方便获取大量的相关文献资料。同时，借助现代信息技术手段，如电子文献检索系统和文献管理软件，我们可以高效地整理、分析和归纳文献资料，为研究的顺利进行提供有力支持。

其次，文献综述的有效性体现在其能够为研究提供理论支撑和参考依据上。通过系统梳理和分析国内外相关文献，我们可以了解高职商务英语数字教学资源设计的研究现状、发展趋势和存在问题。这有助于我们明确研究目标和方向，避免重复劳动和走弯路。同时，文献综述还可以为我们提供理论框架和研究方法上的启示，为后续的研究工作提供指导和借鉴。

（二）问卷调查的可行性和有效性分析

问卷调查作为本研究中获取实证数据的重要手段，其可行性和有效性同样重要。

首先，问卷调查的可行性体现在其可操作性和可实施性上。通过设计合理的问卷、选择合适的样本、制订科学的调查方案，我们可以有效地收集到关于高职商务英语数字教学资源使用情况和满意度的数据。同时，借助现代统计软件和方法，我们可以对问卷数据进行量化分析和处理，得出客观、准确的研究结论。

其次，问卷调查的有效性体现在其能够直接反映研究对象的需求和态度上。通过问卷调查，我们可以直接获取高职商务英语教师和学生对于数字教学资源的需求、使用情况和满意度等一手资料。这些数据能够真实反映高职商务英语教育的现状和问题，为优化数字教学资源设计提供有针对性的建议和改进措施。

最后，问卷调查也存在一定的局限性，如样本选择的代表性、问卷设计的合理性以及数据收集的真实性等问题。为了克服这些局限性，我们在研究过程中采取了多种措施，如扩大样本范围、优化问卷设计、加强数据质量控制等，以提高问卷调查的准确性和可靠性。

（三）案例分析的可行性和有效性分析

案例分析作为本研究中深入探究高职商务英语数字教学资源设计具体策略和方法的重要手段，其可行性和有效性同样不可忽视。

首先，案例分析的可行性体现在其可操作性和可实施性上。通过选择具有代表性的高职院校作为案例研究对象，我们可以深入了解其商务英语数字教学资源的设计和实施情况。同时，借助访谈、观察等方法，我们可以收集到丰富的案例数据和信息，为案例分析提供有力的支撑。

其次，案例分析的有效性体现在其能够揭示具体实践中的问题和经验上。通过对典型案例的深入分析，我们可以发现高职商务英语数字教学资源设计在实际操作中存在的问题和不足，同时也可以总结出成功的经验和做法。这些发现对于优化数字教学资源设计具有重要的参考价值和指导意义。

最后，案例分析也存在一定的主观性和局限性。为了克服这些问题，我们在研究过程中采用了多种方法和技术手段，如多渠道收集数据、多角度分析问题、交叉验证结论等，以提高案例分析的客观性和准确性。

四、数据处理和分析的方法与流程

在高职商务英语数字教学资源设计的研究中,数据处理和分析是不可或缺的关键环节。通过科学的数据处理和分析方法,我们能够深入挖掘数据背后的信息,揭示高职商务英语数字教学资源设计的现状和问题,为优化和改进提供有力的依据。

(一)数据处理的方法

数据处理是数据分析的基础,其目的是对数据进行清洗、整理、转换和规约,以便后续的分析工作能够顺利进行。在高职商务英语数字教学资源设计的研究中,我们主要采用了以下几种数据处理方法。

数据清洗:通过删除重复值、处理缺失值、纠正错误数据等方式,确保数据的准确性和完整性。例如:在问卷调查数据中,我们需要删除无效问卷和填写不完整的问卷,以保证分析结果的可靠性。

数据转换:根据分析需要,对数据进行适当的转换,如将文本数据转换为数值数据、将分类数据转换为哑变量等。这有助于我们更好地利用统计软件进行数据分析。

数据规约:在不影响分析结果的前提下,通过降维、抽样等方法减少数据量,提高分析效率。例如:在大量问卷数据中,我们可以采用主成分分析等方法进行降维处理,以简化分析过程。

(二)数据分析的方法

数据分析是数据处理的延续和深化,其目的是通过统计分析和挖掘技术,揭示数据之间的内在规律和关系。在高职商务英语数字教学资源设计的研究中,我们采用了以下几种数据分析方法。

描述性统计分析:通过对数据进行均值、标准差、频数分布等描述性统计量的计算,了解数据的分布特征和基本情况。这有助于我们初步把握高职商务英语数字教学资源设计的现状。

相关性分析:通过计算变量之间的相关系数或进行卡方检验等,分析变量之间的相关关系和程度。这可以帮助我们识别影响高职商务英语数字教学资源设计效果的关键因素。

聚类分析:通过将数据按照一定的规则进行分组,揭示数据之间的相似性和差异性。在高职商务英语数字教学资源设计的研究中,我们可以利用聚类分析将教师或学生按照其使用数字教学资源的行为和态度进行分组,以便更有针对性地制定优化策略。

回归分析:通过建立回归模型,分析自变量和因变量之间的因果关系和预测效果。

在高职商务英语数字教学资源设计的研究中，我们可以利用回归分析探究不同因素对数字教学资源使用效果的影响程度，为优化设计方案提供依据。

此外，根据研究需要，我们还可以采用其他数据分析方法，如结构方程模型、路径分析等，以更全面、深入地揭示高职商务英语数字教学资源设计的内在规律和机制。

（三）数据分析的流程

数据分析的流程包括明确分析目标、数据准备、数据分析、结果解释和应用与建议等步骤。以下是高职商务英语数字教学资源设计研究中数据分析的详细流程。

明确分析目标：根据研究问题和目的，确定数据分析的具体目标和任务。例如：我们可能关注高职商务英语数字教学资源的使用情况、满意度以及影响因素等。

数据准备：收集并整理相关的数据，包括问卷调查数据、访谈记录、观察数据等。对数据进行清洗、转换和规约处理，以确保数据的质量和适用性。

数据分析：根据分析目标选择合适的数据分析方法和技术手段，对数据进行深入的分析和挖掘。这可能包括描述性统计分析、相关性分析、聚类分析、回归分析等。

结果解释：对分析结果进行解释和说明，揭示数据背后的信息和规律。这需要根据具体的研究问题和背景进行深入的讨论和解读。

应用与建议：根据分析结果提出具体的优化和改进建议，为高职商务英语数字教学资源设计提供实践指导。同时，也可以将分析结果应用于其他相关领域的研究和实践中。

在数据分析流程中，我们需要注意以下三点：一是要确保数据的准确性和可靠性，避免数据误差对分析结果的影响；二是要选择合适的分析方法和手段，根据研究问题和数据特点进行有针对性的分析；三是要注重结果的解释和应用，将分析结果转化为具体的实践建议和措施。

第二章　高职商务英语教育与数字化转型

第一节　高职商务英语教育的特点和需求

一、高职商务英语教育的特点和要求

随着全球化的不断深入，商务英语在国际交流中的地位日益凸显。作为培养商务英语人才的重要基地，高职商务英语教育肩负着培养具备跨文化交际能力、商务实践能力的高素质人才的重要使命。

（一）高职商务英语教育的特点

高职商务英语教育注重培养学生的实际应用能力，强调理论与实践的结合。在教学过程中，注重模拟真实的商务场景，让学生在实践中掌握商务英语的基本知识和技能。同时，高职商务英语教育也注重培养学生的跨文化交际能力，使其能够适应不同文化背景下的商务交流。高职商务英语教育以职业需求为导向，旨在培养具备职业素养和职业技能的商务英语人才。在课程设置上，高职商务英语教育注重与行业对接，根据市场需求调整教学内容和方式。此外，高职商务英语教育还注重培养学生的团队协作能力、沟通能力和创新能力等职业素养，以适应不断变化的市场环境。

高职商务英语教育采用多元化的教学方法和手段，以激发学生的学习兴趣和积极性。在教学过程中，充分利用现代信息技术手段，如多媒体教学、网络教学等，丰富教学资源，提升教学水平。同时，高职商务英语教育还注重培养学生的自主学习能力，鼓励学生通过自主学习和合作学习等方式提高英语水平。

（二）高职商务英语教育的要求

高职商务英语教育要求学生具备扎实的英语语言基础，包括听、说、读、写、译等方面的基本能力。学生需要掌握商务英语的基本词汇、语法和句型，能够流利地进行商务沟通和交流。同时，学生还需要具备较高的阅读能力和翻译能力，能够阅读和

理解商务英语相关的文献和资料。高职商务英语教育要求学生掌握丰富的商务知识，包括国际贸易、市场营销、企业管理等方面的基本理论和实践知识。学生需要了解国际商务规则和惯例，熟悉国际贸易流程和操作，能够运用所学知识解决实际商务问题。此外，学生还需要关注市场动态和行业发展趋势，以便更好地适应市场需求。

高职商务英语教育强调培养学生的跨文化交际能力，包括对不同文化的理解、尊重和包容能力，以及在不同文化背景下的沟通和合作能力。学生需要了解不同国家的商务文化和礼仪，掌握跨文化商务沟通的技巧和策略，能够在国际商务交流中展示自己的专业素养和形象。高职商务英语教育注重培养学生的实践能力和创新精神。学生需要通过实践活动和案例分析等方式，将所学知识应用于实际商务场景中，提高自己的实践能力和解决问题的能力。同时，学生还需要具备创新意识和创新精神，能够不断探索新的商务模式和策略，为企业的创新发展做出贡献。

（三）高职商务英语教育的优化策略

高职商务英语教育的质量取决于教师的素质和能力。因此，应该加强师资队伍建设，提高教师的专业水平和教学能力。可以通过引进优秀人才、开展师资培训等方式，提升教师的商务英语素养和实践经验，使其能够更好地适应高职商务英语教育的需求。高职商务英语教育的课程体系应该与市场需求和行业发展趋势紧密相连。根据职业需求和学生特点，完善课程体系建设，调整教学内容和方式。可以增加实践课程的比重，加强与企业合作，开展实习、实训等活动，提高学生的实践能力和职业素养。

高职商务英语教育应该注重教学方法和手段的创新。可以采用多媒体教学、网络教学等现代化教学手段，丰富教学资源，增强教学效果。同时，还可以开展课堂讨论、小组合作等教学活动，激发学生的学习兴趣和积极性，培养学生的自主学习能力和团队协作能力。

二、学生学习需求和兴趣点的分析

随着教育的不断发展，对学生学习需求和兴趣点的分析变得日益重要。了解学生的学习需求和兴趣点，有助于教师制订更加贴近学生实际的教学计划，增强教学效果，提高学生的学习动力。

（一）学习需求和兴趣点的内涵

学习需求是指学生在学习过程中产生的对知识和技能的需求，包括认知需求、情感需求和技能需求等。认知需求是学生对知识的渴望和理解，情感需求是学生对学习的情感体验和态度，技能需求则是学生对掌握某种技能或能力的需求，而兴趣点则是指学生在学习中表现出的对某一领域或话题的特别喜好和关注，它反映了学生的个性和偏好。

（二）影响学习需求和兴趣点的因素

学习需求和兴趣点的形成受到多种因素的影响。首先，学生的年龄、性别、性格等个体差异会导致不同的学习需求和兴趣点。例如：年龄较小的学生可能更关注游戏的乐趣和互动，而年龄较大的学生则可能更关注知识的深度和广度。其次，学生的学习环境和家庭背景也会对学习需求和兴趣点产生影响。例如：家庭氛围宽松、开放的学生可能更愿意探索新领域，而家庭氛围紧张、压抑的学生则可能对学习产生抵触情绪。此外，社会文化背景和教育政策等因素也会对学生的学习需求和兴趣点产生深远的影响。

（三）学习需求和兴趣点的分析方法

为了准确了解学生的学习需求和兴趣点，教师需要采用多种方法进行分析。首先，教师可以通过观察学生在课堂上的表现和互动，了解他们的学习态度和需求。例如：教师可以通过观察学生的眼神、表情和动作，判断他们对教学内容的接受程度和兴趣程度。其次，教师可以通过问卷调查、访谈等方式，直接获取学生的学习需求和兴趣点信息。问卷调查可以覆盖更广泛的学生群体，获取更全面的数据；而访谈则可以更深入地了解学生的内心世界和个性特点。此外，教师还可以利用现代技术手段，如大数据分析、学习平台等，对学生的学习行为和兴趣点进行实时监控和分析。

（四）学习需求和兴趣点在教学中的应用

了解学生的学习需求和兴趣点对于增强教学效果具有重要意义。首先，教师可以根据学生的学习需求调整教学内容和难度，确保教学内容与学生的实际需求相匹配。例如：对于认知需求较高的学生，教师可以适当增加理论知识的深度和广度；而对于情感需求较高的学生，教师可以注重营造良好的课堂氛围和师生关系。其次，教师可以根据学生的兴趣点设计教学活动和任务，激发学生的学习兴趣和积极性。例如：对于喜欢音乐的学生，教师可以设计与音乐相关的教学活动；对于喜欢运动的学生，教师可以设计与实践活动相结合的教学任务。此外，教师还可以根据学生的学习需求和兴趣点提供个性化的学习资源和辅导，帮助学生更好地实现自我发展和提升。

（五）案例分析

以英语教学为例，教师可以通过分析学生的学习需求和兴趣点来优化教学。假设一个班级的学生普遍对英文电影和歌曲感兴趣，教师就可以利用这一兴趣点设计相关的教学活动，如观看英文电影片段并进行角色扮演、学唱英文歌曲并分享等。这样不仅能激发学生的学习兴趣，还能在轻松愉快的氛围中提高他们的英语口语和听力能力。同时，针对部分学生对语法知识的需求，教师可以设计专门的语法讲解和练习环节，确保学生在掌握基础知识的同时也能满足自己的学习需求。

三、商务英语教育对数字技术的需求

随着信息技术的迅猛发展，数字技术已广泛应用于各个领域，商务英语教育亦不例外。数字技术不仅改变了商务英语的教学模式和方法，也为学生提供了更多元化的学习资源和交流渠道。

（一）商务英语教育现状分析

商务英语教育旨在培养具备跨文化交际能力、商务实践能力的高素质人才。然而，传统的商务英语教学模式往往侧重于理论知识的传授，忽视了对学生实际应用能力的培养。同时，由于教学资源有限，学生缺乏与真实商务场景互动的机会，难以将所学知识应用于实际商务活动中。因此，商务英语教育亟须引入数字技术，改善现有教学状况，提升教学质量。

（二）商务英语教育对数字技术的需求

商务英语教育需要丰富的教学资源来支持教学活动的开展。数字技术可以将教学资源数字化，使教师能够轻松地获取、整合和分享教学资源。例如：通过在线平台，教师可以获取来自全球各地的商务英语教学资料，包括课件、视频、声频等，从而丰富教学内容，增强教学效果。同时，数字化教学资源还方便学生进行自主学习和预习复习，有助于增强学生的学习效果。数字技术为商务英语教育提供了创新的教学模式。传统的教学模式往往是单向的，以教师为中心；而数字技术的应用可以打破这一局限，实现双向互动和个性化教学。例如：通过在线协作工具，学生可以分组进行项目合作，共同完成任务；通过智能教学系统，教师可以根据学生的学习进度和能力，提供个性化的学习建议和反馈。这些创新的教学模式有助于激发学生的学习兴趣和积极性，增强教学效果。

商务英语教育需要注重培养学生的实际应用能力。数字技术可以模拟真实的商务场景，为学生提供实践机会。例如：通过虚拟现实技术，学生可以身临其境地体验商务谈判、商务会议等场景，锻炼自己的交际能力和应变能力；通过在线商务平台，学生可以模拟开展国际贸易活动，了解国际贸易流程和规则。这些实践模拟活动有助于学生将所学知识应用于实际商务活动中，提高自己的商务实践能力。

学习评价和反馈是商务英语教育中的重要环节。数字技术可以实现对学生学习情况的实时监控和评估。例如：通过在线测试系统，教师可以定期对学生进行测试，了解学生的学习进度和存在的问题；通过数据分析工具，教师可以对学生的学习数据进行挖掘和分析，发现学生的学习特点和需求。同时，数字技术还可以为学生提供及时的反馈和建议，帮助他们调整学习策略和方法，增强学习效果。

四、高职商务英语教育在数字化转型中的定位与角色

随着信息技术的迅猛发展，数字化转型已成为教育领域的重要趋势。高职商务英语教育作为培养商务领域高素质人才的重要基地，在数字化转型中扮演着至关重要的角色。

（一）高职商务英语教育的定位

高职商务英语教育旨在培养具备跨文化交际能力、商务实践能力的高素质人才，以满足商务领域对人才的需求。在数字化转型的背景下，高职商务英语教育的定位应更加注重与时俱进，积极拥抱新技术，创新教学模式和方法，提高教学质量。

具体来说，高职商务英语教育应定位为：

培养具备数字化技能的人才：随着商务领域的数字化转型，企业对人才的需求也发生了变化。高职商务英语教育应注重培养学生的数字化技能，如数据分析、数字营销等，以适应市场需求。

创新教学模式和方法：传统的教学模式已难以满足现代教育的需求。高职商务英语教育应积极探索线上线下相结合的教学模式，利用数字技术优化教学流程，增强高教学效果。

注重学生实践能力的培养：商务英语是一门实践性很强的学科。高职商务英语教育应加强与企业的合作，为学生提供更多的实践机会，帮助他们将所学知识应用于实际商务活动中。

（二）高职商务英语教育在数字化转型中的角色

在数字化转型中，高职商务英语教育扮演着多重角色，既是推动者，也是实践者和创新者。

高职商务英语教育作为教育领域的重要组成部分，应积极推动数字化转型的进程。首先，高职商务英语教育应加强对数字技术的研究和应用，探索适合商务英语教育的数字化教学模式和方法。其次，高职商务英语教育应加强与相关企业和行业的合作，共同推动商务领域的数字化转型。通过与企业合作，高职商务英语教育可以了解企业

的实际需求，为学生提供更加贴近市场的实践教学内容。同时，高职商务英语教育还可以与企业共同研发数字化教学资源，实现资源共享和互利共赢。

高职商务英语教育在数字化转型中不仅是推动者，更是实践者。高职商务英语教育应充分利用数字技术，创新教学方式和手段，增强教学效果。例如：可以引入在线教育平台，实现线上线下混合式教学；利用大数据分析学生的学习行为和习惯，为他们提供个性化的学习建议和反馈；借助虚拟现实和增强现实技术，为学生打造沉浸式的商务场景模拟体验等。通过这些实践探索，高职商务英语教育可以不断提升教学质量和水平，培养更多适应数字化时代需求的商务英语人才。

高职商务英语教育在数字化转型中还应扮演创新者的角色。随着数字技术的不断发展和更新，高职商务英语教育需要不断创新教学模式和方法，以适应时代的需求。例如：可以探索基于人工智能的智能教学系统，实现个性化教学和精准辅导；尝试利用社交媒体等新型媒介开展商务英语教学活动，拓展学生的学习渠道和交流平台；结合云计算和大数据等技术，构建商务英语教育的数字化生态系统，实现教育资源的共享和优化配置等。这些创新举措有助于推动高职商务英语教育的数字化转型，提高教育质量和效率。

（三）高职商务英语教育数字化转型的挑战与对策

虽然高职商务英语教育在数字化转型中扮演着重要的角色，但也面临着一些挑战。首先，数字技术的更新换代速度很快，高职商务英语教育需要不断更新教学内容和方式，以适应技术的变化。其次，数字化转型需要大量的资金和技术支持，而高职商务英语教育的投入往往有限。针对这些挑战，高职商务英语教育可以采取以下对策。

加强师资培训：提高教师的数字化素养和技能水平，使他们能够熟练运用数字技术进行教学。

加大投入力度：争取政府、企业和社会各界的支持，增加对高职商务英语教育数字化转型的投入。

加强合作与交流：与其他高校、企业和行业组织加强合作与交流，共同推动高职商务英语教育的数字化转型。

第二节　数字化转型在高职商务英语教育中的意义

一、数字化转型对提升教学质量的影响

随着信息技术的迅猛发展，数字化转型已深刻改变了教育领域的面貌。对于教学质量而言，数字化转型带来了诸多积极影响，使教育更加高效、个性化和互动化。

（一）教学资源数字化与共享

数字化转型使教学资源得以数字化处理和共享，极大地丰富了教学内容和形式。传统的纸质教材逐渐被电子教材、在线课程等数字化教学资源取代，这些资源具有更新迅速、内容丰富、形式多样等特点。教师可以通过网络平台获取全球范围内的优质教学资源，从而丰富教学内容，提高教学质量。同时，学生也可以根据自己的学习需求和兴趣，随时随地获取所需的学习资源，实现自主学习和个性化学习。

此外，数字化转型还促进了教学资源的共享。学校和教师可以通过在线平台共享教学资源，避免资源的重复开发和浪费。这种共享机制不仅有助于减轻教师的备课负担，还可以促进教师之间的交流与合作，共同提升教学质量。

（二）教学模式创新

数字化转型为教学模式的创新提供了可能。传统的以教师为中心的教学模式逐渐转变为以学生为中心的教学模式，更加注重学生的参与和互动。在线教学、混合式教学等新型教学模式应运而生，这些模式突破了时间和空间的限制，使学生在任何时间、任何地点都可以进行学习。同时，数字化技术还为教师提供了更多的教学手段和工具，如多媒体教学、互动式教学等，使教学更加生动、有趣和有效。

数字化转型还促进了个性化教学的实现。通过对学生学习数据的收集和分析，教师可以了解学生的学习特点和需求，从而为他们提供个性化的学习建议和反馈。这种个性化教学有助于激发学生的学习兴趣和积极性，提高他们的学习效果和满意度。

（三）教学互动与沟通

数字化转型增强了教学过程中的互动与沟通。传统的课堂教学往往受限于时间和空间的限制，师生之间的互动和沟通也有限；而数字化转型使得师生之间的交流更加便捷和高效。通过在线平台，教师可以随时发布作业、通知消息和获取教学资源，学

生可以及时提交作业、参与讨论和寻求帮助。这种在线交流方式不仅可以实现师生之间的即时互动，还可以促进学生的合作学习和互助学习。

此外，数字化转型还为师生提供了更多的互动形式。例如：通过在线投票、问卷调查等方式，教师可以快速了解学生对课程内容的掌握情况和学习需求；通过在线直播、录播等方式，教师可以为学生提供更加生动、直观的教学内容；通过在线协作工具，学生可以分组进行合作学习，共同完成项目和任务。这些互动形式有助于激发学生的学习兴趣和参与度，提高教学质量。

（四）评价与反馈机制优化

数字化转型优化了教学评价与反馈机制。传统的教学评价往往依赖于单一的考试或作业成绩，难以全面反映学生的学习情况；而数字化转型使得教学评价更加多元化和全面化。通过在线测试、作业分析等方式，教师可以对学生的学习情况进行实时监控和评估，及时发现学生的问题和不足。同时，数字化技术还可以为教师提供学生的学习数据分析和可视化报告，帮助他们更加深入地了解学生的学习特点和需求。

在反馈机制方面，数字化转型也使得反馈更加及时和个性化。教师可以通过在线平台为学生提供即时的反馈和建议，帮助他们调整学习策略和方法。同时，学生也可以通过在线平台向教师提出问题和建议，促进师生之间的交流和互动。这种及时、个性化的反馈机制有助于增强学生的学习效果和提高学生的满意度。

（五）面临的挑战与对策

尽管数字化转型对提升教学质量具有诸多积极影响，但也面临着一些挑战。首先，数字化转型需要投入大量的资金和技术支持，这对于一些经济条件较差的地区和学校来说可能是一个难题。其次，数字化转型也对教师的数字化素养和技能提出了更高的要求，需要教师进行不断学习和培训。此外，数字化转型也可能带来一些安全问题，如数据泄露、网络攻击等，需要学校和教师加强安全意识和防范措施。

针对这些挑战，我们可以采取以下对策：一是加大对数字化转型的投入力度，争取政府、企业和社会各界的支持；二是加强教师的数字化素养培训，提高他们的数字化教学能力；三是加强网络安全管理，确保教学数据的安全和保密；四是建立健全的数字化教学评价体系，确保数字化转型能够真正提升教学质量。

二、数字化转型对学生学习体验的改善

随着信息技术的迅猛发展和广泛应用，数字化转型已成为教育领域的重要趋势。这一转型不仅改变了教学方式和教学资源，更对学生学习体验产生了深远的影响。

（一）个性化学习路径的打造

数字化转型为学生提供了更加个性化的学习路径。传统的教育模式往往采用"一刀切"的教学方式，难以满足不同学生的学习需求；而数字化转型则通过大数据、人工智能等技术的应用，为每个学生量身定制学习计划。系统可以根据学生的学习进度、兴趣和能力，智能推荐相关的学习资源和练习题目，帮助学生找到最适合自己的学习路径。这种个性化的学习方式不仅提高了学生的学习效率，还激发了他们的学习兴趣和动力。

（二）学习资源的丰富与便捷获取

数字化转型极大地丰富了学习资源，并使学生可以更加便捷地获取这些资源。在传统的教育模式下，学生获取学习资源的途径相对有限，主要依赖于教材和教师的课堂讲解；而数字化转型则打破了这一局限，学生可以通过在线平台获取到海量的学习资源，包括电子教材、视频课程、在线题库等。这些资源不仅内容丰富、形式多样，而且更新迅速，能够紧跟学科发展的最新动态。此外，学生还可以根据自己的学习需求和时间安排，随时随地进行学习，极大地提高了学习的灵活性和自主性。

（三）互动与协作学习环境的构建

数字化转型为学生构建了更加互动与协作的学习环境。在传统的课堂中，学生之间的互动和协作往往受到时间和空间的限制；而数字化转型则通过在线平台、社交媒体等工具，为学生提供了更加便捷的互动与协作方式。学生可以在线进行讨论、分享学习心得、合作完成项目等，这种互动与协作的学习方式不仅有助于提高学生的沟通能力和团队协作能力，还能够促进知识的共享和创新。

（四）学习反馈与评价的及时性

数字化转型使得学习反馈与评价更加及时和精准。在传统的教育模式下，教师往往难以对每个学生的学习情况进行及时的反馈和评价；而数字化转型则通过在线测试、作业提交等方式，实现了对学生学习情况的实时监控和评估。系统可以自动收集和分析学生的学习数据，为教师提供学生的学习进度、错误率等信息，帮助教师更加精准地了解学生的学习情况，并及时给予反馈和指导。这种及时的反馈和评价有助于学生及时调整学习策略，增强学习效果。

（五）学习动力与兴趣的激发

数字化转型通过多样化的学习方式和互动形式，激发了学生的学习动力和兴趣。

数字化资源往往以图文并茂、声频与视频结合的形式呈现，更加符合学生的视觉和听觉习惯，使其学习变得更加生动有趣。同时，数字化转型还为学生提供了更多的自主学习和探究的机会，让他们能够在实践中发现问题、解决问题，从而培养创新精神和实践能力。这种积极的学习体验有助于激发学生的学习动力和兴趣，使他们更加主动地投入学习中。

（六）面临的挑战与对策

尽管数字化转型对学生学习体验的改善具有显著效果，但也存在一些挑战。首先，数字化设备的普及和网络环境的稳定性是数字化转型的基础，但在一些地区和学校，这些条件可能尚未完全满足。其次，数字化转型需要学生具备一定的信息素养和数字化技能，但部分学生可能在这方面存在不足。此外，数字化转型也可能带来一些新的学习问题，如信息过载、注意力分散等。

针对这些挑战，我们可以采取以下对策：一是加强数字化设备的普及和网络环境的建设，为数字化转型提供良好的基础条件；二是加强学生的信息素养和数字化技能培训，提高他们的数字化学习能力；三是优化数字化学习资源的设计和开发，避免信息过载和注意力分散的问题；四是加强教师的数字化转型培训，提高他们的数字化教学能力，以便更好地引导学生进行学习。

三、数字化转型在推动高职商务英语教育改革中的作用

随着全球化的深入发展和信息技术的迅速进步，高职商务英语教育面临着前所未有的挑战与机遇。数字化转型作为当前教育领域的重要趋势，正深刻地改变着传统的教学方式、教学资源和教学环境，这对高职商务英语教育改革起到了积极的推动作用。

（一）优化教学资源配置，提升教学质量

在高职商务英语教育中，教学资源的配置对于提高教学质量至关重要。数字化转型通过数字化处理和共享教学资源，极大地丰富了教学内容和形式，为师生提供了更加便捷、高效的学习平台。一方面，教师可以利用数字化教学资源库，获取全球范围内的优质教学材料，丰富教学内容，增强教学效果；另一方面，学生可以通过在线学习平台随时随地获取所需的学习资源，进行自主学习和个性化学习，提高学习效率和学习兴趣。

此外，数字化转型还促进了教学资源的共享与交流。学校和教师可以通过在线平台共享优秀的教学案例、教学经验等，促进教师之间的交流与合作，共同提升教学质量。

这种共享机制有助于打破信息壁垒，实现教学资源的优化配置，为高职商务英语教育改革提供有力支持。

（二）创新教学模式，增强教学效果

数字化转型为高职商务英语教育的教学模式创新提供了可能。传统的以教师为中心的教学模式逐渐转变为以学生为中心的教学模式，更加注重学生的参与和互动。在线教学、混合式教学等新型教学模式应运而生，这些模式突破了时间和空间的限制，使学生可以在任何时间、任何地点进行学习。同时，数字化技术还为教师提供了更多的教学手段和工具，如多媒体教学、互动式教学等，使教学更加生动、有趣和有效。

在高职商务英语教育中，数字化转型还有助于实现个性化教学。通过对学生学习数据的收集和分析，教师可以了解学生的学习特点和需求，为他们提供个性化的学习建议和反馈。这种个性化教学有助于激发学生的学习兴趣和积极性，增强他们的学习效果和提高他们的满意度。

（三）强化实践教学，提升应用能力

高职商务英语教育注重培养学生的实际应用能力。数字化转型通过模拟商务场景、构建虚拟实践平台等方式，为学生提供了更加真实、生动的实践环境。学生可以在模拟的商务环境中进行角色扮演、商务谈判等实践活动，锻炼自己的商务沟通能力和应变能力。这种实践教学方式有助于将理论知识与实际应用相结合，提高学生的综合素质和就业竞争力。

此外，数字化转型还为校企合作提供了更多的可能性。学校可以与企业合作开发在线实践课程、共建实践基地等，实现资源共享和优势互补。这种校企合作模式有助于将学校的教学资源与企业的实际需求相结合，共同培养符合市场需求的高素质商务英语人才。

（四）推动教育国际化，拓宽学生视野

数字化转型有助于推动高职商务英语教育的国际化进程。通过在线平台和国际合作项目等方式，学校可以与国际知名高校、企业等建立合作关系，引进优质的教育资源和先进的教学理念。同时，学生也可以通过在线学习平台参与国际课程、交流项目等，拓宽自己的国际视野和提高自己的跨文化交际能力。这种国际化教育有助于培养学生的全球意识和国际竞争力，为他们未来的职业发展奠定了坚实的基础。

（五）面临的挑战与对策

尽管数字化转型在高职商务英语教育改革中发挥了重要作用，但也面临着一些挑

战。首先，数字化转型需要投入大量的资金和技术支持，对于一些经济条件较差的学校来说可能是一个难题。其次，数字化转型对教师的数字化素养和技能提出了更高的要求，需要进行相应的培训和提升。此外，数字化转型也可能带来一些安全问题，如数据泄露、网络攻击等，需要加强网络安全管理。

针对这些挑战，我们可以采取以下对策：一是加大对数字化转型的投入力度，争取政府、企业和社会各界的支持；二是加强教师的数字化素养培训，提高他们的数字化教学能力；三是加强网络安全管理，确保教学数据的安全和保密；四是建立健全数字化教学评价体系，确保数字化转型能够真正提升教学质量。

四、数字化转型的未来趋势与高职商务英语教育的融合发展

随着科技的飞速进步，数字化转型已成为教育领域的重要发展方向。高职商务英语教育作为培养国际化商务人才的重要基地，正面临着数字化转型带来的深刻变革。

（一）数字化转型的未来趋势

数字化转型的未来趋势呈现出多元化、智能化、个性化等特点。首先，随着大数据、云计算等技术的不断发展，教育资源的数字化和共享化将成为主流。学生可以通过各种终端设备随时随地获取其所需的学习资源，实现自主学习和个性化学习。其次，人工智能、机器学习等技术的应用将推动教育模式的创新。智能教学系统能够根据学生的学习情况和需求，提供精准的教学建议和反馈，实现教学的高效化和智能化。此外，虚拟现实、增强现实等技术的普及，将为学生创造更加沉浸式和交互式的学习体验，增强了学习效果，并激发了学习兴趣。

（二）高职商务英语教育的现状与挑战

高职商务英语教育作为培养国际化商务人才的重要途径，在培养学生的语言能力、跨文化交际能力等方面发挥着重要作用。然而，当前高职商务英语教育仍面临着一些挑战。首先，传统的教学方式和方法难以满足学生的个性化需求和学习兴趣，导致教学效果不佳。其次，教学资源的有限性和局限性限制了教学内容的丰富性和多样性。最后，高职商务英语教育在实践教学和国际合作方面还有待加强，学生的实际应用能力和国际竞争力同样有待提高。

（三）数字化转型与高职商务英语教育的融合发展

面对数字化转型的未来趋势和高职商务英语教育的挑战，二者的融合发展显得尤为重要。

首先，数字化转型为高职商务英语教育提供了丰富的教学资源和教学手段。通过数字化平台，教师可以获取全球范围内的优质教学资源，丰富教学内容和形式。同时，利用数字化技术，教师可以采用更加生动、有趣的教学方式，从而激发学生的学习兴趣和积极性。

其次，数字化转型有助于实现高职商务英语教育的个性化和精准化。通过对学生学习数据的收集和分析，教师可以了解学生的学习特点和需求，为他们提供个性化的学习建议和反馈。这种个性化教学有助于满足学生的不同需求，增强了学习效果，并提高了他们的满意度。

此外，数字化转型还为高职商务英语教育的实践教学和国际合作提供了更多可能性。利用虚拟现实等技术，教师可以为学生创造更加真实的商务场景，让他们在实践中锻炼自己的语言能力和跨文化交际能力。同时，数字化平台也为国际合作提供了便利，学校可以与国际知名高校、企业等建立合作关系，共同开展教学和研究活动，推动高职商务英语教育的国际化进程。

（四）融合发展的策略与建议

为了实现数字化转型与高职商务英语教育的融合发展，我们提出以下策略与建议。

加强教师数字化素养培训。教师是数字化转型与高职商务英语教育融合发展的关键力量。因此，应加强对教师的数字化素养培训，提高他们的数字化教学能力和水平。

构建数字化教学平台。学校应积极构建数字化教学平台，整合优质教学资源，为师生提供优良的学习和交流环境。

推进实践教学改革。实践教学是高职商务英语教育的重要组成部分。学校应利用数字化技术推进实践教学改革，创新实践教学方式和方法，提高学生的实践能力和创新精神。

加强国际合作与交流。国际合作与交流是高职商务英语教育国际化的重要途径。学校应利用数字化平台加强与国际知名高校、企业的合作与交流，共同推动高职商务英语教育的国际化发展。

第三节　高职商务英语数字教学资源的发展现状

一、国内外高职商务英语数字教学资源的发展状况

随着信息技术的迅猛发展，数字化教学资源在高职商务英语教育中发挥着越来越重要的作用。国内外众多教育机构和企业纷纷投入资源，致力于开发和优化商务英语数字教学资源，以满足日益增长的教学需求。

（一）国内高职商务英语数字教学资源的发展

在国内，高职商务英语数字教学资源的发展呈现出蓬勃的发展态势。

首先，政府和教育部门对高职商务英语教育的数字化发展给予了高度重视，出台了一系列政策措施，鼓励和引导教育机构和企业加强数字教学资源的建设和应用。这为高职商务英语数字教学资源的发展提供了有力的政策保障。

其次，国内众多高职院校积极响应政策号召，加大投入力度，开展商务英语数字教学资源的建设工作。他们通过建立在线开放课程、开发数字化教材、构建虚拟仿真实验平台等方式，不断丰富和优化教学资源，提升教学质量。同时，这些院校还积极开展与国际知名企业和教育机构的合作，引进先进的教学理念和教学资源，推动高职商务英语教育的国际化发展。

此外，国内的一些在线教育平台也积极参与高职商务英语数字教学资源的建设和推广。他们通过整合优质的教学资源，提供灵活多样的学习方式，为广大学生提供了便捷、高效的学习体验。这些平台的出现，不仅丰富了高职商务英语数字教学资源的内容和形式，也促进了教学资源的共享和交流。

（二）国外高职商务英语数字教学资源的发展

在国外，高职商务英语数字教学资源的发展同样取得了显著成果。许多发达国家的教育机构和企业早在多年前就开始探索数字化教学资源在商务英语教学中的应用。他们通过不断技术创新和实践探索，形成了一系列成熟的教学模式和资源体系。

例如：一些国际知名的在线教育平台提供了丰富的商务英语课程和学习资源，这些资源涵盖了语言学习、商务知识、跨文化沟通等方面。学生可以通过这些平台随时随地进行学习，与全球各地的学生和教师进行交流互动。这种学习方式不仅突破了时间和空间的限制，也为学生提供了更加广阔的学习视野和更多的学习机会。

此外，一些国外的教育机构还注重将数字教学资源与实践教学相结合。他们通过建立实验室、实践基地等场所，让学生在真实的商务环境中进行实践操作和模拟演练。这种实践教学方式不仅有助于提高学生的实际应用能力，也使他们能够更好地适应未来的职业需求。

（三）国内外高职商务英语数字教学资源的比较与启示

通过对国内外高职商务英语数字教学资源的发展状况进行比较分析，我们可以发现一些共性和差异。共性在于，无论是国内还是国外都高度重视数字教学资源在高职商务英语教育中的作用，并积极开展相关建设和应用工作。差异则在于，国外在技术创新和资源整合方面可能更加领先，而国内在政策推动和院校合作方面更具优势。

这些比较结果为我们提供了有益的启示。首先，我们应该继续加强政策引导和投入力度，推动高职商务英语数字教学资源的建设和发展。其次，我们应该积极引进国外的先进技术和教学资源，并与国内的实际需求相结合，形成具有中国特色的数字教学资源体系。同时，我们还应该加强国际交流与合作，共同推动高职商务英语教育的数字化进程。

二、数字教学资源在高职商务英语教育中的应用案例

随着信息技术的迅猛发展，数字教学资源在高职商务英语教育中发挥着越来越重要的作用。数字教学资源以其便捷性、交互性和个性化等特点，为高职商务英语教育带来了全新的教学模式和学习体验。

（一）在线开放课程与自主学习

在线开放课程是数字教学资源在高职商务英语教育中的重要应用之一。例如：某高职院校与知名在线教育平台合作，推出了商务英语在线开放课程。该课程涵盖了商务英语的听、说、读、写各个方面，通过视频讲解、案例分析、在线测试等多种形式，为学生提供了丰富的学习资源和学习路径。

学生可以根据自己的学习进度和兴趣，自主选择课程内容和学习时间。在线开放课程具有时间灵活、地点自由的特点，学生可以随时随地进行学习，充分利用碎片时间，提高学习效率。同时，平台还提供了学习进度跟踪和学习数据分析功能，帮助学生更好地了解自己的学习情况，调整学习策略。

通过在线开放课程的应用，学生的自主学习能力得到了显著提升。他们可以根据自己的需求和兴趣进行个性化学习，积极参与课程讨论和交流，形成了良好的学习氛围。

（二）虚拟仿真实验与实践教学

虚拟仿真实验是数字教学资源在高职商务英语教育中的又一重要应用。通过构建虚拟商务环境，学生可以在仿真的商务场景中进行实践操作和模拟演练，提高实际应用能力。

例如：某高职院校利用虚拟仿真技术，构建了一个模拟国际贸易谈判的场景。学生在虚拟环境中扮演不同的角色进行商务谈判、合同签订等实践操作。通过模拟演练，学生可以更加深入地了解国际贸易的流程和规则，掌握商务沟通的技巧和策略。

虚拟仿真实验不仅为学生提供了真实的商务环境体验，还能够帮助他们在实践中发现问题、解决问题，提高解决问题的能力和创新能力。同时，这种实践教学方式也激发了学生的学习兴趣和积极性，使他们更加主动地参与到学习中来。

（三）智能教学系统与学习分析

智能教学系统也是数字教学资源在高职商务英语教育中的重要应用之一。这些系统利用人工智能和大数据技术，对学生的学习数据进行收集和分析，为教师提供精准的教学建议和反馈。

例如：某高职院校引进了一款智能教学系统，该系统能够自动记录学生的学习进度、答题情况等信息，并通过对这些数据的分析，为教师提供学生的学习状态评估和学习难点诊断。教师可以根据系统提供的反馈，及时调整教学策略和方法，提高教学效果。

同时，智能教学系统还能够为学生提供个性化的学习建议和学习路径规划。根据学生的学习特点和需求，系统可以为其推荐适合的学习资源和练习题目，帮助学生更好地掌握知识和技能。

通过智能教学系统的应用，教师的教学效率和学生的学习效果都得到了显著提升。教师能够更加精准地把握学生的学习情况，提供更加有针对性的教学服务；学生则能够更加高效地学习和掌握知识，提高了学习成绩和学习满意度。

（四）数字教学资源库与资源共享

数字教学资源库的建设也是高职商务英语教育中数字教学资源应用的一个重要方面。学校通过整合和优化各类教学资源，形成丰富多样的资源库，为师生提供便捷的资源获取途径。

某高职院校建立了商务英语数字教学资源库，该资源库涵盖了商务英语教材、课件、视频、声频等多种形式的资源。师生可以通过校园网或移动终端随时访问资源库，查找和下载所需的教学资源。

数字教学资源库的建立不仅丰富了教学内容和形式，也促进了教学资源的共享和交流。不同院校、不同教师之间的教学资源可以相互借鉴和共享，避免了资源的重复建设和浪费。同时，这也为师生提供了更加广阔的学习视野和更多的机会，促进了知识的传播和更新。

三、现有数字教学资源的优势与不足

随着信息技术的迅猛发展，数字教学资源在高职商务英语教育中发挥着越来越重要的作用。这些资源以其独特的优势，为教师和学生提供了更为丰富、便捷和高效的教学和学习体验。然而，数字教学资源也存在一些不足，需要我们在使用过程中加以注意和改进。

（一）现有数字教学资源的优势

数字教学资源的一个显著优势是其便捷性和灵活性。传统的教学资源往往受限于物理存储和传输方式，而数字教学资源则可以通过互联网进行快速传播和共享。只要有网络连接，教师和学生就可以随时随地访问和使用这些资源，极大地提高了教学的灵活性和效率。数字教学资源在形式和内容上呈现出多样性和丰富性的特点。它们可以包括文本、图片、声频、视频等多种形式的媒体内容，能够更好地满足学生的不同学习需求和兴趣。同时，数字教学资源还可以涵盖广泛的主题和领域，为学生提供更为全面和深入的学习体验。

数字教学资源通常具有高度的互动性和个性化特点。通过在线测试、模拟实验、学习游戏等方式，学生可以积极参与学习过程，与教学资源进行互动，增强学习效果。此外，一些智能教学系统还可以根据学生的学习进度和习惯，提供个性化的学习建议和路径规划，帮助学生更好地掌握知识和技能。数字教学资源的更新和共享也相对容易。随着新的教育理念和技术的不断涌现，数字教学资源可以迅速地进行更新和升级，以适应教学需求的变化。同时，这些资源可以通过网络平台进行共享和交流，促进不同院校和教师之间的合作与交流，推动教学资源的优化配置和共享利用。

（二）现有数字教学资源的不足

数字教学资源的使用高度依赖于技术设备和网络环境。一旦设备出现故障或网络不稳定，就很可能导致教学资源无法正常使用，影响教学效果。此外，网络安全问题也是数字教学资源面临的一大挑战。学生的个人信息和学习数据可能面临泄露和滥用的风险，需要加强网络安全保护措施。

虽然数字教学资源的数量众多，但质量却参差不齐。一些资源可能存在内容不准确、形式单一、缺乏创新等问题，无法满足学生的学习需求。同时，由于资源制作和审核的门槛相对较低，一些低质量的资源也可能混入其中，给教学带来负面影响，因此对于数字教学资源的应用需要教师具备一定的技术素养和应用能力。然而，一些教师可能由于年龄、学科背景等原因，对新技术和新资源的接受和应用能力有限。这可能导致他们在教学过程中无法充分发挥数字教学资源的优势，甚至可能出现使用不当或误解资源的情况。

数字教学资源的使用需要学生具备一定的自主学习能力和自律性。然而，一些学生可能缺乏明确的学习目标和计划，无法有效地利用这些资源进行自主学习。同时，由于数字资源的便捷性和灵活性，一些学生可能过度依赖资源而忽视了思考和实践能力的培养。

四、高职商务英语数字教学资源的发展趋势与前景

随着信息技术的飞速发展，数字教学资源在高职商务英语教育中扮演着越来越重要的角色。这些资源不仅为教师和学生提供了便捷、高效的学习工具，还促进了教学模式的创新和教学效果的提升。在未来，高职商务英语数字教学资源将继续发展，呈现出以下趋势和前景。

（一）个性化与智能化发展

随着大数据、人工智能等技术的不断进步，高职商务英语数字教学资源将越来越注重个性化和智能化发展。系统将通过收集和分析学生的学习数据，为每个学生提供量身定制的学习资源和路径，实现其真正的个性化学习。同时，智能教学系统也将能够根据学生的学习进度和能力，自动调整教学内容和难度，提供精准的教学反馈和建议，帮助学生更好地掌握知识和技能。

（二）多元化与融合化趋势

高职商务英语数字教学资源将朝着多元化和融合化的方向发展。一方面，资源类型将更加多样化，包括文本、图片、声频、视频等多种形式，以满足学生的不同学习需求和兴趣；另一方面，资源内容将更加注重跨学科和跨领域的融合，将商务英语与其他学科领域相结合，拓宽学生的知识视野和提升学生的综合能力。

（三）互动性与协作性增强

高职商务英语数字教学资源将更加注重互动性和协作性的提升。通过在线讨论、小组合作、角色扮演等互动形式，学生可以积极参与学习过程，与教师和同学进行交

流和合作，提高学习效果和团队协作能力。同时，数字教学资源还可以提供跨时空的协作平台，让学生可以随时随地与他人进行学习和交流，拓展学习资源和合作机会。

（四）移动化与泛在化应用

随着移动互联网和智能终端设备的普及，高职商务英语数字教学资源将实现移动化和泛在化应用。学生可以通过手机、平板等移动设备随时随地访问和使用教学资源，进行自主学习和练习。同时，数字教学资源还可以与各类教育应用和服务进行融合，为学生提供更为便捷和高效的学习体验。

（五）开放共享与共建共赢

高职商务英语数字教学资源将更加注重开放共享和共建共赢的理念。通过开放平台和标准接口，不同院校、不同机构之间的教学资源可以实现共享和交流，避免资源的重复建设和浪费。同时，鼓励师生共同参与资源的制作和更新，使其形成共建共赢的局面，推动教学资源的不断优化和创新。

（六）教学模式的创新与变革

高职商务英语数字教学资源的发展将推动教学模式的创新和变革。传统的课堂教学将逐渐与数字教学资源相结合，形成线上线下相结合的教学模式。通过混合式教学、翻转课堂等新型教学模式的应用，教师可以更加灵活地组织教学活动，激发学生的学习兴趣和主动性，提高教学效果和学习质量。

（七）国际化与跨文化交流加强

随着全球化的加速和国际交流的增多，高职商务英语数字教学资源将更加注重国际化和跨文化交流的培养。通过引入国外优质的教学资源和先进的教育理念，可以帮助学生更好地了解国际商务规则和文化习惯，提高跨文化交流能力。同时，数字教学资源还可以为学生提供与国际商务实践相结合的学习机会，增强他们的实践能力和创新意识。

第三章 高职商务英语数字教学资源需求分析与设计

第一节 高职商务英语学习者需求分析

一、高职商务英语学习者学习风格的差异与需求分析

高职商务英语作为培养国际化商务人才的重要途径，其学习者的学习风格与需求具有多样性和复杂性的特点。深入了解这些差异与需求，对于优化教学效果、提升学习质量具有重要意义。

（一）高职商务英语学习者学习风格的差异

学习风格是指个体在学习过程中所表现出来的、独特的学习方式和倾向。高职商务英语学习者在学习风格上存在着显著的差异，主要表现在以下几个方面。

认知风格是指个体在获取信息、处理信息和记忆信息时所偏好的方式。有的学习者更倾向于逻辑思维和分析能力，注重推理和归纳；而有的学习者则更注重直观感知和形象思维，善于通过具体情境进行学习。这种认知风格的差异会导致学习者在商务英语学习中对知识点的理解和应用方式的不同。学习动机是驱动学习者进行学习的内在动力。高职商务英语学习者在学习动机上存在差异，有的学习者出于职业发展的需要，具有强烈的学习意愿和动力；而有的学习者则可能出于兴趣或学校要求等原因进行学习，其学习动力相对较弱。这种动机差异会影响学习者的学习投入程度和持久性。

学习方式偏好是指学习者在学习过程中对不同学习方法的喜好和选择。有的学习者喜欢自主学习，通过自我探索和实践来掌握知识；而有的学习者则更倾向于合作学习，通过与他人讨论和分享来加深对知识的理解。在商务英语学习中，学习者对于听、说、读、写等技能的学习方式也会有不同的偏好。

（二）高职商务英语学习者需求分析

需求分析是教学设计和实施的重要前提，对于高职商务英语学习者而言，其需求主要体现在以下几个方面。

高职商务英语学习者通常具有明确的职业导向，他们希望通过学习掌握商务英语的基本知识和技能，以便在未来的工作中能够胜任与国际商务相关的岗位。因此，他们对于商务英语的实际应用能力和职业技能的培养有着较高的需求。随着全球化的加速和国际交流的增多，跨文化交际能力成为高职商务英语学习者必备的能力之一。他们希望通过学习了解不同国家的商务文化、礼仪和习俗，提高自己在国际商务场合中的沟通能力和适应能力。

在信息化时代，知识的更新速度日新月异，自主学习能力成为高职商务英语学习者不可或缺的能力。他们希望在学习过程中培养自己的自主学习能力，学会如何有效地获取、处理和利用信息，以便在未来的职业生涯中能够持续学习和进步。由于高职商务英语学习者在学习风格上存在差异，他们对于个性化学习的需求也较为强烈。他们希望教师能够关注自己的学习特点和需求，提供符合自己学习风格的教学资源和方法，以提高学习效果和满意度。

二、高职商务英语学习者在数字环境中的学习行为与偏好

随着信息技术的飞速发展，数字环境已经成为高职商务英语学习的重要场所。在这一环境中，学习者的学习行为和偏好受到多种因素的影响，并呈现出独特的特点。

（一）高职商务英语学习者在数字环境中的学习行为

在数字环境中，高职商务英语学习者可以随时随地访问学习资源，自主安排学习进度和内容。他们可以根据自己的需求和兴趣，选择适合自己的学习方式和节奏。这种自主性的学习行为有助于激发学习者的学习动力，增强学习效果。数字环境为高职商务英语学习者提供了丰富的交互机会。学习者可以通过在线讨论、协作学习等方式与教师和同学进行交流和互动。这种交互性提升的学习行为有助于促进学习者思考能力和表达能力的提升，同时也能够增强学习者的学习体验。

在数字环境中，高职商务英语学习者往往利用碎片化的时间进行学习。他们可以在等待、休息等短暂的时间内通过手机、平板等设备进行学习。这种碎片化学习的趋势使得学习者能够更加灵活地安排学习时间，提高学习效率。

（二）高职商务英语学习者在数字环境中的学习偏好

高职商务英语学习者在数字环境中对多媒体学习资源表现出较高的偏好。他们喜欢通过视频、声频、图像等多媒体形式获取信息和知识。这种偏好使得学习者能够更加直观地理解商务英语的实际应用场景，增强学习效果。高职商务英语学习者在数字环境中更倾向于选择个性化的学习路径。他们希望根据自己的学习特点和需求，定制适合自己的学习计划和资源。这种个性化学习路径的偏好有助于满足学习者的不同需求，提高其学习的针对性和有效性。

高职商务英语学习者在数字环境中对实时的反馈和评估具有较高的期望。他们希望在学习过程中能够及时获得教师和同学的反馈和建议，以便调整自己的学习策略和方法。同时，他们也希望通过在线测试、自我评价等方式对自己的学习成果进行评估和反思。

（三）影响高职商务英语学习者在数字环境中学习行为与偏好的因素

数字技术的发展和应用为高职商务英语学习者提供了更加便捷和高效的学习工具和资源。然而，不同学习者的技术熟练程度和接受程度存在差异，这会影响他们在数字环境中的学习行为和偏好。教学设计的质量和水平对高职商务英语学习者在数字环境中的学习行为和偏好具有重要影响。优秀的教学设计能够激发学习者的学习兴趣和动力，引导他们积极参与学习活动；而差劣的教学设计则可能导致学习者对学习内容产生厌倦和抵触情绪。

学习者的个人因素，如学习习惯、兴趣爱好、学习风格等，也会影响他们在数字环境中的学习行为和偏好。不同的学习者有不同的学习需求和偏好，因此，教师需要关注每个学习者的个体差异，提供个性化的学习支持。

（四）优化高职商务英语学习者在数字环境中学习行为与偏好的策略

为了满足高职商务英语学习者在数字环境中的学习需求，教师应不断提升数字教学资源的质量。这包括优化多媒体学习资源的设计，提供丰富多样的学习内容；同时，关注资源的更新和时效性，确保学习者能够获取最新、最实用的商务英语知识。在数字环境中，自主学习能力是高职商务英语学习者必备的能力之一。教师可以通过设置学习任务、提供学习策略指导等方式，帮助学习者培养自主学习能力。同时，鼓励学习者积极参与在线讨论、协作学习等活动，提高他们的互动和合作能力。

针对高职商务英语学习者在数字环境中的个性化学习需求，教师应提供个性化的学习支持。这包括根据学习者的学习风格和偏好，定制个性化的学习计划和资源；同时，关注学习者的学习进度和反馈，及时提供指导和帮助。

三、高职商务英语学习者对数字教学资源的期望与需求

随着信息技术的迅猛发展和数字化时代的到来，数字教学资源在高职商务英语教学中扮演着越来越重要的角色。高职商务英语学习者作为数字教学资源的主要使用者和受益者，对数字教学资源有着特定的期望与需求。

（一）高职商务英语学习者对数字教学资源的期望

高职商务英语学习者期望数字教学资源能够提供丰富多样的学习内容，涵盖商务英语的各个方面，如商务沟通、贸易实务、跨文化交际等。同时，他们希望这些资源能够紧密结合实际工作场景，具有实用性和可操作性，能够帮助他们提升商务英语的实际应用能力。学习者期望数字教学资源能够以多种形式呈现，如文字、图片、声频、视频等，以满足不同学习者的学习需求和偏好。此外，他们希望这些资源具备互动性，允许他们进行自主学习、协作学习和探究学习，从而提高其学习效果和学习兴趣。

由于商务英语领域的知识更新迅速，学习者期望数字教学资源保持及时更新，反映最新的商务理念和实践。同时，他们希望这些资源能够持续不断地提供新的学习内容和功能，以满足他们长期学习的需求。

（二）高职商务英语学习者对数字教学资源的需求

每个学习者的学习风格、能力和需求都是不同的，因此，高职商务英语学习者期望数字教学资源能够提供个性化的学习路径，包括根据学习者的学习水平和兴趣定制学习计划、推荐相关学习资源以及提供个性化的学习反馈和建议等。通过个性化学习路径，学习者可以更加高效地掌握商务英语知识。高职商务英语学习者在学习过程中需要与教师和同学进行实时的互动和协作。他们期望数字教学资源能够提供在线讨论、协作编辑、实时问答等功能，以便他们能够与他人分享学习心得、解决问题并共同进步。这种实时互动与协作的需求有助于增强学习者的学习动力和参与度，促进知识的共享和传递。

自主学习和自我评估是高职商务英语学习者必备的能力。他们期望数字教学资源能够提供丰富的学习资源和工具，支持他们进行自主学习和自主探究。同时，他们希望这些资源能够提供自我评估的功能，如在线测试、学习进度跟踪等，以便他们能够及时了解自己的学习状况并进行调整和改进。

（三）满足高职商务英语学习者对数字教学资源期望与需求的策略

为了满足学习者对内容丰富性和实用性的期望，应加大对数字教学资源内容的建设投入。通过深入调研和需求分析，确定商务英语学习者真正需要的学习内容，并结合实际工作场景进行设计和开发。同时，注重资源的更新和维护，确保其内容始终保持最新和实用。为了满足学习者对形式多样性和互动性的期望，应充分利用现代信息技术手段，如虚拟现实、增强现实、人工智能等，提升数字教学资源的互动性和多样性。通过设计有趣的学习活动、开发互动式的学习工具以及提供多样化的学习方式，激发学习者的学习兴趣和积极性。

为了满足学习者对个性化学习路径的需求，应建立完善的个性化学习支持服务体系。通过收集和分析学习者的学习数据，了解他们的学习风格和需求，为他们提供定制化的学习计划、资源推荐和学习反馈。同时，建立学习社区或学习群组，促进学习者之间的交流和协作。为了满足学习者对自主学习和自我评估的需求，应在数字教学资源中嵌入自主学习和自我评估的功能模块。提供丰富的学习资源和工具，支持学习者进行自主探究和学习；设计在线测试和学习进度跟踪等功能，帮助学习者及时了解自己的学习状况并进行调整和改进。

四、高职商务英语学习者需求与数字教学资源设计的关联性分析

随着信息技术的飞速发展，数字教学资源在高职商务英语教学中扮演着越来越重要的角色。高职商务英语学习者作为数字教学资源的主要使用者，其需求对数字教学资源的设计具有重要影响。

（一）高职商务英语学习者需求分析

高职商务英语学习者通常期望学习的内容能够直接应用于实际工作中，帮助他们提升职业竞争力。因此，他们对数字教学资源的需求主要体现在实用性和职业导向性上，希望资源能够涵盖商务沟通、贸易实务、跨文化交际等实用技能，并紧密结合行业需求和职业标准。高职商务英语学习者在学习时间和方式上往往具有较大的自主性，他们希望数字教学资源能够提供个性化的学习路径和策略，以满足不同学习者的学习风格和需求。同时，他们也期望能够根据自己的学习进度和能力进行自主学习，灵活调整学习内容和难度。

高职商务英语学习者在学习过程中需要与教师和同学进行互动和协作，以便共同解决问题、分享经验和提高学习效果。因此，他们对数字教学资源的需求还体现在互

动性和协作学习上，希望资源能够提供在线讨论、协作编辑、实时反馈等功能，以促进学习者之间的交流和合作。

（二）数字教学资源设计的原则与特点

数字教学资源的设计应充分考虑学习者的需求和特点，以学习者为中心，注重学习者的学习体验和效果。数字教学资源应提供丰富多样的学习内容，并紧密结合实际工作场景，以满足学习者的实用需求。

数字教学资源应以多种形式呈现，如文字、图片、声频、视频等，并具备互动性强的特点，以激发学习者的学习兴趣和积极性。

基于这些原则，数字教学资源通常具有以下特点：模块化设计，便于学习者按需选择；多媒体融合，提供多样化的学习体验；交互性强，支持学习者与资源的互动；更新及时，反映最新的商务理念和实践。

（三）高职商务英语学习者需求与数字教学资源设计的关联性分析

高职商务英语学习者需求与数字教学资源设计之间存在密切的关联，主要体现在以下几个方面。

（1）高职商务英语学习者对实用性和职业导向性的需求：要求数字教学资源在内容设计上应紧密结合商务实践，涵盖商务沟通、贸易实务等实用技能。同时，资源内容应定期更新，以反映行业发展的最新动态和趋势，确保学习者能够获取到最新、最实用的知识。

（2）高职商务英语学习者对多样性和互动性的需求：要求数字教学资源在形式设计上应注重多媒体融合和交互性设计。通过采用文字、图片、声频、视频等多种形式展示内容，提供多样化的学习体验。同时，加入互动元素，如在线测试、讨论区等，促进学习者与资源的互动，提高学习效果。高职商务英语学习者对自主性和个性化学习的需求，要求数字教学资源在设计时应提供个性化的学习路径和策略。通过智能推荐系统和学习分析技术，根据学习者的学习风格、能力和进度，为他们推荐合适的学习资源和练习题目，帮助他们制订个性化的学习计划。

（3）高职商务英语学习者对互动性和协作学习的需求：要求数字教学资源在设计时应注重协作学习环境的构建。通过设置在线讨论区、协作编辑工具等功能，为学习者提供与他人交流、合作和分享的平台。同时，鼓励学习者参与团队项目和实践活动，培养他们的团队协作能力和解决实际问题的能力。

第二节　高职商务英语数字教学资源设计原则

一、实用性原则：资源内容与实际教学需求紧密结合

在高职商务英语教学中，数字教学资源的设计与应用已成为提升教学质量和效率的重要手段。在设计这些资源时，实用性原则显得尤为关键，它要求资源内容与实际教学需求紧密结合，以满足学习者的实际需求，促进他们的有效学习。

（一）实用性原则的内涵及其在数字教学资源设计中的应用

实用性原则强调资源内容应直接服务于实际教学目的，满足学习者的实际需求。在数字教学资源设计中，这一原则要求资源内容紧密围绕教学目标、教学内容和学习者的学习特点进行设计，确保资源能够真正为教学所用，为学习者所用。

具体而言，实用性原则在数字教学资源设计中的应用体现在以下几个方面。

数字教学资源的设计应首先明确教学目标，确保资源内容与教学目标相契合。这要求设计者深入分析教学目标，了解学习者需要掌握的知识点和技能，从而设计出有针对性的资源内容。资源内容应紧密匹配教学内容，涵盖教学中的重点、难点和疑点。通过提供丰富多样的学习材料和实例，帮助学习者深入理解教学内容，掌握相关的知识和技能。

数字教学资源的设计还应充分考虑学习者的实际需求和学习特点。通过调查和分析学习者的学习需求和学习风格，设计出符合学习者需求的资源内容，提高学习者的学习兴趣和参与度。

（二）数字教学资源内容与实际教学需求紧密结合的重要性

实用性强的数字教学资源能够直接服务于教学目标和教学内容，帮助学习者快速掌握相关知识和技能。通过提供丰富多样的学习材料和实例，以及便捷的互动和协作功能，激发学习者的学习兴趣和积极性，从而提高教学效果和效率。紧密结合实际教学需求的数字教学资源能够更好地满足学习者的实际需求。这些资源不仅提供了学习者需要掌握的知识点和技能，还提供了实际应用场景和案例，帮助学习者将所学知识应用于实际工作中。

实用性原则要求数字教学资源设计应考虑学习者的个体差异和学习风格。通过提

供个性化的学习路径和多样化的学习资源，满足不同学习者的需求，促进教学的个性化和差异化。

（三）实现数字教学资源内容与实际教学需求紧密结合的途径

教师是实际教学的执行者，他们了解学生的学习需求和特点，对教学内容和教学方法有深入的理解。因此，在设计数字教学资源时，应加强与教师的沟通与合作，听取他们的意见和建议，确保资源内容能够真正满足实际教学的需求。了解学习者的学习需求是实现资源内容与实际教学需求紧密结合的关键。通过问卷调查、访谈等方式，收集学习者的学习需求和学习特点，为资源设计提供有力的依据。

随着教学理念和教学方法的不断更新，实际教学需求也在不断变化。因此，数字教学资源的设计者应定期更新和优化资源内容，确保资源能够始终与实际教学需求保持一致。利用大数据、人工智能等先进技术手段，对数字教学资源进行智能化改造和升级。通过对学习者的学习行为和数据进行分析，为学习者提供个性化的学习推荐和资源推送，提高资源的实用性和针对性。

二、交互性原则：增强学习者与资源的互动与沟通

在高职商务英语教学中，数字教学资源的设计和应用正逐渐成为提升教学效果和学习体验的重要手段。其中，交互性原则是数字教学资源设计中的一个核心要素，它强调学习者与资源之间的互动与沟通，以促进学习者的积极参与和深度学习。

（一）交互性原则在数字教学资源设计中的内涵与应用

交互性原则是指在数字教学资源设计中，应注重学习者与资源之间的双向互动和沟通。这种互动不仅体现在学习者对资源的操作和使用上，还包括资源对学习者行为和反馈的响应。通过设计丰富多样的交互元素和功能，可以激发学习者的学习兴趣和积极性，提高他们的参与度和学习效果。

在高职商务英语教学中，交互性原则的应用主要体现在以下几个方面。

数字教学资源应提供多种形式的交互，如点击、拖拽、选择、填空、问答等，以满足不同学习者的学习风格和需求。这些交互形式可以帮助学习者更深入地理解和掌握知识，同时提高他们的操作技能和实践能力。数字教学资源应具备即时的反馈机制，能够对学习者的操作和回答进行实时评估和反馈。通过提供正确的答案、解释和提示，可以帮助学习者及时纠正错误，加深其对知识点的理解，同时提高他们的自信心和学习动力。

基于学习者的学习行为和反馈数据，数字教学资源可以设计个性化的学习路径。

如通过智能推荐和定制化的学习资源，可以满足学习者的不同需求和兴趣，提高他们的学习效率和满意度。

（二）增强学习者与资源的互动与沟通的重要性

增强学习者与数字教学资源的互动与沟通在高职商务英语教学中具有重要意义。首先，互动与沟通能够激发学习者的学习兴趣和积极性。通过参与资源的交互活动，学习者能够更加主动地投入学习中，从而提高学习效果。其次，互动与沟通有助于促进学习者的深度学习。通过与资源的互动，学习者可以更加深入地理解和掌握知识，从而形成自己的见解和思考。此外，互动与沟通还能够培养学习者的自主学习能力和解决问题的能力。通过与资源的互动，学习者可以学会如何获取信息、分析问题和制订解决方案，从而提高自己的综合素质。

（三）增强学习者与资源的互动与沟通的策略

在数字教学资源中融入各种交互元素，如游戏化的学习任务、模拟实训场景、在线讨论区等，以吸引学习者的注意力并激发他们的参与热情。这些交互元素不仅能够增加学习的趣味性，还能够让学习者在实践中学习和掌握知识，为学习者提供即时的反馈和评价，让他们了解自己的学习进度和成果。通过设定明确的评价标准和反馈方式，让学习者能够及时了解自己的不足，并调整学习策略。同时，教师也可以根据反馈结果对教学资源进行不断优化和改进。

利用数字教学平台的社交功能，促进学习者之间的协作与交流。通过设立学习小组、开展在线讨论等活动，让学习者能够相互学习、分享经验和解决问题。这种协作与交流不仅能够增强学习的互动性，还能够培养学习者的团队合作能力和沟通技巧。通过对学习者使用数字教学资源的数据进行分析，了解他们的学习行为和需求，从而优化交互设计。例如：根据学习者的学习路径和偏好推荐相关资源，根据学习者的反馈调整资源难度和呈现方式等。这种基于数据的优化能够使数字教学资源更加符合学习者的实际需求，有助于提高学习效果。

三、灵活性原则：满足不同学习者的个性化需求

在高职商务英语教学中，数字教学资源的设计与应用已成为提升教学质量和效率的关键环节；而在设计这些资源时，灵活性原则显得尤为重要。它强调资源应具备一定的灵活性和可调整性，以满足不同学习者的个性化需求。

（一）灵活性原则的内涵及其在数字教学资源设计中的体现

灵活性原则是指在数字教学资源设计过程中，充分考虑不同学习者的个性化需求，使资源具备可调整、可定制的特性。这一原则强调资源的多样性和适应性，以满足不同学习者的学习风格、学习进度和兴趣偏好。

在数字教学资源设计中，灵活性原则主要体现在以下两个方面。

数字教学资源应提供多样化的学习路径，允许学习者根据自己的实际情况选择适合自己的学习路径。例如：可以为初学者提供基础知识和技能的学习路径，同时为进阶学习者提供更具挑战性和深入的学习内容。

资源内容应具备可调整性，可以根据学习者的需求和兴趣进行调整和定制。例如：可以设计模块化的学习内容，允许学习者根据自己的学习进度和需求选择相应的模块进行学习。数字教学资源应支持多种学习方式，包括自主学习、协作学习、探究学习等。通过提供丰富多样的学习方式和工具，满足不同学习者的学习风格和偏好。

（二）满足不同学习者的个性化需求的重要性

满足不同学习者的个性化需求是数字教学资源设计中的重要目标，其重要性主要体现在以下两个方面。

个性化学习能够更好地满足学习者的学习需求和兴趣，从而提高学习者的学习积极性和参与度。当学习者能够根据自己的实际情况选择适合自己的学习路径、内容和方式时，他们的学习效果和满意度往往会更高。个性化学习有助于培养学习者的自主学习能力、批判性思维和创新精神。通过提供多样化的学习资源和路径，数字教学资源可以激发学习者的学习兴趣和探究欲望，促进他们的全面发展。

设计灵活的数字教学资源可以更好地满足不同学习者的需求，从而提高教学资源的利用率和价值。当资源能够满足更多学习者的需求时，其使用范围和影响力也会相应扩大。

（三）实施灵活性原则的具体策略

通过问卷调查、访谈等方式，收集学习者的学习风格、兴趣偏好、学习进度等信息，为资源设计提供有力的依据。同时，建立学习者档案，记录他们的学习历史和轨迹，以便更好地为他们提供个性化的学习资源和服务。将学习资源划分为若干个独立的模块，每个模块聚焦一个特定的知识点或技能点。学习者可以根据自己的需求选择相应的模块进行学习，实现学习内容的灵活组合和调整。

设计多条学习路径，允许学习者根据自己的实际情况选择适合自己的学习路线。利用大数据和人工智能技术，对学习者的学习行为和数据进行分析，为他们推荐相关的学习资源和路径。通过智能推荐技术，可以实现学习资源的个性化匹配和精准推送，提高学习者的学习效果和满意度。

建立有效的反馈机制，鼓励学习者对数字教学资源的使用情况进行反馈和评价。通过收集和分析学习者的反馈意见，不断优化资源设计，提高资源的灵活性和适应性。

四、创新性原则：运用新技术创新教学资源形式和内容

在高职商务英语教学中，数字教学资源的设计与应用正逐渐成为提升教学效果和激发学生兴趣的重要手段。在这一过程中，创新性原则的运用显得尤为关键。它强调运用新技术创新教学资源的形式和内容，以满足时代的需求，提升教学质量。

（一）创新性原则的内涵及其在数字教学资源设计中的体现

创新性原则是指在数字教学资源设计过程中，积极运用新技术、新方法和新理念，打破传统教学资源的形式和内容限制，创造出更具创新性、实用性和吸引力的教学资源。这一原则强调与时俱进，不断探索和尝试新的教学方式和手段，以适应时代的发展和学生的需求。

在数字教学资源设计中，创新性原则的体现主要包括以下几个方面。

运用先进的技术手段，如人工智能、虚拟现实、增强现实等，创新教学资源的呈现方式和交互方式，提高学生的学习体验和学习效果。结合时代特点和学科发展，更新教学资源的内容，引入新的知识点、案例和实践经验，使教学资源更具时效性和实用性。打破传统教学资源的形式限制，采用更加多样化和个性化的呈现方式，如动画、游戏、短视频等，以激发学生的学习兴趣和积极性。

（二）运用新技术创新教学资源形式和内容的重要性

随着科技的快速发展，新技术在教学领域的应用越来越广泛。运用新技术创新教学资源，可以更好地适应时代发展的需求，提升教学的现代化水平。新技术的应用可以使教学资源更加生动、形象和直观，有助于激发学生的学习兴趣和积极性，提高教学效果和质量。同时，新技术还可以提供更加个性化和精准的教学服务，满足不同学生的学习需求。创新性的教学资源可以引导学生积极探索、勇于实践，培养他们的创新能力和实践能力。通过接触和应用新技术，可以拓宽学生的视野，增强其创新意识和实践能力。

（三）实施创新性原则的具体策略

积极关注新技术的发展动态，加强技术研发和应用，探索新技术在教学资源设计

中的应用方式和效果。同时，加强与相关企业和机构的合作，共同推动新技术在教学领域的应用和发展。结合学科特点和教学需求，引入多元化的教学资源，如在线课程、电子教材、教学软件等，丰富教学内容和形式。同时，注重资源的整合和优化，提高资源的使用效率和效果。

教师是教学资源设计的重要力量，应该鼓励教师积极参与创新实践，探索新的教学方式和手段。通过组织培训、交流研讨等活动，提升教师的创新意识和能力，推动教学资源设计的创新发展。学生是教学资源的使用者，他们的反馈和需求对于教学资源的创新至关重要。应该积极关注学生的反馈和需求，及时调整和优化教学资源的设计和应用方式，以满足学生的个性化学习需求。

（四）创新性原则在高职商务英语教学中的案例分析

为了更具体地说明创新性原则在高职商务英语教学中的应用，以下将结合一个实际案例进行分析。某高职院校商务英语专业在教学资源设计中，积极运用新技术创新教学资源形式和内容。他们引入了虚拟现实技术，创建了一个模拟商务场景的虚拟实验室。在这个虚拟实验室中，学生可以模拟真实的商务活动，如商务谈判、产品展示等，通过亲身实践来提升自己的商务英语应用能力。这一创新性的教学资源设计不仅提高了学生的学习兴趣和积极性，还使他们在实践中掌握了商务英语知识和技能。

第三节　高职商务英语数字教学资源设计流程

一、高职商务英语数字教学资源设计的前期调研与需求分析

随着信息技术的快速发展和广泛应用，数字教学资源在高职商务英语教学中的地位日益凸显。为了设计出符合学生需求，能够有效提升教学效果的数字教学资源，前期调研与需求分析显得尤为重要。

（一）前期调研的重要性与目的

前期调研是高职商务英语数字教学资源设计的基础性工作，它的重要性体现在以下几个方面。

首先，前期调研有助于了解学生的学习需求和学习特点。通过与学生进行深入的交流和访谈，可以掌握他们对商务英语学习的期望、兴趣点和难点，从而为资源设计

提供有针对性的建议。其次，前期调研可以帮助教师和教学团队了解当前商务英语教学的状况和问题。通过收集和分析教师的教学反馈、学生的学习成绩等数据，可以发现教学中存在的问题和不足，为资源设计提供改进的方向。最后，前期调研还可以借鉴其他高校或机构的成功经验，避免在设计过程中出现重复劳动或走弯路的情况。

前期调研的目的在于收集关于学生、教师、教学环境等方面的信息，为数字教学资源的设计提供全面、准确的依据。通过调研，我们可以明确数字教学资源的设计目标、功能需求、内容要求等，确保资源的实用性和有效性。

（二）调研内容与方法

在高职商务英语数字教学资源设计的前期调研中，我们需要关注以下几个方面的内容。

学生需求是数字教学资源设计的核心。我们可以通过问卷调查、访谈等方式，了解学生对商务英语学习的需求、兴趣点和期望。同时，我们还可以收集学生对现有教学资源的评价和建议，以便在设计中加以改进。教师是教学资源的主要使用者之一。我们需要与教师进行深入交流，了解他们对商务英语教学的看法、需求和建议。通过收集教师的教学反馈和经验分享，可以为资源设计提供有益的参考。

教学环境对数字教学资源的设计和使用具有重要影响。我们需要了解学校的教学设施、网络条件、学生使用习惯等情况，以便设计出符合实际需求的数字教学资源。

在调研方法上，我们可以采用问卷调查、访谈、观察等方式。问卷调查可以覆盖更广泛的学生和教师群体，收集大量数据；访谈可以深入了解个别学生和教师的需求和看法；观察则可以更直观地了解教学环境和使用情况。

（三）需求分析

在前期调研的基础上，我们需要对收集到的数据进行整理和分析，提炼出数字教学资源设计的具体需求。根据学生和教师的需求调研结果，确定数字教学资源应具备的基本功能和特色功能。例如：学生可能希望资源具有自主学习、在线测试、互动交流等功能；教师则可能更关注资源的个性化定制、教学进度跟踪等功能。

内容是数字教学资源的核心组成部分。我们需要根据商务英语教学的特点和要求，确定资源的内容范围和深度。同时，还需要关注内容的时效性和实用性，确保资源能够紧跟时代步伐并满足学生的实际需求。

技术是实现数字教学资源功能的基础。我们需要根据功能需求和内容需求，选择合适的技术手段和开发平台。例如：为了实现资源的互动性和个性化定制功能，我们可以采用人工智能技术；为了提升资源的视觉效果和学习体验，我们可以运用多媒体技术和虚拟现实技术等。

（四）调研与需求分析的结果应用

前期调研与需求分析的结果将为高职商务英语数字教学资源的设计提供重要依据。根据调研与需求分析的结果，我们可以制定出符合实际需求的资源设计方案。设计方案应明确资源的功能模块、内容结构、技术实现等关键要素，确保资源的实用性和有效性。

在资源开发过程中，调研与需求分析的结果将作为开发团队的重要参考。开发团队可以根据这些结果调整开发方向、优化功能实现、完善内容呈现等，确保资源的质量和效果。资源使用效果的评估是检验前期调研与需求分析工作成果的重要环节。我们可以通过收集用户使用反馈、分析资源使用数据等方式，评估资源的使用效果和用户满意度。同时，还可以根据评估结果对资源进行持续改进和优化，提升资源的教学价值和应用效果。

二、高职商务英语数字教学资源内容的策划与编写

随着信息技术的迅猛发展和全球经济的深度融合，商务英语在高职教育中的地位日益凸显。为了满足学生的学习需求，提升教学效果，数字教学资源内容的策划与编写显得尤为重要。

（一）策划阶段的核心理念与原则

数字教学资源的设计应充分考虑学生的学习需求、学习特点和认知规律，提供符合学生实际需求的学习内容。资源内容应紧密结合商务英语的实际应用场景，注重培养学生的实际应用能力。同时，针对不同层次、不同需求的学生，提供具有针对性的学习资源。

在内容策划过程中，我们应注重引入新的教学理念、教学方法和技术手段，以创造出更具创新性和前瞻性的教学资源。

（二）内容编写的具体策略与方法

首先，我们需要明确教学资源的教学目标，即希望学生通过学习达到什么样的水平。其次，根据教学目标，构建清晰的内容框架，包括各个单元的主题、知识点和技能点。在内容的选择上，我们应注重选取具有代表性、实用性和时效性的商务英语材料。同时，对选取的内容进行优化处理，如调整难度、增加案例分析、设计互动练习等，以提高学生的学习兴趣和参与度。

商务英语不仅仅是语言的学习,更是跨文化交际能力的培养。因此,在内容编写过程中,我们应注重融入跨文化交际的元素,如商务礼仪、文化差异等,帮助学生更好地适应全球化背景下的商务交流。为了激发学生的学习兴趣和积极性,我们可以采用多样化的呈现方式,如文字、图片、声频、视频等。通过多媒体的结合,使资源内容更加生动、形象,提高学生的学习体验。

互动性强的学习活动有助于提高学生的参与度和学习效果。我们可以设计一些在线测试、角色扮演、小组讨论等学习活动,让学生在实践中巩固知识、提升技能。

(三)案例分析与实施效果评估

为了更好地说明高职商务英语数字教学资源内容的策划与编写过程,以下将结合一个实际案例进行分析。某高职院校商务英语专业在数字教学资源内容的策划与编写过程中,充分考虑了学生的学习需求和实际应用场景。他们选择了商务沟通、商务谈判、国际贸易等核心知识点,并结合实际案例进行分析和讲解。同时,他们还设计了一系列互动性强的学习活动,如在线测试、角色扮演等,让学生在实践中提升商务英语应用能力。经过实施效果评估,这些数字教学资源得到了学生的广泛认可和好评,有效提升了教学效果和学生的学习成果。

三、高职商务英语数字教学资源形式的选择与设计

随着信息技术的飞速发展,数字教学资源在高职商务英语教学中的应用越来越广泛。选择合适的数字教学资源形式并进行科学设计,对于提升教学效果、激发学生的学习兴趣具有重要意义。

(一)高职商务英语教学的需求分析

在进行数字教学资源形式的选择与设计之前,我们首先要对高职商务英语教学的需求进行深入分析。高职商务英语教学旨在培养学生的商务英语应用能力,包括听、说、读、写、译等方面的技能。同时,还需要注重培养学生的跨文化交际能力、商务沟通能力和自主学习能力。因此,在选择数字教学资源形式时,我们需要考虑如何满足这些教学需求。

(二)数字教学资源形式的选择

在线视频资源具有直观、生动、形象的特点,能够帮助学生更好地理解和掌握商务英语知识。我们可以选择商务英语实景教学视频、商务英语口语对话视频等,让学生在观看过程中提高语言应用能力和跨文化交际能力。多媒体课件可以通过图文、音

视频等多种形式展示商务英语知识点，使教学内容更加丰富多彩。我们可以设计包含商务英语词汇、语法、句型等知识点的多媒体课件，帮助学生系统地掌握商务英语基础知识。

网络互动平台可以为学生提供在线学习、交流、测试等功能，有助于激发学生的学习兴趣和参与度。我们可以建立商务英语在线学习社区，让学生在平台上进行自主学习、讨论问题、分享经验等。

移动学习应用可以让学生随时随地进行学习，提高学习的灵活性和便捷性。我们可以开发商务英语移动学习应用，提供商务英语听力、口语、阅读等方面的练习和测试，帮助学生巩固和拓展商务英语技能。

（三）数字教学资源的设计原则

在选择数字教学资源形式的基础上，为了确保资源的质量和效果，我们还需要遵循以下设计原则。

数字教学资源的设计应紧密结合高职商务英语教学的目标和需求，针对学生的实际情况进行差异化设计。例如：对于英语基础较弱的学生，我们可以设计更多基础词汇和语法练习；对于口语表达能力较强的学生，我们可以设计更多的口语对话和角色扮演的活动。数字教学资源的设计应注重互动性和参与性，激发学生的学习兴趣和积极性。我们可以设置在线测试、讨论区、角色扮演等互动环节，让学生在参与过程中提高商务英语应用能力。

数字教学资源的设计应注重实用性和可操作性，方便学生在实际学习和工作中使用。我们可以提供商务英语常用词汇表、句型模板、商务礼仪指南等实用资源，帮助学生更好地适应商务场景。数字教学资源的设计应具备一定的创新性，能够体现新的教学理念和技术手段。我们可以尝试引入虚拟现实、人工智能等先进技术，创造出更具创新性和前瞻性的教学资源。

（四）数字教学资源设计的实施步骤

根据高职商务英语教学的需求，明确教学目标和内容，确定需要设计的数字教学资源形式和范围。根据设计需求，收集和整理相关的商务英语素材，包括文本、图片、音视频等。根据教学目标和内容，设计数字教学资源的整体结构和布局，确保资源的条理性和清晰度。利用专业的制作工具和技术手段，制作和编辑数字教学资源的内容，确保资源的质量和效果。在实际应用中测试数字教学资源的性能和效果，根据反馈意见进行优化和改进，提高资源的实用性和用户体验。

四、高职商务英语数字教学资源制作的实施与测试

随着信息技术的迅猛发展和高职教育改革的深入，数字教学资源在商务英语教学中扮演着越来越重要的角色。为了提升教学质量和效果，高职商务英语数字教学资源的制作、实施与测试成为一项必不可少的工作。

（一）高职商务英语数字教学资源制作的实施

在资源制作之初，首先需要根据高职商务英语的教学目标和学生需求，选择适合的教学内容。这包括商务英语词汇、语法、听力、口语、阅读、写作等方面。同时，还要策划资源的呈现形式，如文本、图片、声频、视频等，以确保资源的多样性和丰富性。在制作过程中，需要选择合适的技术工具来辅助资源的制作。这包括文字处理软件、图像处理软件、声频编辑软件、视频剪辑软件等。制作者需要熟练掌握这些工具的使用方法，以便高效地制作出高质量的数字教学资源。

根据策划的内容和技术工具的选择，着手制作数字教学资源。这包括文本的撰写、图片的绘制与编辑、声频的录制与剪辑、视频的拍摄与制作等。在制作过程中，需要注意资源的准确性和规范性，确保资源的质量和效果。完成单个资源的制作后，需要进行资源的整合与优化。这包括将各个资源按照教学目标和教学内容进行有序的组织和排列，形成完整的教学体系。同时，还要对资源进行优化处理，如调整文件大小、优化播放效果等，以提高资源的可用性和用户体验。

（二）高职商务英语数字教学资源制作的测试

功能测试是测试资源的基本功能是否正常运行，如视频是否流畅播放、声频是否清晰可听、链接是否正常跳转等。测试人员需要仔细检查每个资源的功能是否正常，以确保在使用过程中不会出现问题。

内容测试是检查资源的内容是否准确、完整和符合教学目标。测试人员需要逐一检查每个资源的内容，确保其没有错误、遗漏或偏离教学目标的情况。同时，还要关注资源的语言表达是否规范、地道，以确保学生在使用过程中能够正确理解和学习。用户体验测试是评估资源在使用过程中的易用性和舒适性。测试人员可以邀请一些学生进行试用，并收集他们的反馈意见。测试人员需要关注学生在使用资源过程中的操作习惯、反应速度以及遇到的困难等问题，以便对资源进行改进和优化。

兼容性测试是检查资源在不同的设备和操作系统上能否正常运行。测试人员需要在多种设备和操作系统上进行测试，以确保资源具有良好的兼容性。这有助于确保学生在使用不同设备时都能够顺利访问和使用数字教学资源。

（三）高职商务英语数字教学资源制作实施与测试的意义

通过制作高质量的数字教学资源，教师可以提供更加生动、形象、直观的教学内容，激发学生的学习兴趣和积极性。同时，数字教学资源还可以帮助学生更好地理解和掌握商务英语知识，提升他们的商务英语应用能力。数字教学资源的制作与实施是推动高职商务英语教学改革的重要手段之一。通过引入数字教学资源，教师可以改变传统的教学方式和方法，注重培养学生的自主学习能力和创新精神，推动教学向更加高效、开放、多元的方向发展。

经过测试的数字教学资源能够确保学生在使用过程中功能正常、内容准确、用户体验良好。这有助于提高教学效果，让学生在使用资源的过程中获得更好的学习体验和成果。同时，测试还可以帮助教师及时发现并改进资源中存在的问题和不足，进一步提升资源的质量和效果。

（四）高职商务英语数字教学资源制作的挑战与展望

在高职商务英语数字教学资源制作过程中，我们也面临着一些挑战。首先，制作高质量的数字教学资源需要投入大量的时间和精力，对教师的技术水平和创新能力提出了较高的要求。其次，随着技术的不断更新换代，数字教学资源需要不断更新和维护，以保持其时效性和实用性。

展望未来，高职商务英语数字教学资源制作将更加注重个性化和差异化。我们可以利用大数据、人工智能等先进技术，对学生的学习需求和特点进行深入分析，为他们提供更具针对性的教学资源。同时，随着虚拟现实、增强现实等技术的发展，我们可以创造出更加沉浸式和交互式的学习体验，进一步激发学生的学习兴趣和参与度。

第四节 高职商务英语数字教学资源设计案例分析

一、高职商务英语数字教学资源设计成功案例的介绍与分析

随着信息技术的快速发展，数字教学资源在高职商务英语教学中发挥着越来越重要的作用。设计成功的数字教学资源能够提升教学质量，激发学生的学习兴趣，并促进教学方式的创新。

（一）成功案例介绍

该成功案例来自某高职院校的商务英语教学团队，他们设计了一款名为"商务英语实战演练"的数字教学资源平台。该平台以商务英语实际应用为核心，通过模拟真实的商务场景，为学生提供丰富的实践机会和互动体验。

在资源设计上，该平台采用了多元化的呈现形式，包括文本、图片、声频、视频等。它包含了商务词汇学习、商务对话模拟、商务邮件写作等模块，旨在全面提升学生的商务英语听、说、读、写能力。

在功能设计上，该平台注重互动性和个性化学习。学生可以通过在线测试了解自己的商务英语水平，并根据测试结果选择适合自己的学习路径。平台还提供了在线讨论区，方便学生之间进行交流与合作，共同解决学习中遇到的问题。

此外，该平台还注重与课堂教学的结合。教师可以根据教学需求在平台上发布作业、组织讨论、进行在线辅导等，实现线上线下教学的无缝衔接。

（二）成功案例分析

该案例的成功之处在于其精准的需求分析。设计团队深入了解高职商务英语教学的实际需求，明确了教学目标和学生特点。他们发现，商务英语教学需要注重实践性和互动性，以提升学生的实际应用能力。因此，在设计数字教学资源时，他们注重模拟真实的商务场景，提供丰富的实践机会和互动体验，以满足学生的实际需求。该成功案例中的数字教学资源采用了多种形式的呈现方式，包括文本、图片、声频、视频等。这种多样化的资源形式有助于激发学生的学习兴趣和积极性，提高他们的学习效果。同时，不同的资源形式也能够满足不同学生的学习需求和习惯，使教学资源更具针对性和实用性。

该成功案例中的数字教学资源平台注重互动性和个性化学习。平台提供了在线测试、讨论区等功能，方便学生之间进行交流与合作，共同解决学习中遇到的问题。同时，平台还根据学生的测试结果提供个性化的学习建议，帮助学生选择适合自己的学习路径和方法，提高他们的学习效率和效果。

（三）成功案例的启示

在设计数字教学资源时，我们需要深入了解教学需求和学生特点，确保资源能够真正满足教学的实际需要。同时，我们还需要关注行业的发展趋势和技术的更新换代，及时调整和优化教学资源的内容和形式。多样化的资源形式有助于激发学生的学习兴趣和积极性。我们可以尝试引入更多的媒体元素和技术手段，如虚拟现实、人工智能等，创造出更加生动、形象、直观的教学体验。

互动性和个性化学习是数字教学资源设计的重要方向。我们可以通过设置在线测试、讨论区等功能，鼓励学生之间的交流与合作；同时，还可以利用大数据、人工智能等技术手段，对学生的学习行为和特点进行深入分析，为他们提供更具针对性的学习建议和资源。数字教学资源与课堂教学的融合是提高教学效果的关键。我们需要思考如何将数字教学资源与课堂教学相互补充、相互促进，形成线上线下相结合的教学模式。这不仅可以提高学生的学习效率和效果，还可以推动教学方式的创新和改革。

二、从案例中提炼经验与教训

在高职商务英语数字教学资源设计的实践中，成功案例为我们提供了宝贵的经验和教训。通过对该成功案例的深入分析，我们可以提炼出以下几点经验与教训，以期对今后的数字教学资源设计工作提供有益的参考。

（一）经验总结

成功案例中的设计团队首先进行了深入的需求分析，明确了高职商务英语教学的实际需求和学生的特点。他们发现，商务英语教学需要注重实践性和互动性，以提升学生的实际应用能力。因此，在资源设计过程中，他们紧密结合商务英语的实际应用场景，通过模拟真实的商务场景，提供丰富的实践机会和互动体验。这一经验告诉我们，在设计数字教学资源时，我们必须深入了解教学需求和学生特点，确保资源能够真正满足教学的实际需要。

成功案例中的数字教学资源采用了多样化的形式，包括文本、图片、声频和视频等。这种多样化的资源形式不仅丰富了教学资源的内容，还提高了学生的学习兴趣和积极性。学生可以通过不同的方式接触和学习商务英语知识，从而更好地理解和掌握知识。这一经验表明，在设计数字教学资源时，我们应该注重资源形式的多样化，以满足不同学生的学习需求和兴趣。

成功案例中的数字教学资源平台注重互动性和个性化学习。平台提供了在线测试、讨论区等功能，方便学生之间进行交流与合作，共同解决学习中遇到的问题。同时，平台还根据学生的测试结果提供了个性化的学习建议，帮助学生选择适合自己的学习路径和方法。这一经验强调了互动与个性化学习在数字教学资源设计中的重要性。通过互动和个性化学习，可以激发学生的学习兴趣和主动性，提高学习效果。成功案例中的数字教学资源平台与课堂教学紧密结合，实现了线上线下教学的无缝衔接。教师可以通过平台发布作业、组织讨论、进行在线辅导等，使课堂教学与数字教学资源相互补充、相互促进。这种紧密结合的教学方式有助于提升学生的学习效果和教学质量。

这一经验告诉我们,在设计数字教学资源时,我们应该注重线上教学与课堂教学的结合,发挥两者的优势,形成互补效应。

(二)教训反思

在数字教学资源设计过程中,有时我们可能会过于追求技术的先进性和新颖性,而忽视了内容的质量。然而,成功案例告诉我们,内容始终是数字教学资源的核心。无论技术如何发展,优质的内容始终是吸引学生和提升教学效果的关键。因此,在设计数字教学资源时,我们应该始终关注内容的质量和实用性,确保资源能够真正服务于学生的学习需求。

虽然互动性是数字教学资源设计中的重要方面,但我们也需要注意平衡互动性与学习深度之间的关系。过多的互动功能可能会分散学生的注意力,影响他们对知识的深入理解和掌握。因此,在设计数字教学资源时,我们应该根据学生的实际需求和学习特点,合理设置互动环节,确保学生在互动中能够有所收获。数字教学资源需要随着时代的发展和技术的进步不断更新和维护。然而,有时我们可能会忽视这一点,从而导致资源内容过时或技术落后。成功案例告诉我们,要保持数字教学资源的时效性和有效性,我们必须定期更新和维护资源内容和技术平台。这不仅可以确保资源与学生的实际需求保持同步,还可以提高资源的使用价值和教学效果。

在数字教学资源设计中,我们需要充分考虑不同学生的需求和差异。不同学生可能具有不同的学习风格、能力和兴趣,因此,我们需要提供多样化的学习路径和资源形式,以满足他们的需求。然而,有时我们可能会忽视这一点,导致资源过于单一或缺乏针对性。因此,在设计数字教学资源时,我们应该深入了解学生的需求和特点,确保资源能够满足不同学生的需求并提供个性化的学习体验。

第四章　高职商务英语数字教学资源开发与实施

第一节　高职商务英语数字教学资源开发工具和技术

一、高职商务英语数字教学资源开发常用的开发工具和技术介绍

随着信息技术的迅猛发展，数字教学资源在高职商务英语教学中扮演着越来越重要的角色。为了开发出高质量、高效能的数字教学资源，开发者和教育者需要掌握和运用一些常用的开发工具和技术。

（一）开发工具介绍

文本编辑工具是开发数字教学资源的基础工具之一，常用的文本编辑工具有记事本、Word、WPS等。这些工具简单易用，支持基本的文本输入、编辑和格式调整功能，可以满足数字教学资源中文本内容的创建和编辑需求。在数字教学资源中，图像是传递信息和美化界面的重要元素，常用的图像处理工具有Photoshop、GIMP等。这些工具功能强大，可以对图像进行裁剪、调色、滤镜处理等，帮助开发者创建出美观、专业的数字教学资源界面和图像素材。

声频和视频是高职商务英语数字教学资源中不可或缺的元素。常用的声频编辑工具有Audacity、Adobe Audition等，它们支持声频的录制、剪辑、混音等操作；常用的视频编辑工具有Adobe Premiere Pro、Final Cut Pro等，这些工具可以实现视频的剪辑、特效添加、字幕插入等功能。这些工具使得开发者能够制作出高质量的声频和视频教学资源，提升学生的学习体验。为了提高数字教学资源的互动性和趣味性，开发者还需要掌握一些交互式资源开发工具。例如：Flash、HTML5等技术可用于制作动画和交互式网页；Unity等游戏引擎可用于开发教育游戏等。这些工具和技术能够创建出丰富多样的交互式教学资源，激发学生的学习兴趣和积极性。

（二）技术介绍

多媒体技术是高职商务英语数字教学资源开发的核心技术之一。它整合了文本、图像、声频和视频等多种媒体元素，通过多媒体编辑器或专门的开发软件将这些元素有机地结合在一起，形成丰富多样的教学资源。多媒体技术能够提高学生的参与度和学习兴趣，使学习更加生动有趣。网络技术为数字教学资源的共享和传播提供了便利。通过互联网技术，开发者可以将教学资源上传至网络平台，实现远程访问和在线学习。同时，网络技术还支持在线协作和互动交流，方便学生之间进行合作学习和讨论。此外，利用网络技术还可以收集学生的学习数据和反馈，为教学评估和改进提供依据。

数据库技术是管理数字教学资源的重要工具。通过建立数据库，开发者可以集中存储和管理大量的教学资源，实现资源的分类、检索和共享。数据库技术还支持用户权限管理和数据备份等功能，确保教学资源的安全性和可靠性。近年来，人工智能和机器学习技术在教育领域得到了广泛应用。在高职商务英语数字教学资源开发中，这些技术可以用于智能推荐、个性化学习路径规划等功能。通过分析学生的学习行为和特点，系统可以为学生提供个性化的学习建议和资源推荐，提高学习的效果和满意度。

（三）优势与局限性分析

1. 优势

（1）开发工具和技术丰富多样，能够满足不同的开发需求。

（2）多媒体和网络技术的应用使得教学资源更加生动、有趣和易于传播。

（3）数据库和人工智能技术的应用提高了资源管理的效率和个性化学习的可能性。

2. 局限性

（1）一些高级开发工具和技术的学习成本较高，需要开发者具备一定的专业技能。

（2）部分技术在某些环境下可能存在兼容性问题，需要开发者进行额外的调试和优化。

（3）对于大规模的数字教学资源开发，需要投入大量的人力、物力和时间。

二、工具和技术在资源开发中的适用性分析

随着信息技术的迅猛发展，高职商务英语数字资源开发成为教育领域的一大热点。在资源开发过程中，选择和使用合适的工具和技术至关重要。

(一)文本编辑工具的适用性

文本编辑工具在高职商务英语数字资源开发中扮演着基础性角色。对于文本内容的创建、编辑和排版,记事本、Word、WPS等文本编辑工具都能够胜任。这些工具操作简便、功能齐全,能够满足资源开发中基本的文本处理需求。

然而,对于复杂的文本格式调整和排版需求,这些基础工具可能存在一定的局限性。例如:对于需要精确控制字体、段落格式和页面布局的文档,可能需要使用更为专业的排版软件。此外,对于需要实现特殊文本效果或交互式文本功能的情况,开发者可能需要借助其他工具或技术来实现。

(二)图像处理工具的适用性

图像处理工具在高职商务英语数字资源开发中同样具有重要意义。Photoshop、GIMP等图像处理工具能够提供强大的图像编辑和处理功能,包括裁剪、调色、滤镜处理等。这些工具能够帮助开发者制作出美观、专业的数字资源界面和图像素材。

然而,图像处理工具的使用也存在一定的门槛。对初学者来说,可能需要花费一定的时间和精力来熟悉和掌握这些工具的基本操作和高级功能。此外,对于某些特定的图像处理需求,如3D建模、动画制作等,可能需要使用更为专业的图像处理软件或插件。

(三)声频和视频编辑工具的适用性

声频和视频是高职商务英语数字资源中不可或缺的元素。Audacity、Adobe Audition等声频编辑工具以及Adobe Premiere Pro、Final Cut Pro等视频编辑工具能够满足资源开发中声频和视频的编辑需求。这些工具支持声频和视频的剪辑、混音、特效添加等操作,能够制作出高质量的声频和视频教学资源。

然而,声频和视频编辑工具同样具有一定的学习成本。开发者需要掌握这些工具的基本操作技巧和编辑理念,才能充分利用它们的功能制作出优秀的数字资源。此外,对于需要实现复杂声频和视频效果的情况,可能需要借助更为高级的工具和技术。

(四)交互式资源开发工具的适用性

交互式资源开发工具是提升高职商务英语数字资源互动性和趣味性的关键。Flash、HTML5等技术能够实现动画和交互式网页的制作,而Unity等游戏引擎则可用于开发教育游戏。这些工具和技术能够为学习者提供更加丰富多样的学习体验。

然而,交互式资源开发工具的适用性也受到一定限制。首先,这些工具和技术的学习成本较高，需要开发者具备一定的编程和设计能力；其次，不同工具的适用范围和功能特点各不相同，开发者需要根据实际需求选择合适的工具进行开发；最后，对于需要实现高度复杂交互功能的情况，可能需要借助更为专业的开发团队和技术支持。

（五）网络技术的适用性

网络技术为高职商务英语数字资源的共享和传播提供了便利。通过互联网平台，开发者可以将资源上传至云端或专门的资源库，实现远程访问和在线学习。此外，网络技术还支持在线协作和互动交流，方便学生之间进行合作学习和讨论。

然而，网络技术的适用性也受到网络环境和设备条件的限制。在网络环境不稳定或设备条件较差的情况下，数字资源的访问和使用可能会受到影响。此外，网络安全问题也是使用网络技术时需要关注的重要方面。开发者需要采取措施保护数字资源的安全性和隐私性，防止数据泄露和非法访问。

（六）数据库技术的适用性

数据库技术在高职商务英语数字资源开发中主要用于资源的管理和检索。通过建立数据库，开发者可以集中存储和管理大量的教学资源，实现资源的分类、检索和共享。同时，数据库技术还支持用户权限管理和数据备份等功能，确保资源的安全性和可靠性。

然而，数据库技术的使用需要一定的技术基础和经验。开发者只有了解数据库的设计原理和管理方法，才能有效地利用数据库技术来管理数字资源。此外，对于大规模的数字资源开发项目，数据库的设计和维护可能需要投入大量的人力资源和物力资源。

三、新兴技术与数字教学资源的融合发展

随着信息技术的快速发展，新兴技术不断涌现，为高职商务英语数字教学资源的开发与应用提供了更加广阔的空间。

（一）新兴技术在数字教学资源开发中的应用现状

近年来，虚拟现实（VR）和增强现实（AR）技术在教育领域得到广泛关注和应用。在高职商务英语教学中，VR/AR技术可以构建仿真的商务场景，为学生提供沉浸式的学习体验。通过佩戴VR头盔或AR眼镜，学生可以进入虚拟的商务环境，与虚拟角色进行互动，模拟商务洽谈、会议等场景，从而加深其对商务知识和技能的掌握。

人工智能（AI）和机器学习（ML）技术在高职商务英语数字教学资源开发中也发挥着重要作用。通过 AI 技术，可以开发智能教学系统，实现对学生学习行为的智能分析和个性化推荐。机器学习技术可以对学生的学习数据进行挖掘和分析，发现学生的学习规律和特点，为教学决策提供科学依据。大数据技术可以实现对海量教学数据的收集、存储和分析。在高职商务英语教学中，通过大数据技术可以收集学生的学习数据、行为数据等，为教学评估和改进提供依据。同时，大数据技术还可以帮助教师发现学生的学习难点和兴趣点，为个性化教学提供支持。

（二）新兴技术在数字教学资源开发中的优势

新兴技术的应用使得高职商务英语教学更加生动、直观和有趣。通过 VR/AR 技术构建的仿真商务场景，学生可以身临其境地感受商务环境，提高学习的真实感和沉浸感。AI 和机器学习技术的应用则可以实现个性化教学，根据学生的学习特点和需求提供精准的教学资源和策略，从而提高教学效果。新兴技术为学生提供了更加丰富多样的学习方式和互动形式。学生可以通过 VR/AR 技术进行自主学习和探究学习，与虚拟角色进行互动和交流；通过智能教学系统获得个性化的学习建议和反馈；通过大数据技术分析自己的学习数据和进步情况。这些新兴技术的应用使学习变得更加有趣和富有挑战性，增强了学生的学习体验。

新兴技术的应用还可以提高高职商务英语教学的效率。通过 AI 和机器学习技术实现的教学资源智能推荐和个性化教学，可以减少教师的工作量和时间成本；通过大数据技术实现的教学评估和数据分析，可以帮助教师更加准确地了解学生的学习情况和需求，从而更加有针对性地开展教学工作。

（三）新兴技术在数字教学资源开发中面临的挑战

新兴技术的应用往往需要较高的技术成本投入。例如：VR/AR 技术的硬件设备价格较高，且需要专业的技术人员进行维护和更新；AI 和机器学习技术的开发和应用也需要大量的数据支持和算法优化。这些技术成本可能会成为制约新兴技术在高职商务英语教学中广泛应用的因素之一。新兴技术的应用需要一定的技术基础和操作经验。对大多数教师来说，掌握和应用这些新兴技术可能存在一定的难度和挑战。此外，新兴技术的应用还需要与现有的教学体系和教学资源进行融合和协调，这也需要投入一定的时间和精力。

新兴技术的应用涉及大量的教学数据和个人信息。如何保障这些数据的安全性和隐私性是一个重要的问题。在应用新兴技术时，需要加强对数据的保护和管理，确保数据不会被非法获取和滥用。

（四）推动新兴技术与数字教学资源融合发展的建议

针对教师技术应用能力不足的问题，应加强技术培训与普及工作。通过组织培训班、开设在线课程等方式，帮助教师掌握新兴技术的基本操作和应用方法，提高他们的技术应用能力。针对技术成本较高的问题，可以通过政策扶持和资金补贴等方式降低技术应用的成本。同时，也可以通过探索校企合作等模式，利用企业的技术和资源优势来推动新兴技术在高职商务英语教学中的应用。

在应用新兴技术时，应建立完善的数据安全管理制度和技术防范措施，确保数据的安全性和隐私性。同时，加强对数据的收集、存储和使用的监管和审计，防止数据被非法获取和滥用。

第二节　高职商务英语数字教学资源开发过程

一、资源开发计划的制定与实施

随着全球化的深入发展，商务英语作为国际交流的重要工具，在高职教育中占据了越来越重要的地位。制定和实施科学有效的高职商务英语资源开发计划，对于提升学生的商务英语应用能力、促进商务英语教学改革具有重要意义。

（一）高职商务英语资源开发计划的制定原则

高职商务英语资源开发计划应紧密结合行业需求和职业特点，注重实用性。资源开发应围绕商务沟通、商务谈判、商务礼仪等核心技能展开，确保资源内容与实际工作场景紧密相连，能够帮助学生快速适应职场需求。资源开发计划应具备系统性，既要注重各个资源模块的独立性和完整性，又要确保它们之间的内在联系和协调一致。通过构建完整的商务英语知识体系，帮助学生形成系统化的学习思维，提高学习效率。

在制订资源开发计划时，应充分考虑行业发展趋势和新技术应用，注重创新。通过引入新的教学理念、教学方法和技术手段，打破传统教学的束缚，激发学生的学习兴趣和积极性。

（二）高职商务英语资源开发计划的内容框架

教材是商务英语教学的基础，因此，教材资源的开发至关重要，应选取具有代表性、实用性和时效性的商务英语教材，结合行业需求和职业特点进行改编或编写。同时，还可以开发配套的电子教材、教学课件等多媒体教学资源，丰富教学手段和内容。实践教学是提高学生商务英语应用能力的重要途径，可以开发校企合作项目、商务模拟实训、商务实习等实践教学资源，让学生在真实或模拟的商务环境中进行实践操作，提升他们的实际操作能力和解决问题的能力。

随着信息技术的快速发展，网络教学已经成为高职商务英语教学的重要组成部分。可以开发在线课程、学习平台、互动社区等网络教学资源，为学生提供更加便捷、灵活的学习方式。通过网络教学资源的开发与利用，学生可以随时随地进行商务英语学习，加强与他人的交流和合作，提高学习效果。优秀的师资队伍是商务英语教学的关键，应加强对商务英语教师的培训和引进，提高他们的教学水平和专业素养。同时，可以开展教师之间的经验分享和交流活动，促进教学资源的共享和优化。

（三）高职商务英语资源开发计划的实施策略

学校应成立专门的资源开发小组，负责商务英语资源开发计划的制定和实施。小组应由具有丰富教学经验和专业背景的商务英语教师组成，明确分工、落实责任，确保计划的顺利推进。在资源开发的过程中，可以引入市场机制，与相关行业企业建立合作关系，共同开发商务英语资源。通过校企合作、产学研结合等方式，实现资源共享和优势互补，提高资源开发的针对性和实用性。

信息技术是商务英语资源开发的重要手段。应充分利用现代信息技术手段，如大数据、云计算、人工智能等，对商务英语教学资源进行整合和优化。通过建设数字化教学资源库、开发智能化教学系统等措施，提高教学资源的利用率和教学效果。为确保资源开发计划的实施效果，应建立科学的评价体系。通过对商务英语资源开发计划的实施过程、资源质量、使用效果等方面进行评价，能够及时发现问题和不足，调整和优化计划内容，确保资源开发的科学性和有效性。

二、资源内容的创作与编辑

随着全球化的深入发展，商务英语作为国际交流的重要工具，在高职教育中占据着举足轻重的地位。高职商务英语资源内容的创作与编辑，不仅关系到商务英语教学的质量，更直接影响到学生商务英语应用能力的提升。因此，如何创作出高质量、实用性强的商务英语资源内容，并进行有效的编辑，已成为高职商务英语教学领域亟待解决的问题。

（一）高职商务英语资源内容创作的重要性

高职商务英语资源内容的创作是商务英语教学的基础和核心。通过精心创作的资源内容，教师可以更好地传授商务英语知识，培养学生的商务英语应用能力。同时，优质的资源内容还能激发学生的学习兴趣，提升他们的学习动力和效果。因此，高职商务英语资源内容的创作对于提高教学质量、推动教学改革具有重要意义。

（二）高职商务英语资源内容创作的原则

高职商务英语资源内容的创作应紧密结合行业需求和职业特点，注重实用性。资源内容应围绕商务沟通、商务谈判、商务礼仪等核心技能展开，确保学生学以致用，能快速适应职场需求。资源内容的创作应具备系统性，既要注重各个知识点的独立性和完整性，又要确保它们之间的内在联系和协调一致。通过构建完整的商务英语知识体系，帮助学生形成系统化的学习思维，提高学习效率。

商务英语作为一门应用性很强的学科，其资源内容应具备时效性。创作者应密切关注行业动态和最新研究成果，及时更新资源内容，确保学生学到的知识和技能与市场的需求保持同步。

（三）高职商务英语资源内容创作与编辑的具体方法

在进行资源内容创作之前，要先明确创作目标和受众群体。这有助于创作者更好地把握内容方向，确保资源内容的针对性和实用性。例如：针对不同年级、不同专业的学生，可以创作不同难度和层次的商务英语资源内容。收集相关素材和灵感是创作过程中不可或缺的一环。创作者可以通过阅读商务英语教材、查阅行业报告、浏览商务网站等方式获取灵感和素材。同时，还可以关注商务英语领域的最新动态和趋势，为创作提供源源不断的灵感。

在撰写文本内容时，应注重语言的准确性和规范性。同时，为了使内容更加生动有趣，可以采用案例分析、角色扮演等多样化的形式。在编辑过程中，需要对文本进行反复修改和优化，以确保内容清晰、连贯、无误。除了文本内容以外，还可以设计和制作多媒体资源，如 PPT 课件、教学视频、声频材料等。这些多媒体资源能够更直观地展示商务英语知识，激发学生的学习兴趣。在设计和制作过程中，应注重资源的视觉效果和用户体验，确保学生能够轻松愉快地学习和使用。

在资源内容创作与编辑完成后，需要进行严格的审核。这包括检查内容的准确性、规范性以及是否符合教学目标和受众需求。通过审核后，可以将资源内容发布到学校的官方网站、教学平台或相关的学习社区，以供学生和其他教师使用。

（四）高职商务英语资源内容创作与编辑面临的挑战与应对策略

随着商务英语领域的快速发展，资源内容的质量和更新速度成为创作者面临的重要挑战。为了应对这一挑战，创作者需要不断提升自身的专业素养和创作能力，同时也要密切关注行业动态和最新研究成果，确保资源内容的时效性和实用性。高职学生的商务英语水平和学习需求各不相同，这要求创作者在创作过程中充分考虑受众的多样化需求。为此，创作者可以通过问卷调查、访谈等方式了解学生的学习需求和兴趣点，根据需求进行有针对性的创作和编辑。

在信息化时代，技术应用和创新对于资源内容的创作与编辑具有重要意义。创作者需要积极学习和掌握新技术、新工具，如人工智能、大数据等，将其应用于资源内容的创作与编辑中，从而提升资源内容的质量和效果。

三、资源形式的制作与呈现

随着全球化和信息化的发展，商务英语在高职教育中的重要性日益凸显。高职商务英语资源的制作与呈现，直接关系到商务英语教学的效果和学生学习的质量。

（一）高职商务英语资源形式制作的重要性

高职商务英语资源形式的制作，不仅是教学内容的创新和丰富，更是教学方法和手段的改革和提升。通过制作多样化的商务英语资源，可以激发学生的学习兴趣，提升他们的商务英语应用能力。同时，优质的商务英语资源还能够为教师的教学提供有力的支持，促进教学效果的提升。

（二）高职商务英语资源形式制作的原则

商务英语资源形式的制作应紧密结合实际教学需求，注重实用性。资源形式应能够帮助学生更好地理解和掌握商务英语知识，提高他们的商务英语应用能力。为了激发学生的学习兴趣和积极性，商务英语资源形式应尽可能多样化，可以包括文字、图片、声频和视频等多种形式，以满足不同学生的学习需求和兴趣点。

在制作商务英语资源时，应注重创新，尝试新的制作方法和呈现形式。通过引入新技术、新工具，打破传统的教学资源制作模式，为商务英语教学注入新的活力。

（三）高职商务英语资源形式的制作

文字类资源是商务英语教学中最基础、最常见的资源形式，包括教材、教案、课件、练习册等。在制作文字类资源时，应注重语言的准确性和规范性，同时考虑内容的实用性和趣味性。此外，教师还可以通过设计丰富的案例、任务等，引导学生积极参与学习和实践。图片类资源能够直观地展示商务场景和商务知识，有助于学生的理解和记忆，可以制作一些与商务活动相关的图片，如商务礼仪、商务谈判场景等。在制作图片资源时，应注重图像的清晰度和美观度，同时确保内容与教学目标相契合。

声频类资源能够帮助学生提高听力理解和口语表达能力，可以录制一些商务英语听力材料、商务对话、商务英语广播等。在制作声频资源时，应注重发音的准确性和语音的自然性，同时控制好语速和音量，确保学生能够清晰地听到每一个单词和句子。视频类资源是商务英语教学中最具吸引力和实用性的资源形式之一，可以制作一些商务英语教学视频、商务场景模拟视频等。在制作视频资源时，应注重画面的清晰度和流畅性，同时也要注重内容的实用性和趣味性，可以通过引入真实的商务场景和案例，让学生在观看视频的过程中深入了解商务英语的实际应用。

（四）高职商务英语资源形式的呈现

教学平台是商务英语资源呈现的主要渠道之一，可以将制作好的商务英语资源上传至学校的教学平台或在线学习平台，供学生随时随地进行学习。在教学平台上，可以设置不同的学习模块和路径，引导学生按照自己的学习进度和需求进行学习。在实体课堂中，教师可以根据教学内容和目标，选择适合的商务英语资源进行呈现，可以通过投影仪、电脑等设备展示图片、视频等资源，同时结合讲解和互动，帮助学生更好地理解和掌握商务英语知识。

随着移动设备的普及，越来越多的学生选择使用手机、平板等移动设备进行学习。因此，商务英语资源也应考虑到在移动设备上的呈现，可以开发适合移动设备学习的App或微信小程序，将商务英语资源以更加便捷、灵活的方式呈现给学生。

（五）高职商务英语资源形式制作与呈现的挑战与应对

在制作和呈现商务英语资源时，可能会遇到一些技术难题，如视频剪辑、声频处理、平台搭建等。为了应对这些挑战，教师可以积极学习相关技术知识，参加技术培训或寻求专业人士的帮助。同时，学校也应加大对商务英语资源制作与呈现的技术支持力度，提供必要的设备和软件支持。

虽然商务英语资源的内容应紧密结合实际教学需求和行业需求，但在实际操作中可能会存在内容过时、缺乏实用性等问题。为了应对这些挑战，教师应密切关注行业动态和最新研究成果，及时更新资源内容。同时，可以邀请行业专家或企业人员参与资源内容的制作与审核，确保资源的实用性和时效性。

不同学生的学习需求和兴趣点可能存在差异，如何在资源制作与呈现中满足学生的个性化需求是一个重要挑战。为了应对这一挑战，教师可以通过问卷调查、访谈等方式了解学生的学习需求和兴趣点，根据需求进行有针对性的资源制作与呈现。同时，可以设计多样化的学习路径和活动，让学生根据自己的兴趣和进度进行学习。

四、资源的测试与优化

在高职商务英语教学中，资源的测试与优化是确保资源质量、提升教学效果的关键环节。通过对商务英语资源进行全面、细致的测试，可以发现资源中存在的问题和不足，进而进行优化和改进，使资源更加符合学生的学习需求和教学目标。

（一）高职商务英语资源测试的重要性

商务英语资源的测试是资源制作与呈现后的必要环节，其重要性主要体现在以下三个方面。

首先，测试可以发现资源中的错误和缺陷。无论是文字、图片、声频还是视频资源，都可能存在拼写错误、语法错误、内容不准确等问题。通过测试，可以及时发现并修正这些问题，确保资源的准确性和可靠性。

其次，测试可以评估资源的实用性和有效性。资源能否满足学生的学习需求，能否达到预期的教学效果，都需要通过测试来验证。通过测试，可以了解学生对资源的接受程度和使用情况，从而判断资源的实用性和有效性。

最后，测试可以为资源的优化和改进提供依据。通过测试，可以发现资源中的不足和需要改进的地方，为资源的优化和改进提供有针对性的建议和指导。

（二）高职商务英语资源测试的方法与步骤

高职商务英语资源的测试应遵循科学、规范的方法与步骤，以确保测试的准确性和有效性。

在进行资源测试之前，要先明确测试的目标和范围。测试目标可以包括检查资源的准确性、评估资源的实用性、发现资源中的错误和缺陷等。测试范围则应根据资源类型和教学需求来确定，包括文字、图片、声频、视频等资源。根据测试目标和范围，制订详细的测试计划。测试计划应包括测试人员、测试时间、测试环境、测试工具等方面的安排，以确保测试的顺利进行。

按照测试计划，对商务英语资源进行逐一测试。测试过程中，应记录测试过程中发现的问题、学生的反馈意见以及资源的使用情况等数据。这些数据将为后续的资源优化和改进提供依据。对收集到的测试数据进行分析，找出资源中存在的问题和不足。同时，结合学生的反馈意见，评估资源的实用性和有效性。

（三）高职商务英语资源的优化策略

根据测试结果，对高职商务英语资源进行有针对性的优化，是提高资源质量、提升教学效果的关键。根据测试结果和学生反馈，对资源内容进行优化，修正拼写错误、语法错误等语言问题，确保内容的准确性。同时，根据学生的学习需求和教学目标，调整内容结构和呈现方式，使资源更加符合教学需求。

针对不同类型的资源，进行形式上的优化。例如：对于文字类资源，可以采用更加生动、有趣的语言表达方式，增加案例分析和实践练习等内容；对于图片、声频和视频类资源，可以优化图像质量、调整声频音量和语速、剪辑视频长度等，提升资源的视觉效果和听觉体验。在技术方面，可以采用先进的技术手段对资源进行优化。例如：利用人工智能技术对资源进行智能推荐和个性化定制，以满足不同学生的学习需求；利用大数据分析技术对资源使用情况进行监控和分析，为教学决策提供数据支持。

（四）高职商务英语资源测试与优化的挑战与应对

在高职商务英语资源的测试与优化过程中，可能会面临一些挑战，如测试人力不足、技术难题等，应建立专业的测试团队，提高测试人员的专业素养和测试技能。同时，加强团队之间的沟通与协作，确保测试工作的顺利进行。通过积极引进先进的测试技术和工具，提高测试的效率和准确性。例如：利用自动化测试工具对资源进行批量测试，减少人工测试的工作量；利用人工智能技术对测试数据进行智能分析和处理，提高数据分析的效率和精度。

资源的测试与优化是一个持续的过程，需要不断地跟进学生的学习需求和教学目标的变化，对资源进行及时的更新和改进。同时，建立反馈机制，收集学生和教师的意见和建议，为资源的优化和改进提供有益的参考。

第三节　高职商务英语数字教学资源的实施和评估

一、资源的实施策略与方法

在高职商务英语教学中，商务英语资源的有效实施对于提高教学质量、促进学生商务英语应用能力的发展至关重要。

（一）高职商务英语资源实施的重要性

商务英语资源是高职商务英语教学的重要支撑，其有效实施能够为学生提供丰富多样的学习资源，激发学生的学习兴趣和积极性。通过商务英语资源的实施，学生可以更加深入地了解商务英语知识，提高商务英语应用能力，为将来步入职场做好准备。同时，商务英语资源的实施也能够促进教师教学方法的创新和改革，提升教学效果和教学质量。

（二）高职商务英语资源实施的原则

商务英语资源的实施应紧密结合教学目标和学生需求，选择具有针对性的资源内容。资源内容应涵盖商务英语的各个方面，如商务沟通、商务谈判、商务礼仪等，以满足学生的学习需求。商务英语资源的实施应注重实用性，选择具有实际应用价值的资源。资源应能够帮助学生掌握实用的商务英语知识和技能，提高他们在实际工作中的商务英语应用能力。

商务英语资源的实施应采用多种形式，包括文字、图片、声频、视频等形式。多样化的资源形式能够激发学生的学习兴趣，提升学习效果。

（三）高职商务英语资源实施策略

针对高职商务英语教学的需求，整合各类商务英语资源，形成一个完整的资源体系。这包括教材、教辅资料、在线课程、实践案例等，确保资源的全面性和丰富性。根据学生的英语水平和学习需求，实施分层教学策略。对于英语基础较弱的学生，应提供基础性的商务英语资源，帮助他们夯实语言基础；对于英语水平较高的学生，应提供更具挑战性和实用性的资源，满足他们的进阶学习需求。

利用商务英语资源，设计互动性强的教学活动，如角色扮演、模拟商务谈判等。通过这些活动，让学生在实践中学习和运用商务英语，提高他们的实际应用能力。

（四）高职商务英语资源实施方法

教师在课前将相关的商务英语资源提供给学生，要求学生进行预习。预习可以帮助学生提前了解课堂内容，为课堂学习做好准备，同时培养学生的自主学习能力。在课堂教学中，教师利用商务英语资源进行辅助教学，可以通过展示图片、播放视频等方式，帮助学生更好地理解商务英语知识，提高教学效果。

课后，教师可以提供商务英语资源进行巩固练习，如在线测试、案例分析等。这些资源能够帮助学生加深对课堂知识的理解，提高商务英语应用能力。

二、学习者使用资源的反馈与意见收集

在高职商务英语教学中,资源的使用对于学习者的学习效果具有重要影响。为了不断提升资源的质量和适用性,收集学习者的反馈和意见至关重要。

(一)反馈与意见收集的重要性

收集高职商务英语学习者使用资源的反馈与意见,对于优化资源、改进教学方法和提高教学效果具有重要意义。首先,学习者的反馈能够直接反映资源的使用情况,帮助教师了解资源的优缺点,从而进行有针对性的优化;其次,学习者的意见能够为资源制作和选择提供宝贵的参考,使资源更加符合学习者的需求和实际水平;最后,通过收集和分析学习者的反馈与意见,教师可以不断调整教学策略,提高教学效果,促进学习者的商务英语应用能力发展。

(二)反馈与意见收集的方法

设计针对资源使用的问卷,包括资源的内容、形式、实用性等方面的问题,通过线上或线下的方式发放给学习者,收集他们的反馈和意见。问卷调查法具有操作简便、数据易于统计和分析的优点。选择部分具有代表性的学习者进行访谈,深入了解他们对资源使用的感受、遇到的问题以及改进建议。访谈法可以获取更具体、更深入的反馈和意见,有助于教师发现潜在的问题和需求。

通过课堂观察、学习行为记录等方式,观察学习者在使用资源时的表现、反应和互动情况,从而获取他们对资源的反馈和意见。观察法能够直观地了解学习者对资源的接受程度和使用情况。

(三)反馈与意见的分析处理

教师收集到学习者的反馈和意见后,需要进行系统的分析处理,以便得出有价值的结论和改进建议。对收集到的问卷数据、访谈记录和观察结果进行整理,按照资源内容、形式、实用性等方面进行分类,以便进行针对性的分析。运用统计分析方法对问卷数据进行处理,提取关键信息;对访谈记录和观察结果进行归纳总结,提炼出学习者的主要观点和建议。通过数据分析和解读,能够发现资源存在的问题和不足,以及学习者的需求和期望。

教师将分析处理后的结果整理成反馈报告,包括资源使用的整体情况、存在的问题和不足、学习者的建议和期望等内容。反馈报告应客观、全面地反映学习者的反馈和意见,为资源优化和改进提供有力支持。

（四）改进措施与实施

针对学习者反馈的资源内容不准确、过时或缺乏实用性等问题，对资源内容应进行更新和优化，以确保信息的准确性和时效性，提高资源的实用性。根据学习者的需求和偏好，教师应调整资源的呈现形式，如增加图片、视频等多媒体元素，提高资源的趣味性和吸引力。同时，优化资源的排版和布局，提高可读性。

增加互动环节和练习，使学习者在使用资源的过程中能够积极参与、主动思考，提升学习效果。例如：可以设计在线测试、讨论区等功能，方便学习者进行自我检测和交流互动。建立资源更新和维护机制，定期对资源进行更新和优化，确保资源的时效性和可用性。同时，关注行业动态和最新研究成果，及时将新的知识和技术融入资源中。

（五）反馈与意见收集的持续性与动态性

学习者的反馈与意见收集不应是一次性的活动，而应是一个持续、动态的过程。随着教学资源不断更新和教学方法不断改进，学习者的需求和期望也在不断变化。因此，教师需要定期收集学习者的反馈与意见，及时了解他们的使用情况和需求变化，以便对教学资源进行及时的调整和优化。

同时，教师还应关注学习者的个体差异，对不同水平、不同需求的学习者进行分类收集和分析反馈与意见，以提供更加个性化的教学资源和服务。

三、资源的评估标准与方法

在高职商务英语教学中，资源的评估是确保教学质量和效果的重要环节。通过科学、合理的评估标准和方法，我们可以对商务英语资源进行全面、客观的评价，从而选择适合学生的优质资源，促进教学水平的提高。

（一）评估标准

资源的内容应准确、权威，符合商务英语学科的知识体系和要求。评估时应关注资源中的信息是否真实、可靠，是否存在错误或误导性的内容。资源应具有较高的实用价值，能够满足学生在商务英语学习和实践中的需求。评估时应考虑资源是否贴近实际商务场景，是否有助于学生提高商务英语应用能力。资源应形成完整的体系，能够为学生提供全面、系统的商务英语知识。评估时应关注资源是否包含商务英语的基础知识、技能培养以及实际应用等方面，是否有助于构建学生的商务英语知识体系。

资源应具有一定的互动性，能够激发学生的学习兴趣和积极性。评估时应考察资源是否设计了多样化的学习活动，如角色扮演、案例分析等，以提高学生的参与度和学习效果。资源应定期更新和维护，以确保其时效性和可用性。评估时应关注资源的更新频率、维护情况以及对新知识和技术的融入程度。

（二）评估方法

邀请商务英语领域的专家对资源进行评审，根据评估标准对资源的内容、实用性、系统性等方面进行评价。专家评审法具有较高的权威性和专业性，能够为资源的选择和使用提供有力的参考。通过收集学生的使用反馈，了解资源在实际教学中的效果。可以通过问卷调查、访谈等方式，获取学生对资源的满意度、易用性等方面的评价。用户反馈法能够真实地反映资源在教学中的实际应用情况，为资源的改进和优化提供依据。

将不同资源进行对比分析，从内容、形式、实用性等方面进行比较，找出各自的优缺点。通过对比分析法，可以更加清晰地了解各种资源的特点和适用范围，为选择适合学生的资源提供依据。利用统计分析方法对资源的使用数据进行处理，如资源的下载量、访问量、学生成绩等，从而评估资源的受欢迎程度和教学效果。定量分析法能够提供客观、具体的数据支持，有助于专家对资源进行科学的评价。

（三）实施建议

在进行资源评估之前，应制订详细的评估计划，明确评估的目标、范围、方法以及时间节点等。这有助于确保评估工作的有序进行，提高评估的效率和质量。由于各种评估方法都有其独特的优势和局限性，因此在实际操作中应综合运用多种方法，以获取更加全面、客观的评价结果，可以根据实际情况选择合适的评估方法进行组合使用。

学生的使用反馈是评估资源效果的重要依据，因此应重视用户反馈的收集与处理。可以设置便捷的反馈渠道，及时收集学生的意见和建议，并针对问题进行改进和优化。资源评估是一个持续的过程，应定期更新评估结果，以便及时了解资源的最新情况。可以根据教学需求和学生反馈，对资源进行定期检查和更新，确保资源的时效性和可用性。

四、根据评估结果对资源进行优化与改进

在高职商务英语教学中，资源的优化与改进是提高教学质量和效果的关键环节。

通过对商务英语资源的评估，我们可以获得宝贵的反馈和建议，从而针对存在的问题和不足进行有针对性的优化和改进。

（一）根据评估结果明确优化与改进目标

评估结果为我们提供了关于资源内容、形式、实用性等方面的详细反馈。首先，我们需要仔细分析评估结果，找出资源存在的主要问题和不足。然后，根据问题和不足，明确优化与改进的目标。这些目标可能包括提高资源的准确性、增加资源的互动性、提升资源的实用性等。明确目标后，我们才能有针对性地制订优化与改进方案。

（二）优化资源内容

资源内容的准确性是商务英语资源的基本要求。根据评估结果，我们应对资源内容进行仔细审查，确保信息的真实性和权威性。对于存在错误或误导性的内容，应及时进行修正和更新。同时，我们还可以根据学生的学习需求和兴趣，增加一些新的知识点和案例，使资源内容更加丰富和有趣。

（三）改进资源形式

资源形式的多样性对于激发学生的学习兴趣和积极性至关重要。根据评估结果，我们可以考虑对资源形式进行改进。例如：可以增加一些图表、图片等视觉元素，使资源更加生动、直观；也可以设计一些互动环节，如角色扮演、小组讨论等，让学生在参与中学习和提高。此外，我们还可以利用现代技术手段，如虚拟现实、增强现实等，为学生创造更加真实的学习场景和体验。

（四）提升资源实用性

资源的实用性是评估结果中需要重点关注的一个方面。为了提升资源的实用性，我们可以从以下三个方面入手。首先，加强与企业的合作，引入更多真实的商务场景和案例，使学生能够更好地了解商务英语在实际工作中的应用；其次，针对学生的不同水平和需求，设计分层次的学习资源，满足其个性化学习的需求；最后，建立有效的反馈机制，及时收集学生的使用反馈和建议，以便对资源进行持续改进和优化。

（五）加强资源的互动性和更新维护

互动性是提升学生学习体验的关键因素。根据评估结果，我们可以增加在线测试、讨论区等功能，鼓励学生积极参与互动，提出问题和建议。同时，我们应定期对资源进行更新和维护，确保信息的时效性和可用性，也可以设定专门的更新周期，关注行业动态和最新研究成果，及时将新的知识和技术融入资源中。

(六)完善评估机制与持续改进

资源优化与改进是一个持续的过程,需要建立完善的评估机制来确保持续改进的效果。我们可以定期对资源进行评估,收集学生和教师的反馈意见,分析资源使用的效果和问题。同时,建立资源优化与改进的档案,记录每次优化与改进的过程和成果,以便后续参考和借鉴。此外,还可以邀请行业专家和学者对资源进行评估和指导,为资源的优化与改进提供更有力的支持。

(七)培养教师资源优化与改进能力

教师是资源优化与改进的重要推动力量。为了提升教师的资源优化与改进能力,我们可以组织相关的培训和学习活动,使教师能够了解最新的教育理念和教学资源开发技术。同时,鼓励教师积极参与资源优化与改进的过程,促其提出自己的建议和想法,发挥他们的创造性和主动性。

(八)强化资源管理与整合

优化与改进商务英语资源还需要加强资源的管理与整合。我们可以建立统一的资源管理平台,对各类资源进行统一分类、存储和检索,方便教师和学生使用。同时,加强与其他高校、企业等机构的合作与交流,共享优质资源,实现资源的互利共赢。

第四节 高职商务英语数字教学资源开发与实施案例分享

一、高职商务英语数字教学资源实际开发案例的详细介绍

随着信息技术的飞速发展,数字教学资源在高职商务英语教学中发挥着越来越重要的作用。

(一)开发背景与目标

在高职商务英语教学中,传统的教学资源往往存在内容陈旧、形式单一、缺乏互动性等问题,难以满足现代教学的需求。因此,开发一套符合高职商务英语教学特点的数字教学资源显得尤为重要。本案例的开发目标在于,通过运用现代信息技术手段,打造一套内容丰富、形式多样、互动性强的数字教学资源,以提高学生的学习兴趣和效果,促进商务英语教学的创新发展。

（二）开发过程

在开发初期，我们对高职商务英语教学的需求进行了深入的分析。通过问卷调查、访谈等方式，我们了解到学生对商务英语的实际需求、学习难点以及期望的教学形式等。同时，我们还结合了教师的教学经验和建议，确定了数字教学资源的主要内容和功能。

基于需求分析的结果，我们设计了数字教学资源的主要内容。这些内容包括商务英语基础知识、商务沟通技巧、商务礼仪、商务案例分析等模块。在每个模块中，我们都结合了大量的图片、视频、声频等多媒体素材，使内容更加生动、形象。同时，我们还设计了一些互动环节，如在线测试、角色扮演等，以激发学生的学习兴趣和积极性。

在技术实现方面，我们采用了多种现代技术手段。首先，我们利用HTML5、CSS3等前端技术，设计了美观、易用的用户界面。其次，我们运用了JavaScript等脚本语言，实现了资源的动态加载和交互功能。此外，我们还采用了云计算技术，实现了资源的在线存储和共享。

在数字教学资源开发完成后，我们进行了多次测试和优化工作。首先，我们邀请了部分学生和教师进行试用，收集他们的反馈意见。然后，根据反馈意见，我们对资源的内容、形式、功能等方面进行了调整和优化。经过多次迭代，最终形成了一套符合高职商务英语教学需求的数字教学资源。

（三）资源特点

本案例开发的数字教学资源涵盖了商务英语教学的多个方面，包括基础知识、沟通技巧、商务礼仪等。同时，资源形式也多样化，包括文字、图片、视频、声频等，能够为学生提供全方位的学习体验。资源中设计了多种互动环节，如在线测试、角色扮演等，能够激发学生的学习兴趣和积极性。学生可以通过这些互动环节进行自主学习和探究，提升学习效果。

资源内容紧密结合了商务英语的实际应用场景，能够帮助学生更好地理解和掌握商务英语知识。同时，资源还提供了大量的商务案例和实战演练，使学生能够在实际操作中提升商务英语应用能力。

（四）实施效果

自本案例开发的数字教学资源投入使用以后，取得了显著的实施效果。首先，学生的学习兴趣和积极性得到了明显提高，他们在课堂上的参与度和互动性也大大增强；其次，学生的学习效果得到了显著提升，他们的商务英语水平和应用能力得到了明显提高；最后，教师的教学质量也得到了改善，他们能够更好地利用数字教学资源进行教学设计和实施，提高了教学效果和满意度。

二、案例中的开发过程与经验分享

在高职商务英语教学中，数字教学资源的开发与应用对于提升教学效果和学生学习体验至关重要。本案例将详细阐述数字教学资源的开发过程，并分享在此过程中获得的宝贵经验，以期为相关教育工作者提供有益的参考。

（一）开发过程

在开发初期，我们深入了解了高职商务英语教学的实际需求。通过与学生和教师进行交流，我们明确了教学资源需要涵盖的知识点、技能点以及学生的学习习惯。此外，我们还对市场上已有的商务英语教学资源进行了调研，以确保我们的资源能够填补现有资源的不足，满足用户的真实需求。在内容设计阶段，我们会根据需求分析的结果，确定数字教学资源的主要模块和具体内容。我们注重内容的实用性和趣味性，力求通过生动的案例、丰富的图片和视频等多媒体元素，激发学生的学习兴趣。同时，我们还设计了多种互动环节，如在线测试、角色扮演等，以提高学生的参与度和学习效果。

在技术选型方面，我们综合考虑了资源的访问速度、稳定性以及用户体验等因素，选择了合适的前端开发框架和数据库技术。在实现阶段，我们注重代码的可读性和可维护性，采用了模块化开发和组件化设计的方式，提高了开发效率。此外，我们还对资源进行了优化处理，确保其在不同设备和网络环境下的流畅运行。在开发完成后，我们对数字教学资源进行了严格的测试和反馈收集工作。我们邀请了部分学生和教师进行试用，并收集了他们的反馈意见。根据反馈意见，我们对资源的内容、界面和功能进行多次迭代和优化，使其更加符合用户的需求和期望。

（二）经验分享

在开发过程中，我们深刻认识到深入了解用户需求的重要性。只有真正了解用户的需求和痛点，才能开发出符合他们期望的数字教学资源。因此，在开发前期，我们投入了大量的时间和精力进行需求调研和分析，以确保资源的针对性和实用性。

内容是数字教学资源的核心，而用户体验则是衡量资源质量的重要标准。在内容设计方面，我们注重知识点的整合和呈现方式的选择，力求使内容既丰富又易于理解；在用户体验方面，我们关注界面的美观性和操作的便捷性，通过优化交互设计和提高响应速度等方式，提升了用户的使用体验。现代技术手段为数字教学资源的开发提供了强大的支持。在开发过程中，我们充分利用了云计算、大数据、人工智能等技术手段，实现了资源的在线存储、智能推荐和个性化学习等功能。这些技术的应用不仅提高了资源的可用性和可扩展性，也为学生提供了更加便捷和高效的学习体验。

数字教学资源的开发是一项复杂而烦琐的工作，需要团队成员之间的紧密协作和有效沟通。在开发过程中，我们建立了良好的团队协作机制，明确了各自的职责和任务分工，确保了工作的顺利进行。同时，我们还注重团队成员之间的沟通和交流，及时解决问题和分享经验，提高了团队的凝聚力和工作效率。数字教学资源需要不断地更新和维护，以保持其时效性和可用性。在开发完成后，我们建立了专门的更新和维护机制，定期对资源进行检查和更新。同时，我们还积极收集用户的反馈意见，对资源进行优化和改进，使其更加符合用户的需求和期望。

第五章　高职商务英语数字教学资源的应用与教学策略

第一节　高职商务英语数字教学资源的应用场景

一、高职商务英语数字教学资源在课堂教学中的应用场景

随着信息技术的迅猛发展和教育信息化的深入推进，高职商务英语数字教学资源在课堂教学中扮演着越来越重要的角色。这些资源不仅丰富了教学内容、提高了教学效果，还为学生提供了更加便捷、高效的学习方式。

（一）导入新课、激发兴趣

在新课导入环节，教师可以利用数字教学资源吸引学生的注意力，激发他们的学习兴趣。例如：教师可以通过播放一段与新课内容相关的商务英语视频，让学生直观地了解商务场景和沟通技巧；或者展示一些商务案例和图片，引导学生思考并预测新课内容。这些数字教学资源能够将抽象的商务知识具象化，让学生在轻松愉快的氛围中进入新课的学习。

（二）辅助讲解、深化理解

在讲解商务英语知识点时，教师可以利用数字教学资源进行辅助，帮助学生深化理解。例如：教师可以利用 PPT 课件展示商务词汇、句型和语法结构，通过图文并茂的方式帮助学生掌握基础知识；同时，教师还可以利用在线词典、商务英语学习平台等资源，为学生提供实时查询和学习支持。此外，教师还可以利用虚拟现实或增强现实技术模拟商务场景，让学生在虚拟环境中进行实践操作，加深其对商务知识的理解和应用。

（三）互动练习、巩固提升

互动练习是课堂教学中不可或缺的一环。高职商务英语数字教学资源为学生提供了丰富的互动练习机会，有助于巩固和提升他们的商务英语能力。例如：教师可以利用在线测试系统，设计具有针对性的练习题和测试题，让学生在课堂上进行实时练习和反馈；同时，教师还可以利用在线讨论区、学习社区等平台，鼓励学生之间进行交流和合作，分享学习心得和经验。这些互动练习不仅能够激发学生的学习兴趣和积极性，还能够培养他们的自主学习和协作能力。

（四）角色扮演、模拟实践

角色扮演是商务英语教学中的一种重要教学方法，能够帮助学生更好地理解和应用商务知识。高职商务英语数字教学资源为学生提供了角色扮演所需的场景、角色和对话内容，使得角色扮演活动更加真实、生动。例如：教师可以利用数字教学资源设计一个商务会议场景，让学生在课堂上扮演不同的角色进行会议讨论和决策；或者模拟一个商务谈判场景，让学生在模拟环境中进行商务谈判和沟通。这些角色扮演活动不仅能够帮助学生掌握商务沟通技巧和策略，还能够提高他们的应变能力和解决问题的能力。

（五）案例分析、拓展思维

案例分析是商务英语教学中的另一种重要教学方法，能够帮助学生将理论知识与实际案例相结合，拓展思维方式和提升解决问题的能力。高职商务英语数字教学资源为学生提供了丰富的商务案例资源，包括案例分析报告、视频案例、在线案例库等。教师可以利用这些资源引导学生进行案例分析活动，让学生在分析过程中了解商务实践中的问题和挑战，掌握解决问题的方法和策略；同时，教师还可以鼓励学生自主搜集和分析案例，培养他们的独立思考和创新能力。

（六）课后拓展、自主学习

课后拓展是课堂教学的延伸和补充。高职商务英语数字教学资源为学生提供了丰富的课后拓展资源和自主学习平台，有助于他们巩固课堂所学知识并进一步提升商务英语能力。例如：教师可以利用在线学习平台为学生提供课后复习资料和练习题；同时，教师还可以推荐一些优质的商务英语学习网站、App 等资源，鼓励学生利用课余时间进行自主学习和拓展。这些数字教学资源能够满足学生的个性化学习需求，提高他们的学习效率和自主学习能力。

（七）实时反馈、调整教学

高职商务英语数字教学资源还具有实时反馈的功能，能够帮助教师及时了解学生的学习情况和问题，从而调整教学策略和方法。例如：教师可以通过在线测试系统收集学生的答题数据，分析他们的学习难点和错误点，进而有针对性地进行讲解和辅导；同时，教师还可以利用在线学习平台的学生学习轨迹记录功能，了解学生的学习进度和习惯，为他们提供个性化的学习建议和指导。这种实时反馈机制有助于实现教学相长，提高教学效果和质量。

二、高职商务英语数字教学资源在自主学习中的应用场景

随着信息技术的快速发展和教育理念的更新，自主学习已成为高职商务英语教学中不可或缺的一部分。高职商务英语数字教学资源以其便捷性、互动性和个性化等特点，在自主学习中发挥着越来越重要的作用。

（一）个性化学习路径规划

由于每个学习者的学习基础和学习目标都有所不同，因此，个性化的学习路径规划对于自主学习至关重要。高职商务英语数字教学资源通常包含丰富的学习内容和学习工具，学习者可以根据自己的学习需求和能力水平，选择适合自己的学习资源和学习进度。通过在线学习平台，学习者可以制订个性化的学习计划，设定学习目标，并根据自己的学习进度进行调整和优化。这种个性化的学习路径规划有助于提高学习者的学习效率和满意度，促进他们自主学习能力的培养。

（二）随时随地学习

高职商务英语数字教学资源具有随时随地学习的优势，为学习者提供了极大的便利。学习者只需一台连接网络的设备，就可以随时访问学习资源进行学习。无论在家中、图书馆、咖啡馆还是旅途中，学习者都可以利用碎片化的时间进行学习。这种灵活的学习方式有助于学习者充分利用时间，提高学习效率，同时也为他们提供了更加轻松、自由的学习体验。

（三）互动学习与反馈

高职商务英语数字教学资源通常包含丰富的互动元素和反馈机制，有助于激发学习者的学习兴趣和积极性。学习者可以通过在线测试、模拟练习、角色扮演等方式进行互动学习，检验自己的学习成果，并及时获得反馈。同时，学习者还可以利用在线

学习社区或论坛与他人进行交流与合作，分享学习心得和经验，相互学习、相互启发。这种互动学习与反馈机制有助于学习者发现自己的不足之处，及时调整学习策略和方法，提高学习效果。

（四）自主学习策略培养

自主学习能力的培养是高职商务英语教学的重要目标之一。高职商务英语数字教学资源在自主学习中的应用，有助于学习者培养自主学习策略。学习者在利用数字教学资源进行学习的过程中，需要学会如何制订学习计划、如何选择学习资源、如何管理学习时间、如何评估学习效果等。通过不断的实践和反思，学习者可以逐渐掌握自主学习的方法和技巧，形成适合自己的自主学习策略。

（五）多元化学习资源利用

高职商务英语数字教学资源具有多元化的特点，包括视频、声频、文本、图片等多种形式的学习资源。学习者可根据自己的学习需求和兴趣点，选择不同形式的学习资源进行学习。例如：学习者可以通过观看商务英语视频了解商务场景和沟通技巧；通过听商务英语声频提高听力水平；通过阅读商务英语文章扩大词汇量和提高阅读理解能力；通过图片和图表等形式加深其对知识点的理解和记忆。这种多元化学习资源的利用有助于学习者从多个角度、多个层面理解和掌握商务英语知识，提高学习效果。

（六）学习进度与成效监控

在自主学习过程中，学习进度和成效的监控是非常重要的。高职商务英语数字教学资源通常提供学习进度记录和成效评估功能，帮助学习者及时了解自己的学习状况。学习者可以通过在线学习平台查看自己的学习进度、学习时长、完成情况等数据，对自己的学习情况进行客观评估。同时，学习者还可以利用在线测试系统进行自我检测，了解自己在商务英语各方面的掌握情况，以便及时调整学习计划和策略。这种学习进度与成效的监控有助于学习者保持学习的动力和信心，实现持续进步。

（七）持续学习与自我提升

高职商务英语是一门需要不断学习和提升的技能。高职商务英语数字教学资源为学习者提供了持续学习与自我提升的机会。学习者可以利用数字教学资源不断更新自己的商务英语知识和技能，跟上时代的发展步伐。同时，学习者还可以通过参与在线课程、研讨会等活动，拓宽自己的视野和思维方式，提高自己的综合素质和竞争力。这种持续学习与自我提升的过程有助于学习者在商务英语领域取得更好的成绩和发展。

三、高职商务英语数字教学资源在协作学习中的应用场景

随着信息技术的迅猛发展和教育模式的不断创新，协作学习已成为高职商务英语教学中的重要环节。高职商务英语数字教学资源以其独特的优势和特点，在协作学习中发挥着越来越重要的作用。

（一）在线协作平台构建

高职商务英语数字教学资源为协作学习提供了丰富的在线协作平台，如在线学习社区、论坛、协作编辑工具等。这些平台为学习者提供了便捷的交流与合作渠道，使他们能够随时随地进行信息共享、观点交流和任务协作。学习者可以通过在线平台创建协作小组，共同讨论学习问题、分享学习资源和经验，促进知识的共享和传递。同时，在线协作平台还可以记录学习者的协作过程和成果，方便教师和学习者进行回顾和总结。

（二）角色扮演与模拟实践

高职商务英语数字教学资源中的角色扮演和模拟实践功能，为协作学习提供了真实、生动的商务场景。学习者可以在模拟的商务环境中，扮演不同角色，进行商务谈判、会议讨论等实践活动。通过协作完成模拟任务，学习者可以更加深入地了解商务流程和沟通技巧，提高其解决实际问题的能力。同时，角色扮演和模拟实践还能够增强学习者的团队协作意识和沟通能力，促进他们之间的合作与互动。

（三）分组学习与任务分配

高职商务英语数字教学资源可以根据学习者的学习特点和需求，进行分组学习与任务分配。教师可以根据学习者的能力水平、兴趣爱好等因素，将他们分成不同的小组，并为每个小组分配相应的学习任务。学习者在小组内通过协作学习，共同完成任务，并在过程中相互学习、相互帮助。这种分组学习与任务分配的方式，有助于激发学习者的学习兴趣和积极性，提高他们的学习效率和效果。

（四）实时互动与反馈

高职商务英语数字教学资源为协作学习提供了实时互动与反馈功能。学习者可以通过在线聊天、语音通话等方式进行实时交流，讨论学习问题、分享学习心得。同时，数字教学资源还可以提供实时反馈机制，对学习者的学习表现和协作情况进行及时评价和指导。这种实时互动与反馈有助于增强学习者之间的交流和互动，促进他们之间

的合作与共享，同时也有助于教师及时了解学习者的学习状况和需求，以便其进行针对性的指导和帮助。

（五）资源共享与知识管理

高职商务英语数字教学资源具有丰富的共享资源和知识管理工具，为协作学习提供了有力的支持。学习者可以通过数字教学资源平台共享学习资料、学习笔记等学习资源，实现资源的共享和优化利用。同时，数字教学资源还提供知识管理功能，帮助学习者对学习过程进行整理、归纳和总结，形成结构化的知识体系。这种资源共享与知识管理的方式有助于促进学习者之间的知识传递和共享，提高学习效率和效果。

（六）项目驱动与合作学习

在高职商务英语教学中，项目驱动是一种有效的协作学习方式。数字教学资源可以为学习者提供实际商务项目或模拟项目，要求学习者以小组合作的形式完成。在项目完成过程中，学习者需要分工合作、共同探讨解决方案，这不仅锻炼了他们的商务英语应用能力，还提升了团队合作和项目管理能力。通过项目驱动的合作学习，学习者能够更深入地理解商务知识和实践技能，同时培养了解决实际问题的能力。

（七）评价与反思促进协作深化

高职商务英语数字教学资源中的评价与反思功能有助于促进协作学习的深化。在协作学习过程中，学习者可以通过数字教学资源平台进行自我评价和相互评价，了解自己在商务英语应用、团队协作等方面的表现。同时，教师还可以根据学习者的学习表现和协作情况给予及时反馈和指导。通过评价和反思，学习者能够发现自己的不足之处并加以改进，同时也可以借鉴他人的优点和经验，提升自己的学习效果和协作能力。

此外，高职商务英语数字教学资源还可以记录学习者的协作学习过程和成果，为后续的反思和总结提供有力的支持。学习者可以通过回顾自己的学习历程和成果，总结协作学习的经验和教训，为今后的学习和发展提供有益的参考。

四、高职商务英语数字教学资源在移动学习中的应用场景

随着移动互联网技术的迅猛发展和智能终端设备的普及，移动学习已成为高职商务英语教学中的新趋势。高职商务英语数字教学资源以其便捷性、灵活性和个性化等特点，在移动学习中发挥着越来越重要的作用。

(一)随时随地学习商务英语

移动学习的最大优势在于其学习时间和地点的灵活性。高职商务英语数字教学资源可以随时随地为学习者提供学习支持,无论是公交车上、咖啡馆里,还是户外休闲时,学习者都可以利用手机、平板电脑等移动设备随时访问数字教学资源并进行学习。这种学习方式打破了传统学习的时间和空间限制,使学习者能够在日常生活中充分利用碎片化的时间,提高学习效率。

(二)个性化学习路径与自主选择

在移动学习中,学习者可以根据自己的学习需求和兴趣,自主选择适合自己的数字教学资源进行学习。高职商务英语数字教学资源通常包含丰富的学习内容和学习工具,如课程视频、声频、电子教材、在线测试等,学习者可以根据自己的学习进度和能力水平,选择适合自己的学习资源和学习路径。这种个性化的学习路径与自主选择有助于激发学习者的学习兴趣和积极性,提高他们的学习效果和满意度。

(三)学习进度与成果记录

高职商务英语数字教学资源在移动学习中还可以帮助学习者记录学习进度和成果。通过移动学习平台,学习者可以随时随地地查看自己的学习进度、学习时长、完成情况等数据,对自己的学习状况进行客观评估。同时,学习者还可以利用移动设备进行在线测试或提交作业,系统会即时给出评分和反馈,帮助学习者了解自己的学习效果和不足之处。这种学习进度与成果记录有助于学习者保持学习的连续性和系统性,促进他们的自主学习和自我提升。

(四)碎片化学习与知识巩固

在快节奏的生活中,人们的时间往往被分割成了许多碎片。高职商务英语数字教学资源适应这种碎片化学习的需求,为学习者提供短小精悍的学习内容,如微课、短视频、知识点卡片等。学习者可以利用这些资源在短暂的空闲时间里进行学习,逐渐积累知识,巩固学习成果。这种碎片化学习方式不仅提高了时间的利用率,还有助于学习者养成良好的学习习惯。

(五)情景模拟与实际应用

高职商务英语注重实践应用能力的培养。数字教学资源通过模拟真实商务场景,为学习者提供了实践机会。学习者可以在移动设备上模拟商务谈判、会议交流等场景,通过角色扮演和实际操作来锻炼自己的商务英语应用能力。这种情景模拟与实际应用相结合的方式有助于学习者更好地理解和掌握商务知识,提高其解决实际问题的能力。

(六)社交学习与资源共享

移动学习平台通常具有社交功能,学习者可以在平台上结识志同道合的学习伙伴,共同学习、分享资源。高职商务英语数字教学资源为学习者提供了丰富的共享资源,如学习笔记、案例分析、经验分享等。学习者可以通过移动学习平台获取这些资源,与其他学习者进行交流和讨论,共同解决问题,提高学习效果。

(七)自适应学习与智能推荐

随着人工智能技术的发展,高职商务英语数字教学资源在移动学习中还可以实现自适应学习和智能推荐。通过分析学习者的学习行为和习惯,系统可以智能调整学习资源的难度和进度,为学习者提供个性化的学习体验。同时,系统还可以根据学习者的兴趣和需求,推荐相关的学习资源和课程,帮助学习者拓展学习领域,提高综合素质。

第二节 高职商务英语数字教学资源的教学策略和方法

一、基于数字教学资源的教学策略设计

随着信息技术的飞速发展,数字教学资源在教学中的应用日益广泛。高职商务英语作为一门实践性很强的学科,需要充分利用数字教学资源来优化教学策略,提升教学效果。

(一)需求分析:明确教学目标与学习者特点

教学策略设计的首要任务是进行需求分析,明确教学目标和学习者的特点。在高职商务英语教学中,教学目标通常包括提高学生的商务英语沟通能力、跨文化交际能力以及商务实践能力等。由于学习者在年龄、学习背景、学习习惯等方面存在差异,所以就需要针对不同学习者的特点进行个性化的教学策略设计。

(二)资源筛选与整合:构建数字教学资源库

基于需求分析的结果,教师需要筛选和整合适合高职商务英语教学的数字教学资源。这些资源可以包括在线课程、教学视频、电子教材、商务模拟软件等。在筛选资

源时，教师应关注资源的专业性、实用性和趣味性，确保资源能够支持教学目标的实现。同时，教师还需要对资源进行整合，构建一个结构清晰、易于访问的数字教学资源库，进而方便学习者随时获取所需的资源。

（三）教学策略设计：创新教学模式与方法

结合线上和线下的教学方式，实现优势互补。线上教学可以利用数字教学资源进行自主学习、协作学习和探究学习；线下教学则可以通过面授、实践操作等方式进行知识巩固和技能提升。这种教学模式既能发挥数字教学资源的优势，又能保证教学的系统性和连贯性。

以任务为导向，让学生在完成任务的过程中学习和掌握知识。教师可以设计具有实际意义的商务任务，如商务洽谈、合同草拟等，要求学生利用数字教学资源进行自主学习和协作完成。这种方法能够激发学生的学习兴趣和主动性，提高他们的实践能力和解决问题的能力。

利用数字教学资源模拟真实的商务场景，让学生在模拟环境中进行角色扮演和实际操作。这种方法能够帮助学生更好地理解商务知识和技能在实际工作中的应用，提高他们的跨文化交际能力和商务实践能力。

（四）学习路径规划：个性化学习与自主学习

基于数字教学资源的教学策略设计应关注学习路径的规划。教师应根据学习者的特点和需求，为他们规划个性化的学习路径。通过分析学习者的学习数据和学习行为，教师可以了解学习者的学习进度和能力水平，从而为他们推荐合适的学习资源和任务。同时，教师还应鼓励学习者进行自主学习和探究式学习，培养他们的自主学习能力和终身学习的习惯。

（五）互动与反馈机制：促进师生交流与学习评价

教学策略设计中应包括互动与反馈机制的设计。通过数字教学资源平台，教师可以与学生进行实时互动，解答学生的疑问，提供学习指导。同时，教师还可以利用平台收集学生的学习数据和学习成果，及时进行学习评价和反馈。这种互动与反馈机制有助于增强师生之间的交流和互动，提高学生的学习动力和参与度。

（六）评价与反思：持续改进教学策略

教学策略设计并非一蹴而就，而是需要在教学实践中不断地评价和反思，持续地改进。教师可以通过学生的学习效果、满意度调查等方式来评估教学策略的有效性，并根据评估结果进行调整和优化。同时，教师还应关注数字教学资源的发展动态和新技术的应用，不断更新和升级教学策略，以适应时代发展的需求。

二、针对不同学习风格的个性化教学方法

在高职商务英语教学中，每个学生都拥有其独特的学习风格，这些风格反映了他们在吸收、处理和应用信息时的偏好和方式。为了最大限度地提升教学效果，教师需要识别并适应不同学生的学习风格，采用个性化的教学方法。

（一）视觉型学习风格

视觉型学习者善于通过视觉元素如图片、图表和视频等来理解和记忆信息。针对这类学生，教师可以采用以下教学方法。

（1）利用多媒体资源：在教学中大量使用图片、图表、视频等视觉材料，帮助学生直观地理解商务概念和流程。

（2）创建视觉笔记：鼓励学生使用彩色笔记、思维导图等工具来整理学习内容，以便于记忆和回顾。

（3）实地参观考察：组织学生进行实地考察，观察真实的商务环境，加深其对商务知识的理解和应用。

（二）听觉型学习风格

听觉型学习者倾向于通过听讲、讨论和朗读等方式来学习。对于这类学生，教师可以采取以下教学策略。

（1）讲解与讨论：教师需清晰、有条理地讲解知识点，并鼓励学生参与课堂讨论，分享观点和见解。

（2）听力训练：通过播放商务对话、演讲等声频材料，提高学生的听力理解能力，同时培养他们的口语表达能力。

（3）角色扮演：设计商务场景，让学生扮演不同的角色进行对话练习，锻炼他们的实际运用能力。

（三）动手型学习风格

动手型学习者喜欢通过实践、操作和实验等方式来学习。针对这类学生，教师可以采用以下教学方法。

（1）实验教学：设计具有操作性的商务实验，让学生在动手实践中掌握知识和技能。

（2）项目驱动：布置实际商务项目，让学生在完成项目的过程中，运用所学知识解决实际问题。

（3）模拟游戏：利用商务模拟软件或游戏，让学生在虚拟环境中进行商务操作，提高实践能力。

（四）逻辑型学习风格

逻辑型学习者善于分析和推理，喜欢按照逻辑顺序和规则来学习。对于这类学生，教师可以采取以下教学策略。

（1）系统化教学：将商务知识按照逻辑顺序进行组织，构建完整的知识体系，帮助学生建立清晰的学习框架。

（2）案例分析：提供典型的商务案例，引导学生运用所学的知识进行分析和推理，培养他们的逻辑思维能力。

（3）问题解决：设计具有挑战性的问题，让学生在解决问题的过程中锻炼思维能力和创新能力。

（五）社交型学习风格

社交型学习者喜欢与他人合作、交流和分享。对于这类学生，教师可以采用以下教学方法。

（1）小组合作学习：将学生分成小组，让他们共同完成学习任务，促进相互合作和交流。

（2）课堂互动：设计互动性强的课堂活动，如小组讨论、角色扮演等，让学生在互动中提高商务沟通能力。

（3）分享与展示：鼓励学生分享自己的学习成果和经验，培养他们的表达能力和自信心。

（六）个性化教学方法的综合运用

在实际教学中，学生的学习风格可能并非单一的，而是多种风格的混合。因此，教师在运用个性化教学方法时，需要综合考虑学生的多种学习风格，灵活地调整教学策略。同时，教师还应关注学生的个体差异，针对每个学生的具体情况进行指导。

此外，教师还应培养学生的自主学习能力，引导他们认识自己的学习风格，学会选择合适的学习方法和策略。通过培养学生的自主学习能力和自我管理能力，教师可以帮助他们更好地适应未来的学习和工作环境。

（七）持续评估与调整

个性化教学方法的实施需要持续评估和调整。教师应定期收集学生的学习反馈，了解他们对教学方法的接受程度和效果。同时，教师还应关注学生的学习进步和变化，及时调整教学策略以适应学生的学习需求。

在评估过程中，教师可以采用多种方式收集信息，如问卷调查、个别访谈、课堂观察等。这些信息可以帮助教师更全面地了解学生的学习风格和需求，为制定更有效的个性化教学方法提供依据。

总之，针对不同学习风格的个性化教学方法是提高高职商务英语教学效果的重要途径。通过识别并适应不同学生的学习风格，采取灵活多样的教学策略，教师可以更好地激发学生的学习兴趣和潜能，促进他们的全面发展。同时，教师还应关注学生的个体差异对自主学习能力的培养，为他们未来的学习和职业生涯奠定坚实的基础。

三、利用数字教学资源提升学习者参与度和积极性的方法

在信息化时代，数字教学资源以其独特的优势，为教育领域注入了新的活力。高职商务英语作为一门注重实践与应用的学科，利用数字教学资源提升学习者的参与度和积极性显得尤为重要。

（一）创设丰富多样的学习情境

数字教学资源具有丰富多样的表现形式，包括文字、图片、声频、视频等。教师可以根据教学内容和目标，选择适当的数字教学资源，创设生动、有趣的学习情境，吸引学习者的注意力，激发他们的学习兴趣。例如：在商务英语教学中，教师可以利用数字教学资源制作商务场景模拟视频，让学生在观看视频的过程中了解商务礼仪、沟通技巧等知识点，同时提高学习者的参与度。

（二）开展互动与协作学习活动

数字教学资源为互动与协作的学习活动提供了便利。教师可以通过在线平台，组织学生进行小组讨论、角色扮演、项目合作等学习活动，让学生在互动中相互学习、相互启发。这种学习方式不仅可以提高学生的参与度和积极性，还有助于培养他们的团队协作能力和沟通能力。例如：教师可以利用数字教学资源设计一个商务项目，让学生分组完成，并在在线平台上进行成果展示和交流，从而提高学生的实践能力和创新能力。

（三）实施个性化学习路径

数字教学资源为个性化学习提供了可能。教师可以根据学生的学习风格、能力水平和学习需求，为他们推荐合适的数字教学资源和学习路径，帮助他们实现自主学习和个性化发展。通过个性化学习，学生可以根据自己的兴趣和特点，选择适合自己的学习内容和方法，从而提高学习效率和积极性。例如：教师可以利用智能教学系统，对学生的学习数据进行分析和挖掘，为他们提供精准的学习建议和反馈，帮助他们更好地掌握知识和技能。

（四）利用游戏化学习元素

游戏化学习是一种将游戏元素融入学习过程的方法，能够显著提高学习者的参与度和积极性。在高职商务英语教学中，教师可以利用数字教学资源中的游戏化元素，设计有趣的学习任务和挑战，让学生在游戏中学习、在挑战中成长。例如：通过设计商务英语词汇竞赛、商务情景模拟游戏等，让学生在轻松愉快的氛围中掌握知识，提升技能。

（五）及时反馈与激励

及时、有效的反馈和激励是提升学习者参与度和积极性的重要手段。数字教学资源能够方便地进行学习数据的收集和分析，为教师提供实时的学习反馈。教师可以根据学生的学习进度、成绩和表现，给予及时的评价和建议，激励学生不断进步。同时，教师还可以设立奖励机制，对表现优秀的学生进行表彰和奖励，从而激发他们的学习动力。

（六）强化实践与应用

高职商务英语教学的目标是培养学生的实际应用能力。因此，利用数字教学资源强化实践与应用环节，对于提升学习者的参与度和积极性具有重要意义。教师可以通过数字教学资源提供真实的商务案例、模拟商务环境等，让学生在实践中学习和应用知识。此外，教师还可以鼓励学生参与商务英语竞赛、商务实践活动等，将所学的知识应用于实际场景中，提高他们的实践能力和综合素质。

（七）定期评估与调整策略

为了确保数字教学资源在提升学习者参与度和积极性方面的有效性，教师需要定期进行评估和调整策略。通过收集学生的学习反馈、观察学生的学习行为、分析学习数据等方式，教师可以了解数字教学资源的使用情况和效果，并根据实际情况调整教学策略和方法。同时，教师还应关注数字教学资源的发展趋势和新技术应用，不断地更新和升级教学资源，以适应时代发展的需要。

四、数字教学资源在促进学习者深度学习中的作用与策略

随着信息技术的迅猛发展，数字教学资源在教学中的应用越来越广泛。高职商务英语作为一门实践性很强的学科，利用数字教学资源促进学习者深度学习具有重要意义。

（一）数字教学资源在促进深度学习中的作用

数字教学资源具有信息量大、更新迅速的特点，能够为学习者提供丰富的学习材料和情境。通过文字、图片、声频、视频等形式，数字教学资源能够呈现出生动、真实的学习环境，帮助学习者更好地理解和掌握知识。在商务英语学习中，数字教学资源可以展示不同商务场景下的沟通实例，使学习者能够更直观地了解商务沟通的技巧和要点。深度学习强调学习者对知识的深入理解和综合运用。数字教学资源能够将不同领域、不同层次的知识进行关联和整合，帮助学习者构建完整的知识体系。通过数字教学资源，学习者可以系统地学习商务英语知识，将词汇、语法、沟通技巧等要素相互连接，形成自己的知识网络。

数字教学资源具有交互性和个性化的特点，能够激发学习者的主动性和创造性。学习者可以根据自己的学习需求和兴趣，选择适合自己的学习资源和路径。在商务英语学习中，学习者可以利用数字教学资源进行自主学习和探究，通过模拟商务活动、参与在线讨论等方式，积极发挥自己的主观能动性，培养创新精神和实践能力。

（二）利用数字教学资源促进深度学习的策略

为了确保数字教学资源的质量和有效性，教师需要精心选择和优化教学资源。在选择教学资源时，教师应关注资源的权威性、准确性和适用性，确保资源内容符合教学目标和学习者的需求。同时，教师还应对资源进行优化处理，如调整视频速度、添加字幕注释等，以便其更好地满足学习者的学习需求。深度学习需要学习者进行深入思考和探索。因此，教师应设计具有挑战性的学习任务，引导学习者利用数字教学资源进行深度学习。这些任务可以包括案例分析、项目研究、角色扮演等，让学习者在解决问题的过程中，运用所学的知识进行分析、判断和决策。

深度学习要求学习者不断反思和总结自己的学习过程和成果。教师可以通过布置反思作业、组织学习分享等方式，引导学习者对自己的学习进行深入的反思和总结。同时，教师还可以利用数字教学资源提供的学习分析工具，对学习者的学习数据进行

挖掘和分析，为学习者提供个性化的反馈和建议。

深度学习往往需要在互动和交流中进行。教师可以利用数字教学资源构建学习共同体，为学习者提供一个协作与交流的平台。在这个平台上，学习者可以分享自己的学习心得、交流学习经验、共同解决问题。通过协作与交流，学习者可以相互启发、相互学习，促进深度学习的发生。深度学习需要学习者具备较高的自主学习能力和信息素养。教师可以通过数字教学资源培养学习者的自主学习能力，如指导学习者制订学习计划、管理学习时间、监控学习进度等。同时，教师还应注重培养学习者的信息素养，帮助他们掌握获取、评价和利用数字教学资源的方法和技能。

（三）实施过程中的注意事项

每个学习者的学习风格、能力水平和兴趣点都有所不同。因此，在利用数字教学资源促进深度学习的过程中，教师应关注学习者的个体差异，为他们提供个性化的学习支持和指导。虽然数字教学资源具有诸多优势，但传统教学资源仍然具有不可替代的作用。教师应根据教学内容和目标，合理选择和使用教学资源，保持数字教学资源与传统教学资源的平衡。

随着科技的进步和教育的发展，新的数字教学资源不断地涌现。教师应保持对新技术和新资源的敏感度，不断地更新和优化教学资源库，为学习者提供最新、最优质的学习资源。

第三节　高职商务英语数字教学资源的案例分析

一、典型应用案例的选取与分析

高职商务英语教学旨在培养学生扎实的商务英语基础知识和应用能力，以适应日益复杂的国际商务环境。在教学实践中，典型应用案例的选取与分析对于提升教学质量、增强学生的实践能力具有重要意义。

（一）案例选取的标准

真实性是选取案例的首要标准。案例应来源于真实的商务环境，能够反映实际商务活动中的问题和挑战。同时，案例应具有典型性，能够代表某一类商务活动的普遍特点，从而使学生能够通过案例分析掌握该类商务活动的一般规律。案例的选取应与学生的专业背景和实际需求密切相关，能够体现商务英语在实际工作中的应用。此外，案例的难度应适中，既不过于简单，也不过于复杂，以确保学生能够通过案例分析获得实际收益为标准。

随着国际商务环境的不断变化，案例的时效性尤为重要。教师应关注国际商务领域的最新动态，选取具有时效性的案例，使学生能够了解最新的商务实践。同时，案例应具有创新性，能够反映商务活动的新趋势和新问题，激发学生的创新思维和解决问题的能力。

（二）案例分析的方法

在分析案例时，首先应了解案例的背景信息，包括案例发生的时间、地点、涉及的人物和事件等。通过对背景信息的梳理，有助于学生更好地理解案例的情境和上下文，为后续的分析奠定基础。其次，在了解案例背景的基础上，教师应引导学生识别案例中的核心问题，并对问题进行深入分析。这包括问题的性质、产生的原因、对商务活动的影响等方面。最后，通过问题识别与分析，学生可以培养批判性思维和解决问题的能力。

针对案例中提出的问题，教师应鼓励学生提出解决方案，并对方案进行评估。在设计解决方案时，学生应充分考虑实际商务活动的特点和要求，确保方案的可行性和有效性。在评估方案时，可以运用商务英语的沟通技巧和专业知识，对方案的优缺点进行客观的分析。

案例分析结束后，教师应引导学生进行反思与总结。学生应回顾整个分析过程，总结自己的收获和不足，并提出改进意见。通过反思与总结，学生可以加深对商务英语应用的理解，提升自己的实践能力。

（三）案例教学的效果

通过典型应用案例的分析，学生可以在模拟的商务环境中进行实践操作，从而提升自己的实践能力。案例分析过程中，学生需要运用所学的商务英语知识和沟通技巧，解决实际问题，这有助于培养学生的实际应用能力。案例分析需要学生运用批判性思维和创新思维来分析和解决问题。通过对案例的深入挖掘和探讨，学生可以培养自己的分析能力和解决问题的能力，促进思维的发展。

典型应用案例通常具有生动性和趣味性，能够激发学生的学习兴趣。通过案例分析，学生可以更加深入地了解商务英语的实际应用，增强其对专业的认同感和归属感。

（四）案例选取与分析的注意事项

在选取案例时，教师应确保案例的真实性和完整性，避免使用虚构或删减的案例。

同时，在案例分析过程中，教师应保持案例的完整性，避免过度解读或误导学生。为了使学生全面了解和掌握商务英语的应用，教师在选取案例时应注重多样性和层次性。案例可以涉及不同领域的商务活动，包括国际贸易、市场营销、跨文化沟通等，以体现商务英语的广泛应用。同时，案例的难度和复杂度也应有所区分，以满足不同水平学生的需求。

在案例分析过程中，教师应充分发挥引导作用，帮助学生理解案例、分析问题、提出解决方案。同时，教师还应关注学生的反馈和表现，及时调整教学策略和方法，从而确保案例教学的有效性。

二、案例中的教学策略与方法应用

在高职商务英语教学中，案例教学是一种非常重要的教学策略。通过典型案例的引入和分析，能够使学生更直观地体验商务英语的应用场景，掌握商务沟通的技巧，并培养解决实际问题的能力，而在案例教学中，教学策略与方法的恰当应用则显得尤为重要。

（一）案例导入策略

情境导入法是通过模拟真实的商务情境，将学生带入案例的背景中。教师可以利用多媒体教学资源，如视频、图片等，展示商务活动的场景，营造真实的商务氛围。同时，教师可以设计一些与案例相关的情境问题，引导学生主动思考和探索，激发他们的学习兴趣和积极性。

悬念导入法是通过设置悬念引发学生的好奇心和求知欲。首先，教师可以在案例导入阶段提出一个与案例相关但尚未解决的问题，激发学生的探究欲望。然后，教师逐步引导学生通过案例分析寻找解决问题的线索和方法，最终揭示答案。这种方法能够激发学生主动思考和解决问题的能力。

（二）案例分析方法

分组讨论法是将学生分成若干小组，每个小组对案例进行分析和讨论。教师可以为每个小组分配不同的角色和任务，如案例分析、问题解决、方案制订等。在小组讨论过程中，教师应鼓励学生积极参与，充分发表自己的意见和看法，培养他们的团队合作精神和沟通能力。同时，教师应及时给予指导和反馈，确保讨论的有效性和深入性。

角色扮演法是通过模拟真实的商务场景，让学生扮演不同的角色，进行实际的商务沟通。教师可以根据案例内容，设计具体的商务场景和角色任务，让学生在实际操作中体验商务沟通的流程和技巧。这种方法能够使学生更加深入地理解商务英语的实际应用，提升他们的实践能力。

（三）案例总结与反思策略

在案例分析结束后，教师应引导学生进行总结归纳，并且可以帮助学生梳理案例分析的思路和过程，总结案例中的关键信息和重要观点。同时，教师还可以引导学生将案例分析与理论知识相结合，形成知识体系。通过总结归纳，学生可以加深对商务英语应用的理解，提升学习效果。

反思提升法是通过反思案例分析的过程和结果，找出存在的问题和不足，提出改进意见和措施。教师可以引导学生对案例分析进行自我评价和相互评价，帮助他们发现自己在分析过程中存在的问题和不足。同时，教师还可以针对学生的问题和不足，提出具体的改进建议和指导，帮助他们提升分析问题和解决问题的能力。

（四）教学策略与方法的综合应用

在实际教学中，教师应根据案例的特点和学生的需求，灵活地选择和应用教学策略与方法。例如：在导入阶段可以采用情境导入法和悬念导入法相结合的方式，既能营造真实的商务氛围，又能激发学生的好奇心和探究欲望；在分析阶段可以采用分组讨论法和角色扮演法相结合的方式，既能培养学生的团队合作精神和沟通能力，又能提升他们的实践能力；在总结与反思阶段可以采用总结归纳法和反思提升法相结合的方式，既能帮助学生形成知识体系，又能促进他们的自我发展和提升。

同时，教师在应用教学策略与方法时，还应注重以下三个方面：一是关注学生的个性差异和学习需求，因材施教；二是注重培养学生的创新思维和批判性思维，鼓励他们提出新的观点和解决问题的方法；三是加强师生之间的互动和交流，建立良好的师生关系，营造积极的学习氛围。

三、案例的教学效果与启示

在高职商务英语教学中，案例教学作为一种有效的教学策略，不仅有助于提升学生的实践能力和解决问题的能力，还能够加深他们对商务英语专业知识的理解。通过对典型案例的深入剖析，学生能够在实际操作中体验商务英语的应用，从而增强学习的针对性和实效性。

（一）案例教学效果分析

案例教学通过模拟真实的商务场景，让学生在实践中学习和应用商务英语。通过案例分析，学生能够更加深入地了解商务活动的实际运作过程，掌握商务沟通的技巧和策略。同时，案例中的实际问题也为学生提供了解决实际问题的机会，使他们能够在实践中不断提升自己的实践能力。案例通常具有生动性和趣味性，能够吸引学生的注意力，激发他们的学习兴趣。在案例分析的过程中，学生需要运用所学的商务英语知识和沟通技巧，解决实际问题，这种挑战性和成就感能够进一步激发学生的学习兴趣和动力。

案例教学注重培养学生的批判性思维和创新思维。通过对案例的深入分析，学生需要识别问题、分析问题、提出解决方案，并对方案进行评估和优化。这一过程有助于培养学生的独立思考能力和创新精神，使他们能够在面对复杂多变的商务环境时，灵活应对并作出正确的决策。

在案例教学中，学生通常需要分组进行讨论和分析。通过小组讨论，学生可以相互学习、相互启发，共同解决问题。这一过程有助于培养学生的团队协作能力和沟通能力，使他们在未来的工作中能够更好地与他人合作，共同实现目标。

（二）案例教学带来的启示

案例的选择对于教学效果具有重要影响。教师应选择具有代表性、时效性和真实性的案例，确保案例能够反映商务活动的最新动态和趋势。同时，教师还应及时更新案例库，确保案例的时效性和新鲜感，进而满足学生的学习需求。案例教学并不是一种固定的教学模式，而是需要根据具体情况灵活应用的教学策略。教师应根据学生的实际情况和教学目标，选择合适的教学策略和方法，如情境导入、分组讨论、角色扮演等，以最大限度地发挥案例教学的优势。

案例教学强调理论与实践的结合。在教学过程中，教师应注重引导学生将理论知识应用于实际案例中，通过实践来加深他们对理论知识的理解。同时，教师还应鼓励学生积极参与实践活动，如商务实习、项目合作等，以进一步提升他们的实践能力。

每个学生都有自己的学习特点和需求。在案例教学中，教师应关注学生的个体差异，因材施教，为每个学生提供适合他们的学习资源和指导。同时，教师还应积极听取学生的反馈和建议，不断改进教学方法和策略，以更好地满足学生的学习需求。

（三）案例教学的未来展望

随着国际商务环境的不断变化和商务英语教学的不断发展，案例教学在未来将继续发挥重要作用。未来的案例教学将更加注重跨文化的商务沟通能力的培养，通过引入不同国家和地区的商务案例，帮助学生了解不同文化背景下的商务规则和习惯，提升他们的跨文化交际能力。同时，案例教学也将更加注重与新兴技术的结合，如利用虚拟现实、增强现实等技术模拟真实的商务场景，为学生提供更加沉浸式的学习体验。

四、案例对高职商务英语数字教学资源应用的借鉴意义

随着信息技术的快速发展，数字教学资源在高职商务英语教学中的应用日益广泛。典型案例不仅为教学提供了丰富的素材，也为数字教学资源的有效应用提供了借鉴和启示。

（一）案例与数字教学资源结合的必要性

在高职商务英语教学中，数字教学资源的应用已经成为一种趋势。数字教学资源具有信息量大、更新迅速、交互性强等特点，能够为学生提供更加直观、生动的学习体验；而典型案例则能够帮助学生更好地理解商务英语的实际应用场景，掌握商务沟通的技巧和策略。因此，将案例与数字教学资源相结合，能够充分发挥两者的优势，提升教学效果。

（二）案例在数字教学资源中的应用方式

建设一个丰富多样的案例库是应用案例于数字教学资源的基础。案例库应涵盖不同商务场景、不同难度的案例，以满足不同学生的学习需求。同时，案例库应定期更新，确保案例的时效性和实用性。开发或利用现有的案例分析工具，帮助学生更好地理解和分析案例。这些工具可以包括案例分析软件、在线讨论平台等，能够为学生提供更加便捷、高效的学习支持。

利用虚拟现实技术，创建虚拟的商务场景，让学生在模拟环境中进行商务沟通实践。这种方式能够使学生更加深入地了解商务活动的实际运作过程，提升他们的实践能力。

（三）案例对数字教学资源应用的借鉴意义

案例教学强调实践性和互动性，这对数字教学资源的应用具有借鉴意义。在开发数字教学资源时，应注重其实践性和互动性，为学生提供更多的实践机会和互动平台。例如：可以设计一些模拟商务活动的任务或项目，让学生在完成任务的过程中学习和应用商务英语知识。同时，可以设置在线讨论区或论坛，鼓励学生之间的交流与合作，提升他们的团队协作能力。典型案例通常具有真实性和时效性，能够反映商务活动的最新动态和趋势。因此，在开发数字教学资源时，应注重其内容的真实性和时效性。教师应及时关注商务领域的最新动态，将最新的商务案例、商务知识和商务技能引入教学资源中。同时，要确保资源的准确性和可靠性，避免误导学生。

案例教学注重培养学生的独立思考和解决问题的能力，鼓励学生进行自主学习和

个性化学习。在数字教学资源的应用中，应充分考虑学生的个体差异和学习需求，提供个性化的学习路径和资源推荐。同时，要设计一些自主学习任务和挑战，激发学生的学习兴趣和动力，培养他们的自主学习能力。

典型案例往往涉及不同文化背景下的商务沟通情境，这对于培养学生的跨文化交际能力具有重要意义。在数字教学资源的应用中，应注重培养学生的跨文化交际能力，可以引入不同国家和地区的商务案例，让学生了解不同文化背景下的商务规则和习惯。同时，还可以设计一些涉及跨文化交际的实践活动，让学生在实践中提升跨文化交际能力。

（四）案例应用与数字教学资源结合的挑战与对策

尽管案例与数字教学资源结合具有诸多优势，但在实际应用中也面临着一些挑战。例如：如何确保数字教学资源的易用性和可访问性，如何有效整合各种教学资源以形成完整的教学体系等。针对这些挑战，可以采取以下对策：加强教师培训，提升他们应用数字教学资源的能力；优化资源设计，确保资源的易用性和可访问性；建立教学资源共享平台，促进资源的整合与共享等。

第四节 高职商务英语数字教学资源应用效果反馈与改进

一、收集学习者对资源应用效果的反馈

在高职商务英语教学中，数字教学资源的应用已成为提升教学效果的重要手段。然而，仅仅引入资源并不足以确保教学质量的提升，还需要关注学习者对资源应用效果的反馈，以便不断优化教学资源与教学策略。

（一）收集反馈的重要性

收集学习者对数字教学资源应用效果的反馈，对于改进教学资源、提升教学质量具有重要意义。首先，学习者的反馈能够直接反映教学资源在实际应用中的效果，为教师提供有针对性的改进方向；其次，学习者的反馈有助于教师了解学生的学习需求和学习难点，从而调整教学策略，更好地满足学生的学习需求；最后，通过收集和分析学习者的反馈，教师可以不断优化教学资源，提高资源的实用性和有效性。

（二）收集反馈的途径与方法

问卷调查是一种常用的收集学习者反馈的方法。教师可以设计包含多个维度的问卷，如资源的使用频率、满意度、实用性等，让学习者对数字教学资源的应用效果进行评价。问卷调查具有操作简单、数据易统计的优点，能够迅速获取大量学习者的反馈意见。访谈交流是一种更为深入的了解学习者反馈的方式。教师可以选取部分学习者进行面对面或在线访谈，就资源的使用体验、学习效果等方面进行详细的交流。通过访谈，教师可以获取更具体、更深入的反馈，有助于其发现问题的根源并提出针对性的改进措施。

许多学习平台都提供了反馈功能，学习者可以在使用过程中随时对资源进行评价或提出建议。教师可以通过定期查看这些反馈，了解学习者对资源的看法和需求，及时调整教学策略和资源内容。

（三）反馈分析与应用

收集到学习者的反馈后，教师需要对数据进行整理和分析。通过统计问卷数据、归纳访谈内容等方式，教师可以得出学习者对数字教学资源应用效果的整体评价以及具体的问题和建议。在分析反馈数据时，教师需要关注学习者提出的问题和建议，识别教学资源存在的问题和不足。针对这些问题，教师可以制定具体的改进措施，如优化资源内容、提升资源互动性、增加实践环节等。

根据学习者的反馈，教师还需要调整教学策略。例如：针对学习者反映的难点问题，教师可以增加相关内容的讲解和练习；针对学习者对资源实用性的需求，教师可以开发更多与实际商务场景相结合的教学资源。

（四）反馈收集与应用的挑战与对策

在收集学习者反馈的过程中，可能会遇到学习者参与度不高的问题。为了提高反馈的参与度，教师可以采取多种激励措施，如设置奖励机制、鼓励学习者积极参与等。在收集反馈时，需要确保反馈的真实性和客观性。教师可以通过多种途径获取反馈，如匿名问卷、第三方评价等，以减少主观因素对反馈结果的影响。

教学资源的应用效果是一个动态变化的过程，教师需要持续关注学习者的反馈，并根据反馈结果进行不断改进和更新。同时，教师还需要关注商务领域的最新动态和技术发展，以便及时将新的内容和技术引入教学资源中。

二、分析反馈数据，找出存在的问题与不足

在高职商务英语教学中，数字教学资源的应用已经成为提升教学效果的关键环节。为了进一步优化这些资源，教师需要收集并分析学习者的反馈数据，从而找出存在的问题与不足。

（一）反馈数据的收集与整理

首先，我们需要通过问卷调查、访谈交流以及学习平台反馈功能等途径，收集学习者对数字教学资源应用效果的反馈数据。这些数据包括学习者对资源的满意度、实用性评价、使用频率、遇到的问题等。然后，我们需要对收集到的数据进行分类整理，以便后续的分析和解读。

（二）反馈数据的分析

通过学习者对资源质量的评价，我们可以分析出数字教学资源在内容、设计、交互性等方面的不足。例如：学习者可能反映某些资源内容过时、与实际商务场景脱节，或者资源设计不够直观、易用性不强。这些问题都需要我们认真对待，及时对资源进行调整和优化。

实用性是学习者评价数字教学资源的重要指标之一。通过分析学习者对资源实用性的评价，我们可以发现资源在应用过程中存在的问题。例如：学习者可能认为某些资源过于理论化，缺乏实际应用价值；或者某些资源的难度设置不合理，无法满足不同学习者的需求。针对这些问题，我们需要调整资源的内容和难度，使其更加符合学习者的实际需求。使用频率可以反映学习者对数字教学资源的依赖程度。通过分析不同资源的使用频率，我们可以找出那些受欢迎和不受欢迎的资源，进而分析原因。例如：某些资源丰富、互动性强的资源可能受到学习者的青睐，而一些内容陈旧、操作复杂的资源则可能被冷落。这为我们优化资源提供了重要的参考依据。

（三）存在的问题与不足

部分学习者反映，现有数字教学资源的内容过于理论化，与实际商务场景存在较大的差距。这导致学习者在实际应用中难以将所学知识与实际工作相结合，影响了学习效果。一些学习者认为，某些数字教学资源的设计不够直观、操作复杂，导致他们在使用过程中感到困惑和不便，进而降低了学习者的使用体验和学习积极性。

随着商务领域的不断发展，新的商务理念、技术和实践不断涌现。但是，由于部分数字教学资源的更新速度滞后，无法及时反映这些新的变化，所以使得学习者难以

获取最新的商务知识和技能，从而影响了他们的职业发展。每个学习者的学习需求和能力水平都有所不同。然而，现有数字教学资源在提供个性化学习支持方面仍存在不足。例如：缺乏针对不同学习者的差异化教学资源和路径设计，使得学习者难以根据自己的实际情况进行有针对性的学习。

（四）改进策略与建议

在开发数字教学资源时，应更加注重与实际商务场景的对接，引入更多实际案例和实践经验。同时，还应定期邀请行业专家对资源内容进行审核和更新，确保资源的时效性和实用性。

在资源设计方面，应注重用户体验，采用更加直观、简洁的设计风格和操作流程。同时，提供详细的使用说明和在线帮助功能，方便学习者在使用过程中随时获取帮助。建立资源更新机制，定期对数字教学资源进行更新和维护。同时，关注商务领域的最新动态和技术发展，及时将新的内容和技术引入教学资源中。通过引入学习分析技术，对学习者的学习行为、兴趣和能力进行深入分析，为他们提供个性化的学习路径和资源推荐。同时，建立学习社区或在线论坛，鼓励学习者之间的交流与合作，促进他们的共同进步。

三、提出针对性的改进策略与措施

在高职商务英语教学中，数字教学资源的应用已经成为提升教学效果和质量的重要手段。然而，仅仅引入资源并不足以确保教学质量的持续提升，还需要根据学习者的反馈数据，对资源进行优化和改进。

（一）优化资源内容，贴近实际需求

通过与行业企业建立紧密合作关系，获取真实的商务案例和实践经验。将这些案例融入教学资源中，使学习者能够在实践中学习和应用知识，更好地满足实际需求。建立资源更新机制，定期检查和更新数字教学资源的内容。关注商务领域的最新动态和技术发展，及时将新的商务理念、技术和实践引入教学资源中，确保资源的时效性和实用性。

在数字教学资源中增加实践环节，如模拟商务谈判、商务写作等，让学习者在实践中锻炼和提升应用能力。同时，通过实践环节，学习者也可以更好地理解和掌握知识，提升学习效果。

（二）改进资源设计，提升用户体验

优化数字教学资源的操作流程，使其更加简洁明了。减少不必要的操作步骤和复杂的交互方式，降低学习者的使用门槛，提高资源的易用性。注重数字教学资源的界面设计，采用美观大方的视觉风格。通过清晰的布局、合理的色彩搭配和直观的图标设计，提升资源的视觉效果，增强学习者的学习体验。

在数字教学资源中提供详细的在线帮助和教程，方便学习者在使用过程中随时获取支持和解决问题。同时，建立学习者社区或论坛，鼓励学习者之间的交流和分享，促进他们的共同进步。

（三）个性化学习支持，满足不同需求

通过学习分析技术，收集和分析学习者的学习行为、兴趣和能力等数据，建立学习者画像。根据学习者画像，为他们提供精准的数字教学资源推荐，满足其个性化学习需求。针对不同学习者的水平和需求，设计差异化的教学路径和学习计划。通过调整资源的难度、进度和教学方式等，使每个学习者都能按照自己的节奏和方式进行学习，提升学习效果。

对于有特殊需求的学习者，如残障人士或语言学习者等，提供定制化的学习服务。根据他们的具体情况和需求，调整资源的内容和形式，确保他们能够平等地享受数字教学资源带来的便利和优势。

（四）加强师资培训，提升应用能力

除了优化数字教学资源本身，我们还需要加强师资培训，提升教师应用数字教学资源的能力。通过举办培训班、研讨会等活动，向教师传授数字教学资源的应用技巧和方法，帮助他们更好地利用这些资源进行教学。同时，建立教师交流平台，鼓励教师之间分享经验和资源，促进教学质量的提升。

（五）建立反馈机制，持续改进资源

为了确保数字教学资源的持续改进和优化，我们需要建立有效的反馈机制。通过定期收集学习者的反馈意见和建议，了解他们对资源的满意度、使用情况和遇到的问题等。针对反馈数据进行分析和解读，找出存在的问题和不足，制定相应的改进策略和措施。同时，将改进后的资源及时发布给学习者使用，并再次收集反馈数据以评估改进效果。通过这种循环往复的过程，我们可以不断优化数字教学资源，提升教学质量和效果。

四、持续改进与优化数字教学资源的应用效果

在高职商务英语教学中,数字教学资源的应用已经逐渐成为提升教学效果的关键。然而,仅仅引入和应用这些资源并不能确保效果的持续提升,而是需要通过持续的改进和优化,才能确保其在教学过程中的最大化利用。

(一)建立反馈机制,及时了解应用效果

要持续改进和优化数字教学资源的应用效果,首先需要建立一个有效的反馈机制。这一机制应涵盖教师、学生以及行业专家等多个层面,以便从多个角度获取关于资源应用效果的反馈意见。通过问卷调查、座谈会、个别访谈等形式,我们可以及时了解教师和学生在使用数字教学资源过程中的体验、困惑和建议,以及行业专家对资源内容与实际需求的匹配度评价。

(二)分析反馈数据,明确改进方向

收集到反馈数据后,我们需要对其进行深入的分析,以明确改进的方向。这包括对资源内容的实用性、设计的合理性、交互性的优劣等方面进行评估。同时,我们还要关注不同用户群体对资源的满意度和需求差异,以便为后续的改进工作提供有针对性的指导。

(三)优化资源内容,提升实用性

针对反馈数据中反映出的资源内容问题,我们需要及时进行调整和优化。这包括更新过时的信息,增加新的商务案例和实践经验,以及调整内容的难度和深度,以更好地满足学习者的实际需求。同时,我们还要关注资源的实用性和可操作性,确保学习者能够轻松地将所学知识应用于实际商务场景中。

(四)改进资源设计,增强用户体验

数字教学资源的设计对于其应用效果具有重要影响。因此,我们需要不断优化资源的设计,提升用户体验。这包括改进资源的界面设计,使其更加美观、简洁、易用;优化资源的交互方式,提高用户的操作效率;增加多媒体元素,如视频、声频等,以丰富资源的表现形式。

(五)加强技术支持,提升资源稳定性与可用性

数字教学资源的稳定运行和高效利用离不开强大的技术支持。因此,我们需要加

强技术投入，提升资源的稳定性和可用性。这包括定期维护和更新资源平台，确保其正常运行；优化资源的加载速度和访问速度，提高用户的使用体验；提供及时的技术支持和帮助，解决用户在使用过程中遇到的问题。

（六）推动资源共享与协作，扩大应用范围

数字教学资源的共享与协作是提升其应用效果的重要途径。我们可以通过建立资源共享平台，促进不同院校、不同教师之间的资源交流与共享。同时，可以鼓励教师之间开展协作教学，共同开发和优化数字教学资源，形成合力，提升教学效果。此外，还可以与行业企业合作，引入更多的实际案例和实践经验，丰富资源内容，提升其实用性。

（七）持续跟踪评估，确保改进效果

改进和优化数字教学资源是一个持续的过程，需要不断地跟踪评估其应用效果。我们可以通过定期收集和分析用户的反馈数据，了解资源的应用情况和改进效果。同时，结合教学效果的评估结果，对资源的改进方向进行调整和优化，确保其能够持续地为教学提供有力支持。

（八）加强师资培训，提升教师应用能力

教师在数字教学资源的应用过程中扮演着关键性角色。因此，我们需要加强师资培训，提升教师的应用能力。通过举办培训班、研讨会等活动，向教师传授数字教学资源的应用技巧和方法，帮助他们更好地利用这些资源进行教学。同时，建立教师交流平台，鼓励教师之间分享经验和资源，促进教学质量的共同提升。

（九）关注行业发展，保持资源和技术手段更新迭代

商务领域的发展日新月异，新的理念、技术和实践不断地涌现。为了确保数字教学资源能够紧跟时代步伐，我们需要关注行业发展动态，及时将新的内容和技术引入教学资源中。我们可以通过不断更新迭代资源内容和技术手段，确保数字教学资源始终保持与时俱进的状态，为教学提供有力支持。

第六章　高职商务英语数字教学资源的管理与维护

第一节　高职商务英语数字教学资源的管理策略

一、制定资源管理规范与流程

随着信息技术的快速发展和广泛应用，数字教学资源在高职商务英语教学中的地位日益凸显。为了确保数字教学资源的高效利用和有效管理，制定一套科学、合理的资源管理规范与流程显得尤为重要。

（一）资源管理的重要性

数字教学资源是高职商务英语教学的重要支撑，它涵盖了各种教学资料、课件、视频、声频等多种形式。有效的资源管理可以确保资源的充分利用，提高教学质量，同时也有助于节省成本，提高教学效率。此外，规范的管理流程还可以避免资源的浪费和滥用，维护教学秩序，促进教学工作的顺利开展。

（二）规范与流程的制定原则

在制定资源管理规范与流程时，我们应遵循以下四个原则。

（1）科学性原则：规范与流程的制定应基于教育教学的科学理论，结合实际情况，确保其合理性和可行性。

（2）系统性原则：资源管理应涉及资源的采集、分类、存储、使用、更新等环节，形成一个完整的系统。

（3）可操作性原则：规范与流程应具体、明确，便于执行和操作，避免过于复杂或模糊。

（4）灵活性原则：在保证基本原则的基础上，应充分考虑不同学校、不同专业的实际情况，允许一定的灵活性和差异性。

（三）资源管理规范与流程的具体内容

1. 资源采集与分类

采集渠道：明确资源采集的来源，包括购买、自制、网络下载等，确保资源的合法性和可靠性。

分类标准：根据资源类型、学科领域、使用对象等制定分类标准，便于资源的查找和使用。

2. 资源存储与管理

存储方式：采用合适的存储介质和存储方式，确保资源的安全性和稳定性。

权限管理：设定不同用户的访问和使用权限，确保资源的合理利用和避免滥用。

3. 资源使用与更新

使用规范：明确资源的使用目的、方式和范围，避免资源的浪费和误用。

更新机制：定期检查和更新资源内容，确保资源的时效性和实用性。

4. 资源评价与反馈

评价机制：建立资源使用效果评价机制，对资源的使用情况进行评估和反馈。

反馈渠道：提供用户反馈渠道，收集用户对资源的意见和建议，为资源的改进提供依据。

（四）规范与流程的实施及监督

1. 实施措施

培训与推广：对教师和学生进行资源管理规范与流程的培训，提高他们的资源利用意识和能力。

制度建设：将资源管理规范与流程纳入学校的教学管理制度中，从而确保其有效执行。

2. 监督与考核

监督机制：设立专门的监督机构或人员，对资源管理规范与流程的执行情况进行监督和检查。

考核评估：定期对资源管理规范与流程的执行效果进行考核评估，发现问题及时整改，从而确保资源的有效管理和利用。

二、建立资源分类与索引体系

随着信息技术的飞速发展，高职商务英语教学面临着前所未有的挑战和机遇。数字教学资源的涌现，为商务英语教学提供了丰富的教学素材和多样的教学手段。然而，如何有效地管理和利用这些资源，使其更好地服务于教学，成了一个亟待解决的问题。建立科学、合理的资源分类与索引体系，对于提高资源利用效率、优化教学效果具有重要意义。

（一）资源分类与索引体系的重要性

资源分类与索引体系是高职商务英语教学资源管理的基础。通过对资源进行科学的分类和索引，可以实现资源的快速定位、有效整合和高效利用。具体来说，资源分类与索引体系的重要性体现在以下三个方面。

（1）提高资源利用效率：通过分类与索引，教师可以快速找到所需的教学资源，避免在海量资源中浪费时间。同时，学生也可以方便地获取学习资源，提高自主学习效率。

（2）优化教学效果：分类与索引体系有助于教师根据教学目标和学生需求，有针对性地选择和利用教学资源，从而提升教学效果。

（3）促进资源共享与交流：通过统一的分类与索引标准，不同学校、不同教师之间的教学资源可以实现共享与交流，推动教学资源的优化配置与合理利用。

（二）资源分类的原则与方法

在建立高职商务英语资源分类与索引体系时，应遵循以下原则。

科学性原则：分类应基于教育教学理论和商务英语的学科特点，确保分类的准确性和合理性。

系统性原则：资源分类应全面覆盖商务英语教学的各个方面，形成一个完整的资源分类体系。

实用性原则：分类应便于实际操作和使用，避免过于复杂或烦琐。

基于以上原则，可以采用以下方法进行资源分类。

按资源类型分类：根据资源的形式和内容，将资源分为文本、图片、声频、视频等类型。这种分类方法有助于快速识别资源的形态和属性。

按学科领域分类：根据商务英语的教学内容和领域，将资源分为国际贸易、市场营销、商务沟通等多个子类别。这种分类方法有助于教师根据教学需求快速找到相关资源。

按适用对象分类：根据资源的适用对象，将资源分为教师用资源和学生用资源。这种分类方法有助于满足不同用户的需求，提高资源的利用效率。

（三）索引体系的建立与应用

索引体系是资源分类的延伸和补充。它通过建立索引标签和关键词，实现对资源的快速检索和定位。在高职商务英语教学中，建立有效的索引体系对于提高资源利用效率至关重要。

首先，应确定索引标签和关键词。这些标签和关键词应准确反映资源的内容和特点，便于用户进行检索。同时，标签和关键词的设置应具有一定的灵活性和可扩展性，以适应资源内容的不断变化和更新。

其次，应建立索引数据库。将资源的分类信息、标签、关键词以及资源链接等信息存储在数据库中，形成一个完整的索引体系。这样，用户就可以通过输入关键词或选择标签，快速找到所需的资源。

最后，应加强索引体系的应用与推广。通过培训和宣传等方式，提高教师和学生对索引体系的认识和使用意愿。同时，应不断优化索引体系的性能和功能，提高检索速度和准确性，为用户提供更好的使用体验。

（四）资源分类与索引体系的维护与更新

资源分类与索引体系不是一成不变的，它需要根据资源的更新和变化进行及时的维护和更新。具体来说，应做好以下三方面的工作。

（1）定期检查和清理资源。对于过时、无效或重复的资源，应及时进行清理和删除，确保资源的准确性和有效性。

（2）及时更新分类和索引信息。对于新增的资源或资源内容的变更，应及时更新其分类和索引信息，保持资源分类与索引体系的时效性和完整性。

（3）收集用户反馈和建议。通过问卷调查、座谈会等方式，收集用户对资源分类与索引体系的反馈和建议，不断改进和优化体系的设计和功能。

三、实施资源更新与淘汰机制

在高职商务英语教学中，教学资源的更新与淘汰机制是保证教学资源质量、适应教学需求变化的重要环节。随着教育技术的不断发展和教学理念的更新，教学资源的更新与淘汰成了一个持续进行的过程。

（一）实施资源更新与淘汰机制的重要性

实施资源更新与淘汰机制对于高职商务英语教学具有重要意义。

首先，随着学科知识的不断更新和技术的快速发展，旧的教学资源可能无法满足新的教学需求，甚至可能存在误导学生的风险。因此，通过实施更新与淘汰机制，可以确保教学资源与时俱进，从而提高教学质量。

其次，教学资源的更新与淘汰有助于优化资源配置，提高资源利用效率。在有限的资源条件下，通过淘汰过时、无效的资源，可以将更多的精力和资金投入新的、有效的教学资源开发中，实现资源的最大化利用。

最后，实施资源更新与淘汰机制还可以促进教师的专业成长和教学创新。教师需要不断关注学科前沿和教学资源的新动态，积极参与资源的更新与淘汰机制，从而提高自身的教学水平和创新能力。

（二）实施资源更新与淘汰机制的原则

在实施资源更新与淘汰机制时，应遵循以下原则。

科学性原则：资源的更新与淘汰应基于学科知识的科学性和教育教学的实际需求，以确保资源的准确性和有效性。

动态性原则：资源的更新与淘汰是一个持续进行的过程，应根据学科发展、技术更新和教学需求的变化及时调整和优化资源。

公平性原则：在资源的更新与淘汰过程中，应公平对待所有资源，避免主观偏见和歧视。

可持续性原则：资源的更新与淘汰应考虑资源的可持续发展，避免资源的浪费和滥用。

（三）实施资源更新与淘汰机制的策略

为了有效实施资源更新与淘汰机制可以采取以下策略。

建立资源评估体系：制定明确的评估标准和流程，对教学资源进行定期评估，确定其是否满足教学需求和质量标准。

鼓励教师参与：教师是教学资源的主要使用者和管理者，应鼓励教师积极参与资源的更新与淘汰过程，并提出宝贵的意见和建议。

引入市场竞争机制：通过引入市场竞争机制，鼓励优质教学资源的开发和共享，淘汰过时、无效的资源。

加强与技术部门的合作：与技术部门建立紧密的合作关系，利用技术手段实现资源的快速更新和淘汰。

（四）实施资源更新与淘汰机制的步骤

实施资源更新与淘汰机制的具体步骤如下。

收集与整理资源：对现有的教学资源进行全面收集和整理，建立详细的资源清单和数据库。

评估资源价值：根据评估体系对资源进行评估，确定其在教学中的价值和使用情况。

制订更新与淘汰计划：根据评估结果和教学需求，制订具体的资源更新与淘汰计划。

执行更新与淘汰操作：按照计划对资源进行更新或淘汰操作，以确保资源的准确性和有效性。

反馈与调整：收集教师和学生的反馈意见，对更新与淘汰机制进行调整和优化。

（五）资源更新与淘汰机制的保障措施

为确保资源更新与淘汰机制的有效实施还需要采取以下保障措施。

加强组织领导：成立专门的领导小组或工作小组，负责资源更新与淘汰机制的规划、实施和监督。

提供资金支持：为资源的更新与淘汰提供必要的资金支持，以确保工作的顺利进行。

加强培训与推广：对教师进行资源更新与淘汰机制的相关培训，提高他们的操作能力和管理水平。同时，积极推广优秀的更新与淘汰案例和经验，促进机制的普及和应用。

建立激励机制：对在资源更新与淘汰工作中表现突出的个人或团队给予表彰和奖励，激发他们的工作积极性和创新精神。

四、设立资源管理团队与职责分工

随着信息技术的迅猛发展和全球经济的深度融合，高职商务英语教学面临着前所未有的机遇与挑战。为了提高教学质量，优化教学资源配置，高职商务英语专业有必要设立专门的资源管理团队，并明确其职责分工。

（一）资源管理团队的重要性

在高职商务英语教学中，教学资源种类繁多，包括教材、课件、视频、声频、网络资源等。这些资源的有效管理和利用对于提高教学质量至关重要。然而，由于缺乏专业的资源管理团队，很多学校的教学资源存在管理不善、利用效率低下等问题。因此，设立专门的资源管理团队，对于整合和优化教学资源、提高教学质量具有重要意义。

首先，资源管理团队可以对教学资源进行全面梳理和分类，建立规范的资源管理制度，确保资源的有效利用。其次，团队可以根据教学需求，及时更新和淘汰教学资源，保持资源的时效性和先进性。最后，团队还可以积极开发新的教学资源，为教学创新提供有力支持。

（二）资源管理团队成员构成

资源管理团队应由具有丰富教学经验和资源管理能力的教师、技术人员和管理人员组成。具体成员构成如下。

教学顾问：由具有丰富教学经验的商务英语教师担任，负责指导教学资源的开发和利用，提供教学建议和支持。

技术专家：由具有信息技术背景的专业人员担任，负责教学资源的数字化处理、平台维护和技术支持等工作。

资源管理员：负责教学资源的日常管理和维护工作，包括资源的收集、整理、分类、更新与淘汰等。

协调员：负责团队内部的协调与沟通工作，确保各项任务顺利完成。

（三）资源管理团队职责分工

资源管理团队的职责分工应明确具体，确保各项任务能够得到有效执行。具体职责分工如下。

1. 教学顾问职责

（1）指导教学资源的开发和利用，提供教学建议和支持。

（2）参与教学资源的质量评估和审核工作，确保资源的准确性和有效性。

（3）协助团队开展教学研究和创新活动，推动教学资源的持续优化。

2. 技术专家职责

（1）负责教学资源的数字化处理，包括扫描、录制、编辑等工作。

（2）搭建和维护教学资源平台，确保平台的稳定运行和安全性。

（3）提供技术支持和培训，帮助团队成员掌握相关技术技能。

（4）关注新技术的发展和应用，为教学资源的更新和升级提供技术支持。

3. 资源管理员职责

（1）负责教学资源的日常管理和维护工作，包括资源的收集、整理、分类、存储等。

（2）根据教学需求，及时更新与淘汰教学资源，保持资源的时效性和先进性。

（3）建立教学资源档案，记录资源的来源、使用情况和更新历史等信息。

（4）协助其他团队成员完成相关任务，确保资源的有效利用。

4. 协调员职责

（1）负责团队内部的协调与沟通工作，确保各项任务能够顺利完成。

（2）组织团队会议和培训活动，促进团队成员之间的交流与合作。

（3）负责团队工作计划和进度的制定与跟踪，确保工作目标的实现。

（4）收集团队成员的反馈和建议，为团队的发展和改进提供支持。

（四）资源管理团队的实施策略

为了确保资源管理团队的顺利运行和有效发挥作用，需要采取以下实施策略。

制订详细的工作计划和目标，明确各项任务的具体要求和完成时间，确保工作能够有序进行。

加强团队成员的培训和学习，提高他们的专业素养和技能水平，使他们能够更好地胜任自己的工作。

建立完善的考核和激励机制，对团队成员的工作表现进行定期评估和奖励，激发他们的工作积极性和创新精神。

加强与其他部门和学校的合作与交流，共享资源和经验，推动高职商务英语教学资源的共建共享和优化配置。

第二节 高职商务英语数字教学资源的维护与更新

一、定期检查资源的完整性和可用性

高职商务英语教学资源的完整性和可用性是确保教学质量和教学活动顺利进行的关键因素。随着信息技术的快速发展和教育教学的不断创新，教学资源的形式和数量也在不断增加，这使得教学资源的维护和管理变得尤为重要。因此，高职商务英语专业需要定期检查教学资源的完整性和可用性，以确保资源的有效利用和教学的顺利进行。

（一）定期检查资源的完整性和可用性的重要性

教学资源的完整性是指资源内容是否完整、无缺失，而可用性则是指资源是否能够在需要时正常使用，无故障或损坏。对于高职商务英语教学而言，教学资源的完整性和可用性直接关系到教学质量和学生的学习效果。如果教学资源存在缺失或损坏，将会影响学生的学习进度和兴趣，甚至可能导致教学活动的中断。因此，定期检查教学资源的完整性和可用性，及时发现和解决问题是保障教学质量和学生学习权益的重要举措。

（二）定期检查资源的完整性和可用性的方法

逐一检查法是指对教学资源进行逐个检查，核对每一项资源的完整性和可用性。

这种方法虽然耗时较长，但能够确保检查的全面性和准确性。在逐一检查过程中，可以根据教学资源的类型进行分类检查，如教材、课件、视频、声频等，逐一核对每一项资源是否齐全、无损坏，是否能够正常打开和使用。

抽样检查法是指从教学资源中随机抽取一部分进行检查，以推断整体资源的完整性和可用性。这种方法虽可以节省时间，但需要注意抽样的代表性和样本数量，以确保检查结果的可靠性。抽样检查可以根据教学资源的重要性和使用频率来确定抽样的比例和范围。系统检查法是指利用信息技术手段，对教学资源的完整性和可用性进行自动化检查。例如：可以利用教学资源管理平台或相关软件，对教学资源进行批量扫描和检测，快速发现资源的缺失、损坏或异常情况。这种方法可以提高检查效率，减少人为错误，但需要确保检查工具的准确性和可靠性。

（三）定期检查资源的完整性和可用性的步骤

根据教学资源的种类、数量和使用情况，制订详细的检查计划。明确检查的时间、频率、方法和人员分工，确保检查工作能够有序进行。根据所选的检查方法，准备相应的检查工具，如逐一检查法需要准备清单和记录表，抽样检查法需要确定抽样方案和样本数量，系统检查法需要准备检查软件和平台等。

按照检查计划，对教学资源进行逐一检查、抽样检查或系统检查。在检查过程中，认真核对每一项资源的完整性和可用性，记录检查的结果和发现的问题。对检查结果进行整理和分析，总结教学资源的整体情况，发现问题和不足之处。根据检查结果，制订相应的解决方案和改进措施。

将检查结果和改进措施反馈给相关人员，如教学资源管理人员、教师和学生等。同时，根据反馈意见和建议，不断完善和改进教学资源的管理和维护工作。

（四）保障资源的完整性和可用性的措施

提高教师和管理人员对教学资源管理重要性的认识，增强他们的责任感和使命感。通过培训和教育，使他们掌握教学资源管理的基本知识和技能，提高管理水平和效率。制定和完善教学资源管理制度，明确各项管理职责和操作流程。建立健全的教学资源档案，记录资源的来源、使用情况和维护历史等信息。加强资源的分类、编号和标识工作，方便查找和管理。

根据学科发展和教学需求的变化，及时更新和升级教学资源。淘汰过时、无效的资源，引入新的、优质的教学资源。加强与技术部门的合作，利用新技术手段提高教学资源的质量和可用性。建立教学资源维护机制，定期对教学资源进行维护和保养。对于易损件和易耗品要及时更换和补充。对于出现故障或损坏的资源要及时进行维修和恢复，以确保教学资源的正常运行和长期使用。

二、修复损坏或失效的资源链接和内容

高职商务英语作为一门实践性和专业性很强的课程,其教学资源的完整性和有效性对于提高教学质量和学生学习效果至关重要。然而,在实际教学过程中,我们经常会遇到资源链接损坏或内容失效的情况,这不仅影响了学生的学习体验,还可能导致教学进度的延误。因此,及时修复损坏或失效的资源链接和内容,对于保障教学的顺利进行具有重要意义。

(一)资源链接和内容损坏或失效的原因

网络环境问题:网络环境的不稳定或变化可能导致资源链接无法正常访问。例如:服务器故障、网络带宽不足、域名解析错误等都可能导致链接失效。

资源更新和替换:随着时间的推移,教学资源可能需要进行更新或替换。如果未能及时更新链接或替换内容,原有的链接和内容就可能失效。

人为因素:人为操作失误或故意破坏也可能导致资源链接和内容损坏或失效。例如:误删文件、修改链接地址、恶意攻击等都可能对教学资源造成损害。

(二)修复损坏或失效资源链接和内容的重要性

保障教学质量:教学资源的完整性和有效性是保障教学质量的基础。修复损坏或失效的资源链接和内容,可以确保学生顺利获取所需的学习资料,从而提高学习效果。

维护教学秩序:教学资源是教学过程中的重要支撑。如果资源链接和内容损坏或失效,可能会导致教学进度受阻,甚至影响整个课程的正常进行。及时修复这些问题,可以维护教学秩序,确保教学计划的顺利实施。

提升学生满意度:学生的学习体验是衡量教学质量的重要指标之一。修复损坏或失效的资源链接和内容,可以提升学生的学习体验,增强他们对课程的满意度和认同感。

(三)修复损坏或失效资源链接和内容的方法

1. 检查和确认问题

在修复损坏或失效资源链接和内容之前,首先需要检查和确认问题的具体情况。这包括确定哪些链接或内容已经损坏或失效,以及了解问题的具体原因。通过仔细检查和分析,可以为后续的修复工作提供准确的依据。

2. 修复资源链接

对于损坏的资源链接,我们可以尝试用以下方法进行修复:

（1）检查网络连接：确保网络环境稳定，并尝试重新访问链接。有时，简单的网络问题可能导致链接暂时无法访问。

（2）更新链接地址：如果链接地址已经发生变化，我们需要更新为新的地址。这可以通过联系资源提供者或查找相关网站的方式获取最新链接。

（3）使用备份链接：如果可能的话，我们就可以使用备份链接来替代损坏的链接。备份链接可以在资源提供者或相关网站中找到。

3.恢复或替换失效的内容

对于失效的内容，我们需要根据具体情况进行恢复或替换。以下是一些常用的方法：

（1）恢复备份文件：如果之前对资源进行了备份，我们就可以尝试从备份文件中恢复失效的内容。这要求我们在平时就要做好资源的备份工作。

（2）重新上传或下载内容：如果失效的内容是文件丢失或损坏导致的，我们可以尝试重新上传或下载内容。这可能需要我们从原始来源或其他可靠渠道获取文件。

（3）替换为相似资源：如果无法恢复或重新获取失效的内容，我们可以考虑替换为相似资源。这要求我们在选择替换资源时，要确保其质量和内容与原资源相近。

（四）预防和减少资源链接和内容损坏或失效的措施

定期检查和更新资源链接和内容：为了避免资源链接和内容损坏或失效的情况发生，我们应该定期检查和更新教学资源。这包括检查链接的有效性、内容的完整性和准确性等。同时，我们还需要关注资源的更新情况，及时替换过时或无效的资源。

建立资源备份机制：为了防止因各种原因导致的资源丢失或损坏的情况发生，我们应该建立资源备份机制。定期对教学资源进行备份，并存储在安全可靠的地方。这样，即使发生意外情况，我们也可以从备份中恢复资源。

加强网络安全管理：网络环境的不稳定是导致资源链接损坏或失效的一个重要原因。因此，我们应该加强网络安全管理，确保网络环境的稳定性和安全性。这包括使用可靠的服务器、加强网络带宽管理、定期更新域名解析等。

提高师生资源保护意识：师生是教学资源的主要使用者和管理者。提高他们的资源保护意识可以减少人为因素导致的资源损坏或失效。通过培训和教育，使师生了解资源的重要性，掌握正确的使用方法和管理技巧。

三、根据教育发展和市场需求更新资源内容

随着全球化的加速推进，商务英语在高职教育中的地位日益凸显。商务英语的教

学资源作为提高教学质量和满足市场需求的关键，必须根据教育发展和市场需求进行持续更新。

（一）教育发展趋势对高职商务英语资源更新的影响

随着信息技术的迅猛发展，教育信息化已成为当今教育发展的重要趋势。高职商务英语的教学资源更新需要充分利用信息技术手段，实现资源的数字化、网络化和智能化。通过建设在线开放课程、使用多媒体教学资源等方式，为学生提供更加丰富、便捷的学习体验。

素质教育强调学生的全面发展，需要注重培养学生的创新精神和实践能力。高职商务英语的教学资源更新需要更加注重培养学生的实际应用能力和跨文化交际能力。通过引入真实的商务场景、案例分析等教学内容，提高学生的实践能力和综合素质。

（二）市场需求变化对高职商务英语资源更新的要求

随着国际贸易的不断发展，商务英语人才的需求也在不断变化。高职商务英语的教学资源更新需要密切关注行业发展和职业需求的变化，及时调整教学内容和方式。例如：随着跨境电商的兴起，商务英语课程可以加入跨境电商的相关知识和技能培训，以满足市场对跨境电商人才的需求。

企业对商务英语人才的需求不仅要求其具备基本的语言沟通能力，还要求具备跨文化交际能力、团队协作能力等综合素质。因此，高职商务英语的教学资源更新需要更加注重培养学生的综合素质和实际应用能力，以满足企业的用人需求。

（三）高职商务英语资源更新的策略与方法

为了更好地了解市场需求，高职商务英语专业可以通过开展市场调研、与企业合作等方式获取第一手的市场信息。同时，分析行业的发展趋势和未来预测，以便对教学资源进行有针对性的更新。根据市场需求和教育发展趋势，高职商务英语专业应优化教学内容与结构。这包括调整课程设置，增加与市场需求紧密相关的课程模块，如跨境电商、国际贸易实务等；同时，更新教材内容，确保教学内容的前沿性和实用性。

实践教学是提高学生实际应用能力的重要途径。高职商务英语专业应加强与企业的合作，建立实践教学基地，为学生提供更多的实践机会。通过校企合作、实习实训等方式，让学生在实践中掌握商务英语知识和技能，提高综合素质。教学方法和手段的创新对于提高教学质量至关重要。高职商务英语专业可以引入先进的教学方法，如案例教学、任务驱动式教学等，激发学生的学习兴趣和主动性；同时，利用信息技术手段，如在线教学平台、虚拟仿真技术等，提高教学效果和学生的学习体验。

教学资源更新是一个持续的过程，需要建立动态更新机制。高职商务英语专业应定期评估教学资源的有效性和适用性，并根据市场需求和教育发展趋势进行及时调整和更新。同时，鼓励教师参与教学资源更新工作，发挥他们的专业优势和创新精神。

（四）高职商务英语资源更新面临的挑战与对策

资源更新的关键在于教师队伍的建设与培训。高职商务英语专业应加强对教师的培训和引进力度，提高他们的专业素质和教育教学能力。同时，鼓励教师参与行业实践和企业合作，增加他们的实践经验和市场敏感度。为了避免教学资源的浪费和重复建设，高职商务英语专业应加强与其他院校和机构的合作，实现教学资源的整合与共享。通过共建共享平台、开展联合教学等方式，提高教学资源的利用效率和效益。

四、提升资源的技术标准和兼容性

随着信息技术的飞速发展，高职商务英语资源在教学中的应用越来越广泛。然而，由于技术标准不统一、兼容性差等问题，导致资源利用效率低下，无法满足教师和学生的需求。因此，提升高职商务英语资源的技术标准和兼容性，对于提高教学效果、促进资源共享具有重要意义。

（一）高职商务英语资源技术标准的重要性

统一的技术标准可以确保高职商务英语资源在不同平台、不同设备上的顺畅运行，避免因为格式不兼容或技术壁垒导致的资源浪费。通过采用通用的技术标准，可以实现资源的快速传播和广泛共享，提高资源的利用率。

高标准的技术规范能够确保高职商务英语资源在传输、存储和使用过程中的安全性和稳定性。采用先进的加密技术和安全措施，可以保护资源的版权和用户信息，防止数据泄露和非法访问。统一的技术标准可以为高职商务英语教学提供更加丰富、多样的教学资源。通过整合先进的技术手段和教学方法，可以创造出更加生动、有趣的教学环境，激发学生的学习兴趣和积极性，促进教学的创新与发展。

（二）高职商务英语资源兼容性面临的挑战

目前，高职商务英语资源存在多种格式和技术标准，如不同的视频编码格式、声频采样率等。这些不统一的技术标准导致资源在跨平台使用时容易出现兼容性问题，影响用户的使用体验。

随着科技的进步，教学设备的种类和型号日益增多。不同设备之间的硬件配置、操作系统和浏览器版本等差异可能导致资源在某些设备上无法正常显示或运行，从而限制了资源的共享和利用。网络环境的不稳定性和带宽限制也是影响高职商务英语资源兼容性的重要因素。在网络环境较差或带宽不足的情况下，资源的加载速度会变慢，甚至无法加载，导致用户无法正常使用资源。

（三）提升高职商务英语资源技术标准和兼容性的策略

为了解决高职商务英语资源技术标准不统一的问题，应制定统一的技术标准规范。这包括明确资源的格式、编码、分辨率等要求，确保资源在不同平台和设备上的兼容性和一致性。同时，建立相应的技术审核机制，对不符合标准的资源进行整改和优化。针对不同设备和操作系统的差异，应加强设备兼容性测试。通过在不同设备上进行资源测试，发现并解决兼容性问题，确保资源在各种设备上都能正常运行。此外，还可以开发跨平台的教学资源管理系统，实现资源的统一管理和调度。

针对网络环境和带宽限制对资源兼容性造成的影响，应优化网络传输与加载技术。采用先进的压缩算法和流媒体技术，减小资源文件的内存和缩短加载时间，提高资源的传输效率和加载速度。同时，建立稳定的网络服务平台，提供高速、稳定的网络连接，确保用户能够顺畅地使用资源。开放教育资源平台是实现资源共享和提高兼容性的有效途径。通过建设开放教育资源平台，可以将高职商务英语资源进行整合和优化，为用户提供统一、便捷的访问和使用体验。同时，平台还可以提供资源评价和反馈机制，鼓励用户积极参与资源的建设和改进，推动资源的不断优化和更新。

（四）实施提升资源技术标准和兼容性的保障措施

政府和教育部门应加强对高职商务英语资源建设的政策支持与引导，制定相关政策法规，明确资源建设的目标、要求和措施，为资源技术标准和兼容性提升提供有力保障。同时，加大对资源建设项目的投入力度，鼓励和支持高校、企业和研究机构等各方共同参与资源建设。提升高职商务英语的资源技术标准和兼容性需要专业化的技术团队支持。高校应加强对相关人才的培养和引进力度，建立专业化的技术团队并负责资源的技术研发、测试和维护等工作；同时，还应加强与技术供应商的合作与交流，引进先进的技术和设备，提高资源建设的技术水平。

高职商务英语资源是一个持续更新和发展的过程。为了保障资源技术标准和兼容性得到持续提升，应建立持续更新与维护机制。定期对资源进行检查和评估，及时发现并解决兼容性问题和技术漏洞。同时，根据教学需求和市场变化，不断更新和优化资源内容和技术标准，保持资源的先进性和实用性。

第三节　高职商务英语数字教学资源的版权与法律问题

一、遵守版权法律法规，确保资源使用的合法性

随着信息技术的快速发展，高职商务英语资源在教学中的应用日益广泛。然而，版权问题始终是制约资源使用的关键因素之一。为了确保高职商务英语资源使用的合法性，我们必须严格遵守版权法律法规，尊重和保护知识产权。

（一）版权法律法规的重要性

版权法律法规是保护创作者权益、促进知识创新和传播的重要法律基础。在高职商务英语资源使用中，遵守版权法律法规不仅是对创作者权益的尊重，也是维护教学秩序和学术诚信的必要条件。同时，合法使用资源有助于提升教学质量，推动教育事业的健康发展。

（二）高职商务英语资源使用中的版权问题

在高职商务英语教学中，部分教师或学生可能未经授权擅自使用他人的作品，如教材、课件、视频等。这种行为侵犯了创作者的版权，可能导致法律纠纷和声誉损失。未经许可复制和传播高职商务英语资源是另一种常见的版权问题。一些用户可能将资源随意复制、分享或上传到网络，导致资源的非法传播和滥用。

盗版资源是指未经授权或非法复制的资源。使用盗版资源不仅侵犯了创作者的版权，还可能引入病毒或恶意软件，对教学设备和数据安全构成威胁。

（三）遵守版权法律法规的措施

学校应加强版权宣传教育，提高师生对版权法律法规的认识和重视程度。通过举办讲座、开设课程、制作宣传资料等方式普及版权知识，引导师生树立正确的版权观念。鼓励师生通过正规渠道获取高职商务英语资源，如购买正版教材、使用学校提供的正版软件等。同时，在使用资源时，应遵守相关使用协议和规定，不得擅自复制、传播或用于商业目的。

学校应建立版权审核机制，对上传至教学平台或共享空间的资源进行严格审核，确保资源来源合法、内容健康、无侵权问题。对于发现的侵权资源，应及时删除并追究相关责任。

（四）加强版权保护的途径

政府应进一步完善版权法律法规，明确高职商务英语资源使用的权利和义务，加大对侵权行为的处罚力度。同时，建立健全版权保护机制，为创作者和合法使用者提供有力保障。

相关部门应加强对高职商务英语资源使用情况的监管，及时发现和处理侵权行为。对于发现的侵权行为，应依法追究相关责任人的法律责任，形成有效的震慑作用。学校、企业和创作者之间应建立合作机制，共同推动高职商务英语资源的合法使用和保护。通过加强沟通与协作，形成资源共享、互利共赢的局面。

利用技术手段提升版权保护水平也是重要途径之一。例如：采用数字水印技术、加密技术等手段对资源进行保护，防止非法复制和传播。同时，建立版权追踪系统，对侵权行为进行实时监测和追踪。

二、明确资源的版权归属和使用许可

在高职商务英语教学中，资源的获取、使用和管理是确保教学质量和教学效果的重要环节。其中，明确资源的版权归属和使用许可是确保资源使用合法性的关键。

（一）高职商务英语资源版权归属的重要性

版权归属是指资源创作者对其所创作的作品享有的法律权益。在高职商务英语教学中，资源版权归属关系到资源的合法性、原创性以及创作者的经济利益。明确资源版权归属有助于保护创作者的权益，激发其创作热情，进而促进高职商务英语资源的丰富和多样化。同时，对使用者来说，了解资源版权归属可以避免因侵权而引发的法律纠纷，确保教学活动的正常进行。

（二）高职商务英语资源使用许可的必要性

使用许可是指资源使用者在使用资源前需要获得版权所有者的授权或许可。在高职商务英语教学中，资源使用许可对于确保资源的合法使用和避免侵权风险具有重要意义。通过获得资源使用许可，使用者可以在法律框架内合理使用资源，避免侵犯版权所有者的权益。同时，这也有助于维护高职商务英语教学的专业性和规范性，提升教学质量和形象。

（三）高职商务英语资源版权归属与使用许可存在的问题

部分高职商务英语教师和学生在使用资源时，对版权归属与使用许可的重要性认识不足，缺乏必要的版权意识。他们可能随意使用未经授权的资源，导致侵权风险增加。在获取高职商务英语资源时，部分教师和学生可能无法确定资源版权归属与使用许可情况，这可能是由于资源来源不明确或缺乏必要的版权信息。在这种情况下，使用者可能无法判断资源的合法性，从而增加了侵权风险。

一些高职院校在商务英语资源管理方面尚未建立完善的版权管理制度。这导致资源的获取、使用和管理缺乏明确的规范和指导，使得版权归属与使用许可问题难以得到有效解决。

（四）解决高职商务英语资源版权归属与使用许可问题的策略

高职院校应加强对师生版权意识的宣传教育，提高他们对版权归属与使用许可重要性的认识；可以通过举办讲座、开设课程、制作宣传资料等方式普及版权知识，引导师生树立正确的版权观念。在获取高职商务英语资源时，应尽可能明确资源的来源和版权信息，可以通过查看资源的版权声明、联系版权所有者或咨询专业人士等方式获取必要的版权信息。同时，建立资源信息库，对获取的资源进行统一管理，方便查询和使用。

高职院校应建立完善的版权管理制度，明确资源的获取、使用和管理规范；可以制定具体的版权管理办法，规定资源使用的授权程序、责任追究机制等，确保资源的合法使用和避免侵权风险。高职院校之间可以加强合作与共享，共同开发和使用高职商务英语资源，通过合作可以实现资源的互通有无，减少重复劳动和浪费；同时，也可以共同解决版权归属与使用许可问题，降低侵权风险。

三、加强对侵权行为的防范与打击

在信息化、网络化的时代背景下，高职商务英语资源的获取和使用日益便捷，但同时也伴随着侵权行为频发的问题。侵权行为不仅侵犯了创作者的合法权益，也扰乱了正常的教学秩序，对高职商务英语教育的健康发展构成了严重威胁。因此，加强对侵权行为的防范与打击，成为当前高职商务英语教育领域亟待解决的重要课题。

（一）侵权行为的表现与危害

侵权行为在高职商务英语领域主要表现为未经授权擅自使用他人作品、篡改或歪曲他人作品、未经许可复制和传播资源等。这些行为不仅侵犯了创作者的著作权、财产权等合法权益，也损害了教学资源的正常使用和共享。同时，侵权行为还可能导致学生形成错误的版权观念，影响其未来的职业发展和社会责任感。

（二）防范侵权行为的策略

加强版权宣传教育，提高师生对版权法律法规的认识和重视程度。通过举办讲座、开设课程、制作宣传资料等方式，普及版权知识，引导师生树立正确的版权观念。同时，加强对侵权行为的警示教育，让师生了解侵权行为的危害性和法律后果。高职院校应建立完善的版权管理制度，明确资源的获取、使用和管理规范。制定具体的版权管理办法，规定资源使用的授权程序、责任追究机制等，确保资源的合法使用和避免侵权风险。同时，建立版权保护机构或指定专人负责版权管理工作，加强对资源使用情况的监督和检查。

利用技术手段加强对侵权行为的防范。例如：采用数字水印技术、加密技术等手段对资源进行保护，防止非法复制和传播。同时，建立版权追踪系统，对侵权行为进行实时监测和追踪，及时发现和处理侵权行为。

（三）打击侵权行为的措施

相关部门应加大对高职商务英语领域侵权行为的执法力度，依法查处侵权行为。对于发现的侵权行为，应依法追究相关责任人的法律责任，形成有效的震慑作用。同时，加强与公安、司法等部门的协作配合，形成打击侵权行为的合力。鼓励师生积极举报侵权行为，对于举报的侵权行为，应及时进行调查处理。同时，建立举报奖励机制，对举报人给予一定的奖励，激发其参与打击侵权行为的积极性。

侵权行为往往具有跨国性，因此，加强国际合作是打击侵权行为的重要途径。高职院校可以与国际组织、其他国家的院校等建立合作关系，共同打击跨国侵权行为。通过分享经验、交流信息等方式，提高打击侵权行为的效率和效果。

（四）提升防范与打击侵权行为的综合效果

定期对师生进行版权知识培训，提高他们的版权保护意识和能力。通过案例分析、模拟演练等方式，让师生了解侵权行为的识别方法和应对策略。同时，加强对教职工的职业道德教育，引导他们自觉遵守版权法律法规，树立良好的师德师风。对于在防范与打击侵权行为中表现突出的师生，应给予表彰和奖励，树立榜样。对于发现的侵权行为，除依法追究责任外，还应根据情节严重程度给予相应的处罚，形成有效的震慑作用。

政府应进一步完善版权法律法规，明确高职商务英语领域侵权行为的认定标准和处罚措施。同时，加大对侵权行为的处罚力度，提高侵权成本，降低侵权风险。此外，还应加强对版权保护工作的监督和检查，确保法律法规得到有效执行。

四、提升师生版权意识，规范资源使用行为

在高职商务英语教学中，资源的获取和使用对于提升教学质量和效果具有重要意义。然而，随着信息技术和网络技术的快速发展，资源使用中的版权问题日益凸显。因此，提升师生版权意识，规范资源使用行为，成为当前高职商务英语教育领域亟待解决的重要问题。

（一）版权意识的重要性

版权意识是指个体对于版权法律法规、版权保护原则以及版权使用规范的认知和理解。在高职商务英语教学中，提升师生版权意识具有以下重要意义。

首先，版权意识是维护创作者权益的基础。创作者创作作品时付出了辛勤劳动和智慧，他们享有对自己作品的著作权。尊重版权就是尊重创作者的劳动成果，应维护他们的合法权益。

其次，版权意识是促进教学资源共享的前提。在高职商务英语教学中，资源的共享可以提高教学效率和质量。然而，资源的共享必须建立在尊重版权的基础上，只有确保资源的合法使用，才能实现资源的有效共享。

最后，版权意识是培养学生综合素质的必然要求。高职商务英语教育旨在培养学生的综合素质和职业能力。提升学生的版权意识，有助于培养他们遵守法律法规、尊重他人权益的良好品质，为其未来的职业发展和社会责任担当奠定坚实基础。

（二）当前师生版权意识存在的问题

尽管版权意识的重要性不言而喻，但当前高职商务英语教学中师生版权意识仍存在一些问题。

首先，部分师生对版权法律法规缺乏了解。他们可能对于版权的概念、范围和保护措施知之甚少，导致其在使用资源时容易忽视版权问题。其次，一些师生在使用资源时存在侥幸心理。他们可能认为偶尔使用未经授权的资源并不会引发严重后果，从而放松了对版权问题的警惕。最后，部分学校对版权教育的重视程度不够。一些学校可能将教学重点放在专业知识的教学上，而忽视了版权教育的重要性，导致师生缺乏必要的版权知识和意识。

（三）提升师生版权意识的途径

为了提升高职商务英语教学中师生的版权意识，可以采取以下途径。

首先，加强版权教育。学校应将版权教育纳入课程体系，通过开设专门的版权课程、

举办讲座等方式向师生普及版权知识,提升他们的版权意识;同时,还可以利用校园网站、微信公众号等渠道,定期发布版权知识普及文章和案例,引导师生关注版权问题。

其次,加强版权宣传。学校可以通过制作宣传海报、悬挂宣传标语等方式,营造尊重版权的校园氛围;同时,还可以邀请版权专家、律师等人士来校开展版权知识宣讲活动,与师生进行互动交流,解答他们在版权方面的疑惑。

最后,加强实践教育。学校可以组织师生参与版权保护实践活动,如参加版权知识竞赛、开展版权保护主题班会等,让师生在实践中深化对版权问题的理解和认识。

(四)规范资源使用行为的策略

提升师生版权意识的同时,还需要制定和实施一系列策略来规范资源使用行为。

首先,建立明确的资源使用规定。学校应制定详细的资源使用管理制度,明确资源的获取、使用和管理规范。这些规定应包括对版权归属的确认、使用许可的获取以及使用过程中的注意事项等,为师生提供明确的指导和依据。

其次,加强资源使用的监管和检查。学校应建立资源使用监管机制,定期对师生的资源使用情况进行检查和评估。对于发现的违规行为,应及时进行纠正和处理,以维护版权的严肃性和权威性。

最后,建立奖惩机制。对于在资源使用方面表现优秀的师生,学校应给予表彰和奖励,树立榜样。对于违规行为,除了进行纠正外,还应根据情节轻重给予相应的处罚,以形成有效的震慑作用。

第四节 高职商务英语数字教学资源管理与维护案例分析

一、高职商务英语数字教学资源成功管理与维护案例的介绍

(一)概述

随着信息技术的飞速发展,数字教学资源在高职商务英语教学中发挥着越来越重要的作用。数字教学资源以其便捷性、丰富性和互动性等特点,为教学提供了强有力的支持。然而,如何有效地管理与维护这些资源,确保其在教学中持续发挥作用,成为一个亟待解决的问题。

（二）案例背景

某高职院校商务英语专业致力于提升教学质量和效果，积极探索数字教学资源的应用。经过几年的积累，该专业已经建立了丰富的数字教学资源库，包括电子课件、教学视频、在线题库等多种形式。这些资源为师生提供了便捷的学习途径，但也面临着管理和维护的挑战。

（三）管理与维护策略

该院校成立了专门的数字教学资源管理团队，负责资源的收集、整理、分类和更新等工作。团队成员具备专业的信息技术和商务英语知识，能够确保资源的质量和适用性。同时，团队还制定了详细的工作流程和规范，确保资源管理的有序进行。为了方便师生查找和使用资源，管理团队制定了严格的资源分类与命名规范。资源按照教学内容、形式和使用场景等多个维度进行分类，每个资源都有唯一的命名和标识。此外，团队还建立了资源元数据体系，对资源的属性、来源和使用情况进行详细记录，为后续的维护和更新提供依据。

数字教学资源需要不断更新与维护，以保持其时效性和有效性。管理团队制订了定期更新计划，根据教学需求和资源使用情况，对资源进行更新和替换。同时，团队还建立了故障处理和应急响应机制，对资源使用过程中出现的问题进行及时处理和解决。

版权和安全问题是数字教学资源管理与维护中不可忽视的重要方面。该院校严格遵守国家版权法律法规，对使用的资源进行合法授权和标注。同时，管理团队还加强了资源的安全管理，采取数据加密、访问控制等措施，确保资源不被非法获取和篡改。数字教学资源的管理与维护需要师生的积极参与和反馈。该院校鼓励师生使用数字教学资源，并设立了反馈渠道，收集师生对资源的意见和建议。管理团队根据反馈情况进行调整和改进，不断提升资源的质量和适用性。

（四）案例成效

经过一系列的管理与维护措施的实施，该高职院校商务英语专业的数字教学资源库得到了有效的管理和维护。资源的质量得到了显著提升，使用率也大幅提高。师生对数字教学资源的满意度和认可度不断提升，教学质量和效果也得到了明显的改善。

同时，该案例还为其他高职院校提供了有益的借鉴和参考。其他院校可以借鉴该案例的管理与维护策略，结合自身实际情况进行改进和创新，以提升数字教学资源的管理水平和使用效果。

（五）总结与展望

本案例展示了高职商务英语数字教学资源成功管理与维护的实践经验和成果。通过建立专门的管理团队、制定资源分类与命名规范、实施定期更新与维护、加强版权保护与安全管理以及促进师生参与和反馈等措施，有效地提升了数字教学资源的质量和使用效果。

展望未来，随着信息技术的不断发展和高职商务英语教学需求的不断变化，数字教学资源的管理与维护将面临新的挑战和机遇。高职院校应继续加强数字教学资源的管理与维护工作，不断探索新的管理和维护模式和方法，以适应时代的发展和教学的需求。同时，还应加强与其他院校和机构的合作与交流，共同推动数字教学资源的发展和应用，为高职商务英语教学质量的提升做出更大的贡献。

（六）建议与启示

基于本案例的介绍和分析，以下是对高职商务英语数字教学资源管理与维护的几点建议与启示。

数字教学资源的管理与维护需要专业的人才支持。高职院校应重视数字教学资源管理团队的建设，选拔具备信息技术和商务英语专业知识的优秀人才加入团队。同时，还应定期开展专业培训，提升团队成员的专业技能和素养，以适应不断变化的教学需求和技术发展。建立规范的资源管理体系是数字教学资源管理与维护的基础。高职院校应制定详细的资源管理流程和规范，明确各项工作的职责和要求；同时，还应建立资源分类与命名规范、元数据体系等，确保资源的有序存储和高效检索。

数字教学资源需要不断更新和维护以保持其时效性和有效性。高职院校应制订定期更新计划，及时对资源进行更新和替换；同时，还应建立质量监控机制，对资源的质量进行定期检查和评估，确保资源符合教学需求和质量标准。版权保护和安全问题是数字教学资源管理与维护中不可忽视的重要方面。高职院校应严格遵守国家版权法律法规，对使用的资源进行合法授权和标注；同时，还应加强资源的安全管理，采取必要的技术措施和管理手段，以确保资源不被非法获取和篡改。

师生是数字教学资源的主要使用者和管理者，他们的反馈对于改进和优化资源具有重要的参考价值。高职院校应积极听取师生的意见和建议，及时调整和改进资源管理策略和方法，以满足师生的教学需求和学习体验。

二、案例中的管理策略与维护措施

在高职商务英语教学中,数字教学资源的管理与维护是确保教学质量和效果的关键环节。

(一)管理策略

案例中,高职院校首先成立了专门负责数字教学资源管理的团队。这个团队由具备信息技术和商务英语专业知识的人员组成,他们不仅熟悉教学资源的使用,还具备对资源进行筛选、整理、分类和更新的能力。团队成员经过专业培训和实践锻炼,形成了高效协作的工作氛围,为数字教学资源的管理提供了有力的人才保障。为确保数字教学资源管理的有序进行,案例中的高职院校制定了一套标准化的管理流程。这套流程涵盖了资源的收集、整理、分类、存储、使用和更新等环节,每个环节都有明确的操作规范和要求。通过流程化管理,学校确保了数字教学资源管理工作的规范化和高效性。

为了方便师生查找和使用数字教学资源,案例中的高职院校对资源进行了详细的分类管理。学校根据教学内容、资源类型和使用场景等多个维度对资源进行分类,并建立了清晰的分类目录。同时,学校还对每个资源进行了元数据标注,包括资源的名称、类型、大小、格式、来源、使用权限等信息,为师生提供了详细的资源信息和使用指南。

为了充分发挥数字教学资源的作用,案例中的高职院校还建立了资源共享与共建机制。学校鼓励师生积极参与资源的建设和共享,通过上传自己的教学资源、分享使用心得和提供改进建议等方式,不断丰富和完善数字教学资源库。同时,学校还与其他高校和机构合作,共同开发和分享优质教学资源,实现了资源的互利共赢。

(二)维护措施

为确保数字教学资源的时效性和有效性,案例中的高职院校采取了定期更新与维护的措施。学校根据教学需求和资源使用情况,制订了详细的更新计划,定期对资源进行更新和替换。同时,学校还建立了故障处理和应急响应机制,对资源使用过程中出现的问题进行及时处理和解决,确保资源的正常使用。

数字教学资源的安全问题是维护工作的重点。案例中的高职院校采取了多种措施来加强资源的安全管理与防护。首先,学校对数字教学资源进行了加密处理,防止资源被非法获取和篡改。其次,学校建立了严格的访问控制机制,对资源的访问权限进行了细致的管理和限制。此外,学校还定期对资源进行备份和恢复测试,确保数据的完整性和可用性。

在数字教学资源的管理与维护过程中，版权保护是其中不可或缺的一环。案例中的高职院校高度重视版权问题，积极采取措施强化师生的版权意识。学校通过举办版权知识讲座、开展版权宣传活动等方式，普及版权法律法规和版权保护知识，提高师生对版权问题的重视程度。同时，学校还建立了严格的版权审查机制，对上传的资源进行严格的版权审查，确保资源的合法性。为了及时了解师生对数字教学资源的使用情况和需求，案例中的高职院校建立了用户反馈机制。学校通过设立反馈渠道、定期收集用户意见和建议等方式，收集师生对资源的评价和改进建议。同时，学校还定期对反馈信息进行整理和分析，针对师生提出的问题和需求进行改进和优化，从而不断提升数字教学资源的质量和使用效果。

第七章 高职商务英语数字教学资源的评估与效果分析

第一节 高职商务英语数字教学资源的评估方法与工具

一、确定高职商务英语数字教学资源评估目标与指标

随着信息技术的快速发展，高职商务英语数字教学资源在教学过程中的重要性日益凸显。为了确保这些资源的质量与有效性，对其进行科学、系统的评估显得尤为关键。

（一）评估目标

高职商务英语数字教学资源评估的核心目标是确保资源的质量、适用性、易用性和安全性，以满足商务英语教学的实际需求，提升教学质量和效果。具体而言，评估目标包括以下几方面。

①确保资源内容准确、完整，符合商务英语教学的专业性和规范性要求；②确保资源与教学目标、课程内容紧密结合，能够有效支持学生的学习和教师的教学；③评估资源的易用性和用户体验，确保学生能够便捷地获取和使用资源；④保障资源的安全性，防止数据泄露、非法访问等安全问题；⑤通过评估发现资源的优点和不足，为资源的优化和改进提供依据。

（二）评估指标

为了实现上述评估目标，需要制定一系列具体、可操作的评估指标。以下是高职商务英语数字教学资源评估的主要指标。

1. 内容质量指标

内容质量指标是评估数字教学资源的基础指标。对于高职商务英语数字教学资源而言，内容质量指标应包括：

（1）准确性：资源内容应准确无误，避免误导学生。

（2）完整性：资源应覆盖商务英语的各个领域和知识点，形成完整的知识体系。

（3）专业性：资源应符合商务英语教学的专业性和规范性要求，体现行业的最新动态和趋势。

（4）时效性：资源应及时更新，反映商务英语的最新发展和变化。

2. 教学适用性指标

教学适用性指标主要评估数字教学资源与教学目标、课程内容的契合程度以及对学生学习和教师教学的支持程度。具体指标包括：

（1）与教学目标的一致性：资源应紧密围绕教学目标进行设计，有助于实现教学目标。

（2）与课程内容的匹配度：资源应与课程内容紧密相连，能够补充和拓展课程内容。

（3）对学生学习的支持度：资源应有助于学生理解知识、提升技能、培养能力。

（4）对教师教学的辅助性：资源应为教师提供丰富的教学素材和教学方法，支持教师的教学创新。

3. 易用性指标

易用性指标主要评估数字教学资源的用户界面、交互设计以及使用体验等方面。具体指标包括：

（1）界面设计：资源界面应简洁明了，易于操作。

（2）交互设计：资源应具备良好的交互性，方便用户进行浏览、搜索、下载等操作。

（3）使用体验：资源应提供流畅的使用体验，避免卡顿、延迟等问题。

（4）兼容性：资源应具备良好的兼容性，能够在不同设备和操作系统上正常运行。

4. 安全性指标

安全性指标主要评估数字教学资源在数据传输、存储和使用过程中的安全性。具体指标包括：

（1）数据保护：资源应采取有效措施保护用户数据，防止数据泄露和非法获取。

（2）访问控制：资源应设置合理的访问权限，确保只有授权用户能够访问和使用资源。

（3）病毒防护：资源应定期进行病毒检测和清除，确保资源的安全性。

（4）备份恢复：资源应具备完善的备份和恢复机制，以应对可能出现的故障和损失。

5. 用户反馈指标

用户反馈指标主要通过收集和分析用户对数字教学资源的评价和建议来评估资源的优劣。具体指标包括：

（1）用户满意度：用户对资源的整体满意度和认可度。

（2）用户建议：用户对资源优化和改进的具体建议。

（3）使用频率：用户对资源的使用频率和时长，反映资源的受欢迎程度。

（4）分享传播：用户对资源的分享和传播情况，体现资源的价值和影响力。

二、选择合适的高职商务英语数字教学资源评估方法与工具

高职商务英语数字教学资源在现代教学中发挥着越来越重要的作用，而如何准确、有效地评估这些资源的质量和效果，成为摆在教育工作者面前的一项重要任务。选择合适的评估方法与工具，对于确保资源质量、提升教学效果具有重要意义。

（一）评估方法与工具的选择原则

在选择高职商务英语数字教学资源评估方法与工具时，应遵循以下原则。

目标导向原则：评估方法与工具的选择应紧紧围绕评估目标进行，确保所选方法与工具能够准确反映资源的质量和效果。

科学性原则：评估方法与工具应具备科学性和客观性，能够避免主观臆断和偏见，确保评估结果的准确性和可靠性。

可操作性原则：评估方法与工具应简单易行，便于操作和实施，避免过于复杂和烦琐，影响评估工作的顺利进行。

综合性原则：评估方法与工具应综合考虑多个方面和因素，确保评估结果的全面性和综合性。

（二）常用评估方法及其适用性分析

定量评估方法主要通过对数字教学资源进行数量化分析，以数据为依据来评估资源的质量和效果。常用的定量评估方法包括问卷调查、统计分析等。问卷调查可以收集用户对资源的满意度、使用频率等信息，通过统计分析得出客观的数据结果。这种方法适用于对资源使用情况进行宏观把握和整体评价。然而，定量评估方法也有其局限性，如可能无法深入挖掘资源的质量内涵和教学价值，且问卷设计和样本选择等因素可能影响评估结果的准确性。

定性评估方法主要通过对数字教学资源进行深入分析和解读，以文字描述和解释来评估资源的质量和效果。常用的定性评估方法包括内容分析、专家评审等。内容分析可以详细分析资源的内容结构、知识点覆盖等方面，专家评审则可以借助专家的专业知识和经验对资源进行权威评价。这种方法适用于对资源进行深入剖析和细致评价。然而，定性评估方法也存在主观性较强、操作难度较大等问题，需要评估者具备较高的专业素养和评估经验。

混合评估方法是将定量评估和定性评估相结合，综合运用多种方法和工具对数字

教学资源进行全面评估。这种方法可以兼顾数据的客观性和文字描述的深入性，提高评估结果的准确性和可靠性。在实际应用中，可以根据评估目标和资源特点选择合适的混合评估方法。

（三）评估工具的特点与优势

在选择评估工具时，应关注其特点与优势，确保所选工具能够满足评估需求。常用的评估工具包括在线评价系统、数据分析软件等。在线评价系统可以方便地收集用户的评价信息和反馈意见，实现实时评估和互动交流；数据分析软件可以对大量数据进行高效处理和分析，挖掘数据背后的规律和价值。这些工具具有操作简便、结果直观等优点，能够提高评估工作的效率和准确性。

然而，不同的评估工具也有其适用范围和局限性，需要根据具体评估需求和资源特点进行选择。同时，评估工具的选择也应考虑到成本、易用性等因素，确保评估工作的可行性和经济性。

（四）实际应用案例分析

以某高职院校商务英语数字教学资源评估为例，该校采用了问卷调查和在线评价系统相结合的评估方法。首先，通过问卷调查收集学生和教师对资源使用情况和满意度的反馈信息。其次，利用在线评价系统对资源的各项指标进行打分和评价。再次，该校还邀请了行业专家和学者对资源进行了专业评审和意见反馈。最后，综合各种方法和工具得出评估结果，此结果为该校优化和改进商务英语数字教学资源提供了有力支持。

通过这个案例可以看出，选择合适的评估方法与工具对于确保评估结果的准确性和有效性至关重要；同时，还需要根据实际情况和需求灵活调整和优化评估方案，以适应不断变化的教学环境和资源需求。

三、设计高职商务英语数字教学资源评估流程与实施方案

高职商务英语数字教学资源在提升教学质量和效率方面发挥着关键作用。为确保这些资源的质量与效果，设计一套科学、系统的评估流程与实施方案显得尤为重要。

（一）评估流程设计

评估流程是确保评估工作有序进行的基础，包括准备阶段、实施阶段和总结阶段。

1.准备阶段

明确评估目标：根据高职商务英语教学的实际需求明确评估目标，如资源内容质

量、教学效果等。

制定评估标准：依据评估目标，制定具体的评估标准，确保评估工作的客观性和公正性。

选择评估方法与工具：根据评估目标和标准，选择合适的评估方法与工具，如问卷调查、专家评审等。

组织评估团队：组建具有专业背景和评估经验的团队，负责具体实施评估工作。

2. 实施阶段

收集资源信息：全面收集高职商务英语数字教学资源的相关信息，包括资源内容、使用情况等。

进行实地调研：通过访谈、观察等方式，了解资源在教学中的实际应用情况，收集一线教师和学生的反馈意见。

应用评估方法与工具：根据所选的评估方法与工具，对资源进行全面、系统的评估。

汇总分析数据：对收集到的数据进行整理、分析和解读，得出评估结果。

3. 总结阶段

撰写评估报告：根据评估结果，撰写详细的评估报告，包括评估过程、结果分析和建议等。

反馈评估结果：将评估报告反馈给相关部门和人员，为其改进和优化资源提供依据。

总结经验教训：对评估工作进行总结，提炼经验教训，为后续评估工作提供参考。

（二）实施方案制定

实施方案是评估流程的具体化，包括实施计划、人员分工和保障措施等方面。

1. 实施计划

明确时间节点：根据评估流程，制订详细的时间计划，确保各项工作按时完成。

确定任务分工：根据团队成员的专业背景和特长，合理分配任务，确保各项工作得到有效落实。

设定阶段性目标：将评估工作划分为若干个阶段，设定阶段性目标，以便及时跟踪和调整实施进度。

2. 人员分工

评估团队负责人：负责整个评估工作的组织、协调和指导，确保评估流程的顺利实施。

数据收集与分析人员：负责收集、整理和分析资源信息及相关数据，为评估结果提供数据支持。

实地调研人员：负责进行实地调研，收集一线教师和学生的反馈意见，为评估结果提供实证支持。

报告撰写人员：负责撰写评估报告，将评估结果和建议以书面形式呈现。

3. 保障措施

资金保障：确保评估工作所需的资金得到及时、足额的投入，为评估工作的顺利进行提供物质保障。

技术支持：提供必要的技术支持和设备保障，确保评估过程中所使用的工具和方法得到有效应用。

沟通协调：加强团队成员之间的沟通协调，确保各项工作之间的衔接和配合，提高评估工作的效率和质量。

4. 注意事项

在设计高职商务英语数字教学资源评估流程与实施方案时，应注意以下几点：

（1）确保评估流程的科学性和系统性，避免评估工作的随意性和主观性。

（2）根据实际需求和资源特点选择合适的评估方法与工具，确保评估结果的准确性和有效性。

（3）加强评估工作的专业性和规范性，提高评估人员的专业素养和评估能力。

（4）注重评估结果的反馈和应用，为资源优化和改进提供有针对性的建议和指导。

四、确保高职商务英语数字教学资源评估结果的客观性与准确性

高职商务英语数字教学资源评估结果的客观性与准确性对于提升教学质量、优化资源配置具有重要意义。然而，在实际评估过程中，往往受到多种因素的影响，从而导致评估结果存在偏差。因此，确保评估结果的客观性与准确性成了一项迫切且重要的任务。

（一）制定科学、明确的评估标准

评估标准是评估工作的基础，制定科学、明确的评估标准是确保评估结果客观性与准确性的前提。在制定评估标准时，应充分考虑高职商务英语教学的特点和需求，结合资源的内容、形式、使用效果等方面，制定具体、可操作的评估指标。同时，评估标准应具有普遍性和可比性，能够适用于不同类型、不同层次的数字教学资源，以确保评估结果的客观性和公正性。

（二）选择合适的评估方法

评估方法的选择对于评估结果的客观性与准确性具有重要影响。在选择评估方法时，应根据评估目标和标准，综合考虑定量评估和定性评估的优缺点，选择适合的评估方法或综合运用多种方法进行评估。例如：可以采用问卷调查法收集用户对资源的满意度和使用情况，通过统计分析得出客观的数据结果；同时，也可以结合专家评审法，借助专家的专业知识和经验对资源进行权威评价。通过选择合适的评估方法，可以更加全面、准确地评估高职商务英语数字教学资源的质量和效果。

（三）组建专业、独立的评估团队

评估团队的专业素养和独立性是确保评估结果客观性与准确性的关键。评估团队成员应具备扎实的商务英语知识、丰富的数字教学资源评估经验以及良好的职业道德素养。同时，评估团队应保持独立性，避免受到外部因素的干扰和影响，确保评估结果的客观性和公正性。在实际操作中，可以通过建立评估专家库、实行回避制度等方式，确保评估团队的专业性和独立性。

（四）确保评估数据的真实性与可靠性

评估数据的真实性与可靠性是评估结果客观性与准确性的基础。在收集评估数据时，应确保数据来源的合法性和合规性，避免使用不合法或不合规的数据；同时，应对数据进行严格的质量控制，包括数据清洗、去重、异常值处理等步骤，确保数据的真实性和可靠性。此外，还应建立数据备份和恢复机制，防止数据丢失或损坏对评估结果造成影响。

（五）采用科学的数据处理和分析方法

数据处理和分析是评估结果客观性与准确性的重要保障。在数据处理阶段，应采用科学的方法对数据进行整理、分类和统计，从而确保数据的准确性和完整性。在数据分析阶段，应运用合适的统计方法和分析工具，对数据进行深入挖掘和分析，发现数据背后的规律和趋势；同时，应注重数据分析的严谨性和逻辑性，避免主观臆断和偏见对分析结果的影响。

（六）加强评估结果的反馈与改进

评估结果的反馈与改进是确保评估结果客观性与准确性的重要环节。在评估结果得出后，应及时将结果反馈给相关部门和人员，为其改进和优化资源提供依据。同时，应针对评估结果中存在的问题和不足，提出具体的改进建议和措施，推动高职商务英语数字教学资源的不断完善和发展。

（七）建立持续监控与评估机制

为了确保评估结果的持续客观性与准确性，需要建立持续监控与评估机制。这包括对已评估资源的定期复评，以及对新资源的及时评估。通过持续监控与评估，可以及时发现资源使用过程中出现的问题，并根据实际情况进行调整和优化。此外，这种机制还有助于保持评估标准的与时俱进，确保评估工作与高职商务英语教学的实际需求保持高度一致。

第二节　高职商务英语数字教学资源的学习效果分析

一、收集高职商务英语学习者的学习数据与反馈

高职商务英语教学旨在培养具备良好商务英语应用能力的高素质人才。在学习过程中，学习者的学习数据与反馈对于了解学习者需求、优化教学方法和提高教学效果具有重要意义。

（一）学习数据的收集方法

随着信息技术的快速发展，越来越多的高职商务英语教学采用在线学习平台。这些平台通常具备学习数据跟踪功能，可以记录学习者的登录次数、学习时间、学习进度等信息。通过定期收集和分析这些数据，教师可以了解学习者的学习习惯、学习进度和学习难点，从而有针对性地调整教学策略。作业和测试是检验学习者学习成果的重要手段。教师可以定期收集学习者的作业和测试成绩，进行统计和分析。这些数据可以反映学习者在商务英语各个方面的掌握情况，帮助教师发现学习者的薄弱环节，并据此制订个性化的辅导计划。

学习者自我报告是获取学习者学习数据的一种有效方式。教师可以设计问卷或调查表，要求学习者定期报告自己的学习进度、学习感受和学习困难等信息。通过这种方式，教师可以更加直接地了解学习者的学习需求和问题，为改进教学提供有力支持。

（二）反馈的获取途径

学习者直接反馈是获取教学反馈最直接、最有效的方法。教师可以通过课堂互动、课后交流、线上讨论等方式，鼓励学习者积极表达自己的学习感受和建议。同时，教

师还可以设立专门的反馈渠道，如教学意见箱、在线反馈系统等，方便学习者随时提供反馈。同行教师评价是获取教学反馈的重要途径之一。教师可以邀请其他商务英语教师对自己的教学进行评价，提出改进的意见和建议。通过同行教师的评价，教师可以发现自己在教学方法、教学内容等方面存在的不足，并据此进行改进。

高职商务英语教学的最终目标是培养符合企业需求的商务英语人才。因此，企业与用人单位的反馈对于改进教学具有重要意义。教师可以通过与企业合作、开展实习实训等方式，了解企业对商务英语人才的需求和评价标准，从而调整教学内容和方法，提高教学的针对性和实用性。

（三）学习数据与反馈的应用

学习数据与反馈为教师提供了宝贵的教学资源。通过分析学习者的学习数据和反馈意见，教师可以发现教学中的问题和不足，进而调整教学内容和教学方法。例如：针对学习者普遍反映的难点问题，教师可以增加相关内容的讲解和练习；针对学习者的个性化需求，教师可以制订差异化的教学计划和辅导方案。

学习数据与反馈的应用有助于教师更加精准地把握学习者的学习状况和需求，从而提高教学效果和质量。通过不断优化教学内容和方法，教师可以激发学习者的学习兴趣和积极性，提高学习者的学习效果和满意度。同时，教师还可以通过反馈意见不断改进自己的教学水平和专业素养，提升教学质量和影响力。

学习数据与反馈的收集与应用也有助于促进学习者的自主学习和发展。学习者可以通过了解自己的学习数据和反馈意见，发现自己的学习优势和不足，制订个性化的学习计划和发展目标。同时，学习者还可以通过与其他学习者的比较和交流，相互学习、相互借鉴，共同提高商务英语应用能力。

二、分析数据并评估学习效果

在高职商务英语教学中，分析数据并评估学习效果是提升教学质量、优化教学策略的关键环节。通过深入分析学习数据，我们能够更好地了解学生的学习进度、难点和问题，进而对教学效果进行客观、全面的评估。

（一）学习数据的收集

学习数据的收集是评估学习效果的基础。在高职商务英语教学中，我们可以从多个方面收集学习数据，包括学生的作业完成情况、课堂参与度、考试成绩、在线学习行为等。这些数据可以全面反映学生在商务英语学习过程中的表现和进步情况。

具体来说，作业完成情况可以反映学生对课堂知识的理解和应用能力；课堂参与度可以体现学生的学习态度和积极性；考试成绩则可以客观衡量学生对商务英语知识的掌握程度；在线学习行为数据则可以揭示学生的学习习惯和学习偏好。

（二）分析方法的选择

在收集到学习数据后，我们需要选择合适的方法进行分析。常用的分析方法包括描述性统计分析、对比分析、趋势分析等。

描述性统计分析可以对学习数据进行基本的统计描述，如计算平均分、标准差等，以了解学生的学习水平和分布情况；对比分析则可以将不同学生或不同时间段的学习数据进行比较，以揭示学生之间的差异或学习进步情况；趋势分析则可以通过观察学习数据的变化趋势，预测学生的学习发展方向。

在选择分析方法时，我们需要根据数据的特点和评估目标进行综合考虑，选择最适合的方法进行分析。

（三）学习效果评估的指标体系构建

为了全面评估高职商务英语的学习效果，我们需要构建一个科学、合理的指标体系。这个指标体系应该包括多个维度，以全面反映学生的学习成果和能力提升情况。

首先，我们可以从知识掌握程度方面进行评估，包括学生对商务英语词汇、语法、句型等基础知识的掌握情况。这可以通过作业、测试和考试等方式进行衡量。

其次，我们可以从语言应用能力方面进行评估，包括学生的听说读写能力、商务场景下的沟通能力等。这可以通过口语表达、写作、商务场景模拟等方式进行考察。

此外，我们还可以从学习态度和学习习惯等方面进行评估，包括学生的课堂参与度、自主学习情况、学习计划的制定和执行等。这些方面虽然不直接反映学生的知识水平，但对于学习效果的提升同样具有重要意义。

在构建指标体系时，我们需要确保各个指标之间的独立性和互补性，避免重复和遗漏。同时，我们还需要根据教学实际和评估目标进行灵活的调整和优化，确保指标体系的科学性和实用性。

（四）评估结果的运用

评估结果的运用是分析数据并评估学习效果的最终目的。通过对学习数据的分析和评估结果的运用，我们可以得到以下几个方面的信息。

首先，我们可以了解学生的学习状况和进步情况，发现学生的学习难点和问题所在。这有助于我们针对学生的实际情况制订个性化的教学计划和辅导策略，提高教学效果。

其次，我们可以评估教学方法和教学策略的有效性。通过对比不同教学方法下的学习效果差异，我们可以选择更加适合学生的教学方法和策略，从而提升教学质量。

此外，我们还可以将评估结果反馈给学生和家长，帮助他们更好地了解学生的学习情况和进步情况，激发学生的学习动力和自信心。

在运用评估结果时，我们需要注重客观性和公正性，避免受到主观臆断和偏见的影响。同时，我们还需要关注评估结果的局限性和不确定性，结合实际情况进行综合考虑和判断。

（五）注意事项与改进策略

在分析数据并评估学习效果的过程中，我们需要注意以下几点。

首先，要确保学习数据的真实性和可靠性，避免数据造假或失真。其次，要选择适当的分析方法和工具，以确保评估结果的准确性和有效性。此外，我们还要关注评估结果的解释和应用，避免过度解读或误用评估结果。

为了改进评估效果，我们可以采取以下策略：

一是加强数据收集和分析的能力建设，提升教师的数据素养和分析能力；二是完善评估指标体系，确保评估的全面性和客观性；三是加强与学生的沟通和反馈，及时了解学生的学习需求和问题，调整教学策略；四是借鉴其他高校或行业的先进经验，不断优化评估方法和流程。

三、找出影响学习效果的关键因素

在高职商务英语教学中，了解并识别影响学习效果的关键因素对于提高教学质量、优化教学策略至关重要。通过对这些因素进行深入分析，教师可以更有针对性地调整教学方法，帮助学生克服学习障碍，提高学习效率。

（一）学生自身因素

学生自身因素是影响高职商务英语学习效果的关键因素之一。这些因素包括学生的学习态度、学习动机、学习基础以及学习方法等。

首先，学习态度是决定学习效果的重要因素。积极的学习态度能够激发学生的学习兴趣和主动性，使他们更加投入地参与到学习过程中。消极的学习态度可能导致学生对学习产生抵触情绪，影响学习效果。

其次，学习动机也是影响学习效果的关键因素。强烈的学习动机能够促使学生主动寻找学习资源，积极参与课堂活动，提升学习效果，而缺乏学习动机的学生可能对学习失去兴趣，导致学习效果不佳。

此外，学生的学习基础和学习方法也对学习效果产生重要影响。良好的学习基础能够为学生后续学习提供有力支撑，而有效的学习方法则能够帮助学生更高效地掌握知识。

（二）教师教学因素

教师教学因素同样对高职商务英语学习效果产生重要影响。教师的专业素养、教学方法和教学态度等因素直接关系到学生的学习体验和学习效果。

首先，教师的专业素养是保障教学质量的基础。具备扎实专业知识的教师能够为学生提供准确、全面的教学内容，帮助学生建立完整的知识体系。

其次，教学方法的选择和运用也是影响学习效果的关键因素。灵活多样的教学方法能够激发学生的学习兴趣，提高他们的参与度。例如：采用案例教学、角色扮演等实践性强的教学方法，能够使学生在实际操作中掌握商务英语知识和技能。

此外，教师的教学态度也对学习效果产生重要影响。热情、耐心、负责任的教师能够为学生营造良好的学习氛围，激发学生的学习动力。

（三）学习环境因素

学习环境是影响高职商务英语学习效果不可忽视的因素。学习环境包括课堂环境、学习氛围以及学习资源等。

首先，课堂环境是学习效果的重要保障。一个整洁、舒适、有序的课堂环境能够使学生更好地集中精力学习。此外，课堂环境的布置和装饰也可以体现商务英语的氛围，帮助学生更好地融入学习情境。

其次，学习氛围对学习效果产生深远影响。积极、向上、互动的学习氛围能够激发学生的学习热情，促使他们积极参与课堂活动，提高学习效果，而沉闷、压抑的学习氛围则可能使学生对学习产生厌倦情绪，以至于影响学习效果。

此外，学习资源也是影响学习效果的关键因素。丰富的学习资源能够为学生提供更多的学习机会和途径，帮助他们拓宽知识面，提升技能水平。学校应该积极为学生提供各种学习资源，如商务英语教材、学习软件、在线课程等，以满足学生的不同学习需求。

（四）针对关键因素的对策和建议

针对上述影响高职商务英语学习效果的关键因素，我们提出了以下对策和建议。

首先，教师应该关注学生的学习态度和动机，通过引导、激励等方式帮助学生树立正确的学习观念，激发他们的学习兴趣和主动性。

其次，教师应该不断提升自身的专业素养和教学能力，选择适合学生的教学方法和策略，以提高教学效果。同时，教师还应该关注学生的个体差异，因材施教，为每个学生提供个性化的教学支持。

此外，学校应该努力营造良好的学习环境氛围，提供丰富的学习资源，为学生的学习创造有利条件。同时，学校还应该加强与企业的合作，为学生提供更多的实践机会和平台，帮助他们更好地将理论知识应用于实际工作中。

四、提出针对性的改进建议与措施

高职商务英语教学旨在培养学生的商务英语应用能力，以满足职场需求。然而，在实际教学过程中，往往存在学习效果不佳的问题。为了解决这一问题，我们需要从多个方面入手，提出针对性的改进建议与措施。

（一）优化教学方法，提升教学质量

教学方法是影响高职商务英语学习效果的关键因素之一。因此，优化教学方法是提升学习效果的重要途径。

首先，教师应注重培养学生的实际应用能力。传统的以教师为中心的教学方法往往侧重于理论知识的灌输，而忽略了学生的实际应用能力的培养。因此，教师应采用以学生为中心的教学方法，如案例教学、角色扮演等，让学生在模拟的商务环境中进行实践操作，从而提高他们的商务英语应用能力。

其次，教师应利用现代化教学手段辅助教学。随着信息技术的不断发展，多媒体教学、网络教学等现代化教学手段已经成为高职商务英语教学的重要工具。教师可以利用这些手段制作生动有趣的课件，提供丰富多样的学习资源，激发学生的学习兴趣和积极性。

此外，教师还应注重培养学生的自主学习能力。自主学习能力是现代社会对人才的基本要求之一。教师可以通过布置课后作业、开展小组讨论等方式，引导学生主动思考、积极探索，培养他们的自主学习能力和创新精神。

（二）丰富学习资源，满足学生需求

学习资源是影响高职商务英语学习效果的另一个关键因素。为了提升学习效果，我们需要丰富学习资源，以满足学生的不同需求。

首先，学校应提供多样化的学习材料。除了传统的教材之外，学校还可以引进一些优秀的商务英语教材、学习软件等，为学生提供更加全面、系统的学习资源。同时，学校还可以建立商务英语学习平台，整合线上线下资源，为学生提供便捷的学习途径。

其次，教师应积极开发本土化的学习资源。商务英语具有很强的地域性和文化性，因此，开发本土化的学习资源对于提高学生的学习效果具有重要意义。教师可以结合当地的商务实践和文化特点，编写具有针对性的教学案例和练习题目，帮助学生更好地理解和运用商务英语。

此外，学校还可以与企业合作，共同开发实践性的学习资源。通过与企业合作，学校可以获取更加真实、生动的商务案例和数据，为学生提供更加贴近实际的学习体验。同时，企业也可以利用学校的教学资源和人才优势，开展员工培训、项目合作等活动，实现资源共享和互利共赢。

（三）营造良好学习环境，提高学习效率

学习环境是影响高职商务英语学习效果的重要因素之一。为了营造良好的学习环境，我们可以从以下几个方面入手。

首先，学校应提供舒适的学习场所。学习场所的舒适度直接影响学生的学习心情和效率。学校可以投入资金改善教室设施，如提供空调、照明等设施，确保学生在舒适的环境中学习。

其次，教师应营造积极的学习氛围。教师可以通过组织课堂讨论、开展小组竞赛等活动，激发学生的学习兴趣和热情，营造积极向上的学习氛围。同时，教师还应关注学生的情感需求，及时给予鼓励和肯定，增强学生的自信心和学习动力。

此外，学校还可以建立学习互助机制，鼓励学生之间的交流与合作。学生之间的互相帮助和合作不仅有助于解决问题、提高学习效果，还能够增进同学之间的友谊和团队精神。学校可以组织学习小组、开展学习分享等活动，为学生提供更多的交流和合作机会。

（四）提高学生参与度，增强学习体验

学生的参与度是影响高职商务英语学习效果的另一个重要因素。提高学生的参与度有助于增强他们的学习体验和学习效果。

首先，教师应设计具有吸引力的教学活动。有趣的教学活动能够激发学生的学习兴趣和好奇心，促使他们积极参与课堂互动。教师可以结合学生的兴趣和需求，设计一些富有趣味性和挑战性的教学活动，如角色扮演、辩论赛等，让学生在轻松愉快的氛围中学习商务英语。

其次，教师应注重学生的个性化需求。每个学生都有其独特的学习方式和兴趣点，因此，教师应关注学生的个性化需求，为他们提供量身定制的教学方案。例如：对于口语能力较弱的学生，教师可以安排更多的口语练习机会；对于喜欢阅读的学生，教师可以推荐一些优秀的商务英语阅读材料。

此外，学校还可以建立激励机制，鼓励学生积极参与学习活动。例如：学校可以设立奖学金、优秀学生评选等制度，对在学习、竞赛等方面表现突出的学生进行表彰和奖励，激发他们的学习热情和积极性。

第三节　高职商务英语数字教学资源的改进与优化

一、根据评估结果调整资源内容与设计

在高职商务英语教学中，资源内容与设计的合理性直接关系到学生的学习效果。因此，根据评估结果对资源内容与设计进行调整和优化，是提高教学效果的重要途径。

（一）评估结果分析与总结

首先，我们需要对评估结果进行深入分析和总结。评估结果包括学生的学习成绩、学习反馈、课堂参与度等方面。通过对这些数据的分析，我们可以了解学生在学习过程中存在的问题和困难，以及资源内容与设计方面的不足之处。

具体来说，我们可以从以下三个方面进行分析。

（1）学习成绩分析：通过对学生学习成绩的统计分析，了解学生在不同知识点上的掌握情况，找出学生的学习难点和薄弱环节。

（2）学习反馈分析：收集学生的学习反馈，包括他们对资源内容、教学方法、学习体验等方面的意见和建议，以便发现资源内容与设计中的问题。

（3）课堂参与度分析：观察学生在课堂上的表现，包括他们的发言情况、小组讨论参与度等，以评估学生对资源内容的兴趣和接受程度。

通过以上分析，我们可以得出以下结论：

（1）资源内容方面可能存在知识点覆盖不全、难度不匹配、与实际需求脱节等问题。

（2）设计方面可能存在形式单一、缺乏互动性、不够生动有趣等问题。

（3）教学方法和策略方面可能需要进一步优化和调整，以更好地适应学生的学习需求和特点。

（二）资源内容调整与优化

针对评估结果中反映出的资源内容问题，我们可以从以下几个方面进行调整和优化。

（1）完善知识点覆盖：根据学生的学习需求和职业发展方向，完善资源内容中的知识点覆盖，确保学生能够全面掌握商务英语的核心知识和技能。

（2）调整难度梯度：根据学生的实际水平和接受能力，调整资源内容的难度梯度，确保难度适中、循序渐进，既不过于简单又不过于复杂。

（3）结合实际需求：加强与企业和行业的联系，了解商务英语的实际应用场景和需求，将实际需求融入资源内容中，使学生能够更好地将理论知识应用于实际工作中。

（4）更新资源内容：随着商务英语领域的不断发展和变化，及时更新资源内容，引入新的知识点和案例，保持资源的时效性和前瞻性。

（三）设计调整与创新

设计方面的调整与创新同样重要，以下是一些建议。

增加互动环节：在资源设计中增加互动环节，如在线测试、角色扮演、小组讨论等，激发学生的学习兴趣和参与度，提升学习效果。

采用多媒体形式：利用多媒体技术制作生动有趣的课件和视频资料，将文字、图片、声频和视频等多种元素有机结合，提高资源的吸引力和可读性。

创新呈现方式：尝试采用新的呈现方式，如虚拟现实、增强现实等先进技术，为学生提供更加真实、立体的学习体验。

注重个性化设计：根据学生的个性化需求和学习特点，设计个性化的学习资源和学习路径，从而满足不同学生的学习需求。

（四）教学方法与策略调整

除了资源内容与设计外，教学方法与策略调整也是提高学习效果的关键因素。我们可以根据评估结果，对教学方法与策略进行以下调整。

引入项目式学习：通过引导学生参与实际项目，让学生在实践中学习和应用商务英语知识，提高他们的实践能力和解决问题的能力。

采用合作学习模式：鼓励学生之间的合作与交流，通过小组讨论、团队项目等方式，培养学生的团队协作精神和沟通能力。

实施差异化教学：根据学生的实际水平和需求，实施差异化教学，为不同学生提供不同难度、不同进度的学习资源和学习任务，实现因材施教。

加强评价与反馈：建立有效的评价和反馈机制，及时了解学生的学习情况和问题，为他们提供有针对性的指导和帮助，促进他们的持续发展。

（五）实施与监控

在调整资源内容与设计后，我们需要确保新的资源能够得到有效实施，并对其进行持续监控。这包括：

教师培训：确保教师熟悉新的资源内容与设计，并具备使用新教学方法的能力。

学生引导：向学生介绍新的学习资源和学习方式，引导他们积极参与和适应新的学习环境。

定期评估：对新资源的使用效果进行定期评估，收集学生和教师的反馈，以便及时发现问题并进行调整。

持续改进：根据评估结果和反馈，持续优化资源内容与设计，提升教学效果。

二、优化资源的技术性能与使用体验

在高职商务英语教学中，资源的技术性能与使用体验对于提升学习效果至关重要。一个高效、稳定且易于使用的资源平台，能够极大地激发学生的学习兴趣，提高学习效率。

（一）优化资源的技术性能

技术性能是资源平台稳定运行的基础，直接关系到学生的学习体验。因此，我们需要从以下几个方面优化资源的技术性能。

服务器是资源平台的核心，其稳定性和响应速度直接影响到学生的学习体验。为了确保平台的稳定运行，我们需要选择高性能的服务器，并进行定期维护和升级。同时，通过优化网络架构和配置负载均衡等方式，提高服务器的响应速度，减少学生在使用过程中的等待时间。数据安全和隐私保护是资源平台不可忽视的重要方面。我们需要建立完善的数据备份和恢复机制，确保数据的安全性和可靠性。同时，加强用户隐私保护，严格遵守相关法律法规，以保障学生的个人信息安全。

资源的加载速度和显示效果直接影响到学生的学习效率和体验。我们可以通过压缩资源文件、优化图片和视频格式等方式，减少资源的加载时间。同时，采用响应式设计，确保资源在不同设备上都能够良好的显示和运行。

（二）提升使用体验

优化使用体验是提升学生学习效果的关键。我们需要从以下几方面入手，提升资源的使用体验。

一个简洁明了的界面和操作流程能够让学生快速上手，减少学习成本。我们可以采用扁平化设计和图标化表达的方式，使界面更加清晰易懂。同时，简化操作流程，减少不必要的步骤和点击次数，提高用户的使用效率。每个学生都有自己的学习需求和特点，因此，提供个性化的学习路径和资源推荐能够更好地满足学生的学习需求。我们可以通过分析学生的学习行为和成绩数据，为其推荐适合的学习资源和路径。同时，支持学生自定义学习计划和目标，让他们能够根据自己的需求进行学习。

互动性和趣味性是提升使用体验的重要手段。我们可以在资源中增加互动环节，如在线测试、角色扮演、小组讨论等，激发学生的学习兴趣和参与度。同时，采用生动有趣的设计元素和动画效果，使学习过程更加轻松愉快。在学习过程中，学生难免会遇到问题和困难，因此，提供及时的帮助和支持是提升使用体验的重要保障。我们可以设置在线客服或论坛等渠道，为学生解答问题和提供帮助。同时，建立完善的反馈机制，收集学生的意见和建议，不断优化资源平台。

（三）整合多种技术与工具提升体验

为了进一步提升使用体验，我们还可以整合多种技术与工具，以丰富资源的形式和功能。

人工智能技术可以在多个方面提升学习体验。例如：通过智能推荐系统为学生推送个性化的学习资源；利用语音识别和自然语言处理技术实现与学生的互动对话；通过智能评估系统为学生的学习成果提供及时反馈等。这些技术的应用能够让学生感受到更加智能、便捷的学习过程。随着移动互联网的普及，移动学习已经成为一种趋势。我们可以结合移动学习技术，将资源平台与移动设备无缝对接，让学生随时随地都能够进行学习。通过开发移动应用或响应式网站等方式，为学生提供便捷的学习入口和多样化的学习方式。

虚拟现实和增强现实技术能够为学生打造沉浸式的学习体验，让他们更加深入地理解和掌握知识。我们可以尝试将这些技术应用到商务英语教学中，如创建虚拟商务场景让学生进行角色扮演、利用AR技术展示商务活动中的实物等。这些技术的应用能够极大地激发学生的学习兴趣和积极性。

（四）持续监测与优化

通过定期收集学生的反馈意见，我们可以了解他们对资源平台的使用感受和需求变化。这有助于我们及时发现问题并进行改进，提升用户体验。通过分析用户行为数据、访问量、响应时间等指标，我们可以了解资源平台的技术性能和运行状况。基于这些数据，我们可以对服务器进行扩容、优化网络架构等操作，提升平台的稳定性和响应速度。

随着技术的不断发展和教育理念的更新，我们需要不断更新迭代资源平台。这包括引入新技术、优化界面设计、丰富资源内容等方面。通过不断更新迭代，我们可以保持平台的竞争力和吸引力，为学生提供更好的学习体验。

三、拓展资源的应用场景与功能

在高职商务英语教学中，资源的应用场景与功能的拓展对于提升学习效果至关重要。通过丰富多样的应用场景和实用功能，可以激发学生的学习兴趣，提高学习效率，从而更好地满足学生的实际需求。

（一）应用场景的拓展

资源应首先满足课堂教学的基本需求。教师可以利用资源平台上的课件、视频、声频等多媒体素材，丰富教学内容，提高课堂的互动性和趣味性。同时，资源平台还可以支持在线测试、小组讨论等功能，帮助教师更好地组织课堂教学活动。

除了课堂教学外，资源还应支持学生的自主学习。学生可以利用资源平台进行课前预习、课后复习和拓展学习。资源平台可以提供个性化的学习路径和资源推荐，帮助学生根据自己的学习需求和兴趣进行学习。同时，资源平台还可以记录学生的学习进度和成绩，方便学生进行自我评估和反馈。

商务英语是一门实践性很强的学科，因此，资源的应用场景也应拓展到实践领域。例如：可以与企业合作开发商务英语实践项目，让学生在真实的工作环境中进行语言应用和实践操作。此外，还可以利用虚拟现实技术创建虚拟商务场景，让学生在模拟环境中进行角色扮演和商务沟通练习。

（二）功能的拓展

每个学生都有自己的学习特点和需求，因此，资源平台应具备个性化学习功能。通过收集学生的学习数据和行为习惯，资源平台可以为学生推荐适合的学习资源和路径。同时，学生也可以根据自己的学习进度和兴趣进行自定义学习，实现个性化学习体验。商务英语学习中，互动和协作是非常重要的环节。资源平台应提供多种互动协作功能，如在线讨论、小组合作、角色扮演等。这些功能可以让学生更好地参与到学习过程中，与教师和同学进行交流与合作，提升学习效果。

及时的反馈和评估对于学生的学习至关重要。资源平台应具备实时反馈与评估功能，能够对学生的学习成果进行及时、准确的评估。通过在线测试、作业提交等方式，教师可以及时了解学生的学习情况，为学生提供有针对性的指导和帮助。同时，学生也可以通过平台查看自己的学习进度和成绩，进行自我反思和调整。随着移动互联网的普及，移动学习已经成为一种趋势。资源平台应支持移动学习功能，让学生可以随时随地进行学习。通过开发移动应用或响应式网站等方式，资源平台可以为学生提供便捷的学习入口和多样化的学习方式。学生可以利用碎片时间进行学习，提高学习效率。

（三）与实际应用场景的结合

在拓展资源的应用场景与功能过程，我们还需要考虑如何与实际应用场景相结合，以更好地满足学生的实际需求。例如：我们可以与企业合作，共同开发商务英语实践项目，让学生在真实的工作环境中进行语言应用和实践操作。这样不仅可以提高学生的实践能力，还可以让他们更好地了解职场文化和商务礼仪等方面的知识。

此外，我们还可以结合行业发展趋势和市场需求，不断更新和优化资源内容。例如：随着跨境电商的兴起，我们可以增加跨境电商相关的商务英语资源，帮助学生掌握跨境电商领域的专业词汇和沟通技巧。

（四）技术驱动的创新

在拓展资源的应用场景与功能过程中，技术创新扮演着至关重要的角色。随着技术的不断进步，我们可以利用人工智能、大数据、云计算等先进技术来推动资源的创新与发展。

例如：通过人工智能技术，我们可以实现智能推荐、语音识别和自然语言处理等功能，使资源平台更加智能化和个性化。大数据技术可以帮助我们分析学生的学习行为和习惯，为优化资源内容和设计提供数据支持。云计算技术则可以提供强大的计算和存储能力，从而确保资源平台的稳定性和高效性。

（五）挑战与应对

在拓展资源的应用场景与功能过程中，我们也面临着一些挑战。首先，技术的更新迭代速度加快，我们需要不断跟进和学习新技术，以确保资源的先进性和实用性。其次，不同学生的学习需求和兴趣各异，如何满足不同学生的个性化需求是一个难题。此外，资源的开发和维护也需要投入大量的人力和物力资源。

为了应对这些挑战，我们可以采取以下措施：一是加强与技术供应商的合作，引入先进的技术和解决方案；二是建立用户反馈机制，及时了解学生的需求和意见，以便对资源进行调整和优化；三是加强团队建设，提高团队成员的专业素养和技术能力；四是寻求外部资金支持，为资源的开发和维护提供资金保障。

四、建立持续改进与优化的长效机制

高职商务英语教学作为培养国际化商务人才的重要途径，其效果直接关系到学生的综合素质和未来的职业发展。为了确保高职商务英语教学能够持续进步，我们需要建立一套持续改进与优化的长效机制。这一机制将致力于提升教学质量、优化资源利用、增强学习体验，从而使学生能够在商务英语学习中取得更好的成果。

（一）明确改进目标，制定优化策略

在建立长效机制之初，我们需要明确改进的目标。这些目标包括提高学生的学习成绩、增强学生的实际应用能力、优化教学资源的配置等。基于这些目标，需要我们进一步制定具体的优化策略，如改进教学方法、更新教学内容、优化资源平台等。这些策略应具有可行性和可操作性，以确保改进工作的顺利进行。

（二）建立教学质量监控与评估体系

教学质量监控与评估体系是长效机制的重要组成部分。通过对教学过程的全面监控和对学生学习成果的定期评估，我们可以及时了解教学效果，发现问题并采取相应的改进措施。为此，我们可以建立教学质量评价体系，定期对教师的教学质量进行评估；同时，建立学生反馈机制，收集学生对教学的意见和建议，以便教师及时调整教学策略。

（三）推动教学资源的持续更新与优化

教学资源是高职商务英语教学的基础。为了确保教学资源能够与时俱进，满足学生的学习需求，我们需要建立一套持续更新与优化机制。首先，我们需要定期评估现有资源的质量和适用性，对于过时或不适用的资源进行淘汰或更新。其次，我们应积极引进新的教学资源和技术手段，如开发新的教学软件、引入先进的教学设备等，以提升教学效果。最后，我们还应加强与外部机构的合作与交流，共享优质资源，共同推动高职商务英语教学的发展。

（四）加强教师培训与教研活动

教师是高职商务英语教学的核心力量。为了提升教师的教学水平和专业素养，我们需要加强教师培训与教研活动。通过定期组织教学研讨会、分享会等活动，促进教师之间的交流与合作；同时，邀请行业专家和学者进行讲座和指导，提升教师的专业知识和技能。此外，我们还可以建立激励机制，鼓励教师参与教学改革和研究，推动教学方法和内容的创新。

（五）建立学生自主学习与自我提升机制

学生是学习的主体，他们的主动性和积极性对于学习效果至关重要。因此，我们需要建立学生自主学习与自我提升机制。首先，我们可以通过资源平台提供丰富的学习资源和个性化学习路径，激发学生的学习兴趣和动力。其次，我们可以引导学生参与课外实践活动和竞赛，提升他们的实际应用能力和综合素质。最后，我们还可以建立学生互助学习小组，鼓励学生之间的交流与合作，共同提升学习效果。

（六）定期回顾与总结，持续改进与调整

长效机制的运行需要定期回顾与总结。我们可以通过定期召开改进工作会议、编写改进报告等方式，对机制的运行情况进行评估和总结。在回顾与总结的基础上，我们可以发现机制中存在的问题和不足，并制定相应的改进措施进行调整和优化。这种持续改进与调整的过程将使长效机制更加完善和有效。

（七）激励机制与政策支持

为了确保长效机制的顺利实施，我们需要建立相应的激励机制与政策支持。例如：可以设立教学成果奖、教学资源开发奖等，以表彰在改进与优化工作中做出突出贡献的教师和团队。同时，学校应加大对商务英语教学的投入，提供必要的经费和场地支持，为长效机制的运行提供有力保障。

（八）加强国际合作与交流

国际合作与交流是提升高职商务英语教学效果的重要途径。通过与国际先进教育机构合作与交流，我们可以引进先进的教学理念、教学方法和教学资源，推动高职商务英语教学与国际接轨。同时，国际合作与交流也可以为我们提供更多的实践机会和平台，帮助学生拓宽国际视野、提升跨文化交际能力。

（九）注重数据的收集与分析

在长效机制的建立过程中，数据的收集与分析至关重要。通过收集学生的学习数据、教师的教学数据以及资源的使用数据等，我们可以对教学效果进行客观评估，发现潜在的问题与不足。同时，数据分析还可以为我们提供有针对性的改进建议和优化策略，使长效机制更加精准和高效。

第四节　高职商务英语数字教学资源评估与效果分析案例分享

一、实际评估案例的详细介绍

（一）案例背景

本案例是关于某高职院校商务英语专业的一次实际评估活动。该高职院校一直致力于提升商务英语教学质量，为此，学校决定对商务英语专业进行一次全面的评估，以了解当前的教学状况，发现存在的问题并提出相应的改进措施。评估工作由学校教务处牵头组织一支由校内外专家组成的评估团队，对该专业的课程设置、教学资源、师资队伍、学生学习成果等方面进行了深入评估。

（二）评估过程

在评估开始前，评估团队制定了详细的评估方案，明确了评估的目标、内容、方法和步骤。同时，团队还收集了相关的教学资料和数据，为后续的评估工作做好了充分的准备。评估团队对该高职院校进行了实地考察，参观了商务英语专业的教室、实验室等教学设施，观察了教师的教学过程和学生的学习状态，并与师生进行了深入的交流。通过实地考察，评估团队对该专业的教学环境和条件有了更直观的了解。

评估团队设计了问卷和访谈提纲，对商务英语专业的学生和教师进行了广泛的问卷调查和访谈。问卷涵盖了课程设置、教学方法、学习资源、学习成效等方面，旨在全面了解学生和教师对商务英语教学的看法和体验。访谈则主要针对教师和管理人员，深入了解他们的教学理念、教学经验以及对专业发展的看法。评估团队对收集到的问卷数据、访谈记录以及教学资料进行了详细的分析和总结。他们利用统计软件对问卷数据进行了处理，计算出了各项指标的平均值、标准差等统计量，以量化方式展示了评估结果。同时，团队还对访谈记录和教学资料进行了归纳和整理，提炼出了关键信息和问题。

（三）评估结果

经过深入评估，评估团队得出了以下主要结果。

课程设置方面，商务英语专业的课程设置相对完善，能够涵盖商务英语的基本知识和技能，但部分课程之间存在内容重复或衔接不紧密的问题，需要进一步优化和调整。教学资源方面,该专业的教学设施基本齐全,但部分教学软件和资源更新不够及时,需要加大投入进行更新和升级。

师资队伍方面,商务英语专业拥有一支经验丰富、教学水平较高的师资队伍,但部分教师在教学方法和手段上还需进一步创新和改进,以适应新时代的教学需求;学生学习成果方面,商务英语专业的学生在口语、听力、阅读等方面取得了一定的进步,但整体而言,学生的实际应用能力和综合素质还有待提高。

(四)改进措施与建议

基于评估结果,评估团队提出了以下改进措施与建议。

优化课程设置,加强课程之间的衔接和互补,避免内容重复和遗漏。同时,增加实践性课程的比例,提高学生的实际应用能力。加大教学资源投入,及时更新教学软件和资源,为学生提供更加丰富和先进的学习条件。加强师资队伍建设,鼓励教师参加培训和交流活动,提升他们的教学水平和专业素养。同时,引进优秀人才,充实师资队伍。

完善学生评价体系,建立多元化的评价机制,全面评估学生的学习成果和综合素质。同时,加强对学生学习过程的指导和辅导,帮助他们更好地掌握知识和技能。

二、案例中的评估方法与工具应用

(一)概述

在高职院校商务英语教学中,案例评估是检验教学质量、提升学生应用能力以及优化教学资源配置的重要手段。通过对商务英语案例的深入评估,我们可以更全面地了解学生的学习情况,发现教学中存在的问题,并制定相应的改进措施,而评估方法和工具的选择与应用,直接影响到评估结果的准确性和有效性。

(二)评估方法的选择与应用

定量评估主要通过收集和分析数据,以量化方式呈现评估结果,具有客观性和可比较性。在商务英语案例中,可以通过问卷调查、测试等方式收集数据,分析学生的学习成绩、技能掌握情况等。定性评估则更注重对案例内容的深入分析和理解,通过访谈、观察等方式获取学生的反馈和意见,以揭示教学中的问题和不足。在实际应用中,应将定量评估和定性评估相结合,来全面反映案例教学的效果。过程评估关注学生在学习过程中的表现,包括学习态度、合作能力、问题解决能力等。在商务英语案例中,可以通过观察学生在小组讨论、角色扮演等活动中的表现，了解他们的学习进程和能力发展。结果评估则主要关注学生的学习成果，如测试成绩、作品质量等。在评估过程中，应既重视过程评估，又关注结果评估，以全面评价学生的学习效果。

除了上述提到的定量评估、定性评估、过程评估和结果评估外，还可以根据商务英语案例的特点和需求，采用其他多元化的评估方法。例如：项目评估法可以让学生参与实际项目，通过完成项目的质量来评估他们的实践能力；档案袋评估法则可以收集学生在学习过程中的作品、反思报告等材料，形成个人学习档案，以展示他们的学习成长过程。

（三）评估工具的应用

问卷调查是一种常用的评估工具，可以通过设计问卷题目，收集学生和教师对商务英语案例教学的看法和意见。量表则是一种标准化的评估工具，用于测量学生的特定能力或态度。在商务英语案例评估中，可以运用问卷调查和量表相结合的方式，全面了解学生的学习需求和教学效果。观察记录表是一种用于记录学生在特定情境下的行为表现的评估工具。在商务英语案例教学中，可以通过观察记录表记录学生在小组讨论、角色扮演等活动中的表现，以评估他们的合作能力、沟通能力等。

学习日志和反思报告是学生记录自己的学习过程和心得的评估工具。通过查看学生的学习日志和反思报告，教师可以了解学生的学习进度、困难和收获，从而调整教学策略或提供个性化指导。在商务英语案例教学中，学生可能会完成一些实际作品，如商务报告、商务谈判模拟等。这些作品可以作为评估学生学习成果的重要依据。通过作品展示与评价，教师可以了解学生对商务英语知识和技能的掌握情况，以及他们的创新能力和实践能力。

（四）评估方法与工具的优化与创新

随着教育技术的不断发展，高职院校商务英语案例评估也应不断探索和优化评估方法与工具。例如：可以利用大数据和人工智能技术，对学生的学习数据进行挖掘和分析，以发现潜在的学习问题和需求；同时，也可以引入在线评估系统，实现对学生学习过程的实时监控和反馈。此外，还可以结合行业标准和职业需求，开发更具针对性的评估指标和工具，以便更好地服务于学生的职业发展。

三、案例中的学习效果分析与改进措施

（一）学习效果分析

在高职院校商务英语案例中，学习效果分析是评估教学质量和学生学习成果的关键环节。通过对案例中的学习效果进行深入分析，我们可以了解学生在知识掌握、技能提升以及情感态度等方面的表现，进而发现存在的问题和不足，为制定改进措施提供依据。

首先，从知识掌握方面来看，学生在商务英语案例学习中表现出了一定的基础知识和理论素养。他们能够运用所学的商务词汇、语法规则和表达方式，进行基本的商务沟通和交流。然而，在深入理解和灵活运用方面还存在一定的差距，例如：在涉及复杂商务场景或高级商务议题时，学生往往难以准确表达自己的观点和想法，或者在理解和分析案例时存在偏差和误解。

其次，从技能提升方面来看，学生在商务英语案例学习中通过角色扮演、小组讨论等实践活动，提高了自己的口语表达、听力理解和团队合作等能力。然而，在商务沟通的实际应用中，仍暴露出一些问题，例如：部分学生缺乏自信，不敢主动发言或表达自己的意见；有些学生则缺乏跨文化交际能力，难以适应不同文化背景和商务环境的交流需求。

最后，从情感态度方面来看，大部分学生对商务英语案例学习持有积极的态度，认为通过案例学习能够提高自己的实践能力和综合素质。然而，也有部分学生表现出对案例学习的兴趣不高或缺乏动力的情况。这可能与案例内容的难易程度、教学方法的灵活性以及学习环境的舒适度等因素有关。

（二）改进措施

针对学生在知识掌握方面存在的不足，我们应加强对商务英语基础知识的教学与巩固。通过优化课程设置，合理安排教学内容和进度，确保学生能够全面掌握商务英语的基本词汇、语法规则和表达方式。同时，注重知识的系统性和连贯性，帮助学生构建完整的知识体系。

为了提高学生的实践能力和应对复杂商务场景的能力，我们应引入更多真实的商务案例到教学中。这些案例应具有代表性、时效性和复杂性，能够涵盖不同行业和领域的商务活动。通过分析这些案例，学生可以更好地了解商务实践中存在的问题和面临的挑战，提高自己分析和解决问题的能力。实践环节是提高学生技能水平的重要途

径。因此，我们应强化实践环节的教学，增加口语表达、听力理解、商务写作等方面的实践活动。通过角色扮演、模拟商务谈判、商务报告撰写等活动，让学生在实践中掌握商务沟通的技巧和方法，从而提高自己的实践能力。

教学方法的灵活性和多样性对于激发学生的学习兴趣和动力至关重要。因此，我们应积极探索和尝试不同的教学方法和手段，如案例教学、项目教学、在线教学等。同时，注重与学生的互动和交流，鼓励学生积极参与课堂讨论和活动，提高他们的主动性和创造性。

在全球化背景下，跨文化交际能力对于商务英语专业的学生尤为重要。因此，我们应加强对学生跨文化交际能力的培养，通过引入不同文化背景的案例、开展跨文化交流活动等方式，帮助学生了解不同文化背景下的商务礼仪、沟通方式和价值观念，提高他们的跨文化适应能力。建立完善的学习反馈机制有助于及时了解学生的学习情况和问题，为教学改进提供依据。因此，我们应建立定期的学习反馈机制，通过问卷调查、个别访谈等方式收集学生对案例学习的意见和建议。同时，对收集到的反馈信息进行整理和分析，制定针对性的改进措施，不断优化教学过程和效果。

四、从案例中获得的评估与效果分析经验

在高职院校商务英语教学中，案例研究不仅是教学的重要手段，更是评估与效果分析的重要依据。通过深入剖析案例，我们可以获得宝贵的评估与效果分析经验，进而优化教学方法，提升教学质量。

（一）案例的选取

案例的选取是评估与效果分析的第一步，它直接关系到后续工作的质量和效果。在选取案例时，我们应遵循以下几个原则。

首先，案例应具有代表性。选择的案例应能够反映商务英语教学的核心内容和关键技能，能够代表不同行业、不同场景的商务实践，这样的案例才能为评估与效果分析提供有力的支撑。其次，案例应具有时效性。商务英语作为一门应用性很强的学科，其教学内容和技能要求应随着时代的发展而不断更新。因此，在选择案例时，我们应关注最新的商务实践动态，选取反映当前商务环境和发展趋势的案例。最后，案例应具有趣味性。趣味性强的案例能够激发学生的学习兴趣和积极性，使他们更加投入地参与到案例学习和讨论中。这样的案例不仅能够提高教学效果，还能为评估与效果分析提供丰富的素材。

（二）评估方法的应用

在案例教学中，评估方法的选择和应用至关重要。通过选择合适的评估方法，我们可以全面了解学生的学习情况和教学效果，为改进教学方法提供依据。

首先，我们可以采用定量评估方法，通过收集和分析学生的学习数据，如成绩、参与度等，客观评价学生的学习效果。这种方法具有客观性和可比较性，能够为我们提供准确的数据支持。其次，定性评估方法也是不可或缺的一部分。通过观察学生的课堂表现、小组讨论情况、作品质量等，我们可以深入了解学生的学习过程和能力发展。这种方法更加注重对学生个体差异的关注和评价，有助于我们更全面地了解学生的学习情况。最后，我们还可以结合问卷调查、访谈等方式，收集学生和教师的反馈意见，了解他们对案例教学的看法和建议。这些反馈意见可以为我们提供明确的改进方向，帮助我们不断优化教学方法和效果。

（三）效果分析的实施

效果分析是评估工作的核心环节，它通过对评估结果进行深入的剖析，揭示教学中的问题和不足，为改进教学提供依据。

首先，我们应对评估结果进行统计和分析，了解学生在各个方面的表现情况。通过对比分析不同评估方法的结果，我们可以发现学生在不同方面的优势和劣势，进而制定相应的改进措施。其次，我们应关注学生的学习过程和能力发展。通过观察学生的课堂表现、作品质量等，我们可以了解学生在学习过程中的思维方式和能力变化。这有助于我们发现教学中的问题和不足，并有针对性地进行改进。最后，我们还应对评估结果进行反思和总结。通过总结评估工作的经验和教训，我们可以不断完善评估方法和流程，提高评估工作的质量和效率。同时，我们还应将评估结果与教学目标进行对比分析，以检验教学效果是否达到预期目标。

（四）经验的总结与反思

通过从案例中获得的评估与效果分析，我们可以得出以下几点结论。

首先，案例的选取是评估与效果分析的关键。我们应选择具有代表性、时效性和趣味性的案例，以确保评估与效果分析工作的顺利进行。其次，评估方法的选择和应用应多样化。定量评估和定性评估相结合、过程评估和结果评估并重，以及多元化评估方法的运用，能够更全面地反映学生的学习情况和教学效果。最后，效果分析应注重深入剖析和反思总结。通过对评估结果的深入剖析和反思总结，我们可以发现教学中的问题和不足，并制定针对性的改进措施，以不断提升教学质量和效果。

第八章 高职商务英语数字教学资源的实践案例与经验分享

第一节 高职商务英语数字教学资源的实践案例介绍

一、优秀实践案例的选取与展示

在教育教学领域，优秀实践案例的选取与展示对提升教学质量、推动教学方法创新具有重要意义。

（一）优秀实践案例的选取标准

优秀实践案例的选取是案例展示的前提和基础，它直接关系到展示效果和教学质量的提升。在选取优秀实践案例时，我们应遵循以下几个标准。

（1）创新性：优秀实践案例应体现出新颖性、独特性和创造性，能够反映当前教育教学领域的最新理念和实践成果。这样的案例能够激发教师的教学创新热情，推动教学方法的更新换代。

（2）实用性：优秀实践案例应具有实际应用价值，能够解决教育教学中的实际问题，提高教学效果。这样的案例能够引起教师的共鸣，促使他们将这些经验和方法应用到自己的教学实践中。

（3）可操作性：优秀实践案例应易于理解和操作，具有明确的实施步骤和具体的方法。这样的案例能够为教师提供具体的指导和借鉴，使他们能够轻松地将这些经验和方法转化为自己的教学行为。

（4）成效性：优秀实践案例应取得显著的教学效果，能够提高学生的学习成绩和综合素质。这样的案例能够证明其有效性和可行性，增强教师的信心和动力去尝试和应用这些经验和方法。

（二）优秀实践案例的展示方式

优秀实践案例的展示方式多种多样，可以根据实际情况选择适合的展示形式。以下是一些常见的展示方式。

课堂展示：教师可以在课堂上直接展示优秀实践案例，通过讲解、演示、讨论等方式，让学生直观了解案例的具体内容和实施过程。这种展示方式能够使学生身临其境地感受案例的魅力，激发他们的学习兴趣和积极性。

教学视频：教师可以制作优秀实践案例的教学视频，通过视频剪辑、配音、字幕等方式，生动形象地展示案例的实施过程和效果。这种展示方式能够让学生随时随地观看学习，加深其对案例的理解和记忆。

教学课件：教师可以制作优秀实践案例的教学课件，包括案例背景、实施步骤、效果展示等内容，以图文并茂的形式呈现给学生。这种展示方式能够帮助学生系统地了解案例的各个方面，便于他们进行学习和借鉴。

案例汇编：学校或教育部门可以组织编写优秀实践案例汇编，将多个优秀的实践案例进行整理、分类和编辑，形成一本具有指导意义的教材或参考书。这种展示方式能够为教师提供丰富的案例资源，方便他们进行查阅和学习。

（三）优秀实践案例展示的意义

优秀实践案例的展示对于教育教学工作具有重要意义，主要体现在以下几个方面。

（1）促进教学方法的创新：通过展示优秀实践案例，可以激发教师的教学创新热情，推动他们探索新的教学方法和手段。这些新颖的教学方法能够更好地适应学生的需求和发展，提高教学效果和质量。

（2）提升教师的教学能力：优秀实践案例的展示可以为教师提供学习和借鉴的机会，帮助他们掌握先进的教学理念和技巧。通过学习和实践这些案例，教师可以不断提升自己的教学能力和水平，更好地履行教育教学的职责。

（3）激发学生的学习兴趣和积极性：优秀实践案例通常具有生动性、趣味性和实用性等特点，能够吸引学生的注意力并激发他们的学习兴趣。通过学习和讨论这些案例，学生可以更加深入地了解课程内容和实践应用，提升他们的学习效果和综合素质。

（4）推动教育教学改革的发展：优秀实践案例的展示可以反映当前教育教学领域的最新成果和趋势，为教育教学改革提供有益的参考和借鉴。通过推广和应用这些案例中的先进理念和经验，可以推动教育教学改革的深入发展，提高整体教学质量。

二、案例中的资源设计、开发与实施过程

在教育教学实践中，案例资源的设计、开发与实施是提升教学质量、推动教学方法创新的关键环节。

（一）需求分析

需求分析是案例资源设计的起点，涉及对教学目标、学生特点、教学内容以及教学环境的全面分析。首先，要明确教学目标，即希望通过案例资源达到什么样的教学效果。其次，要了解学生的特点，包括他们的认知水平、学习风格以及兴趣爱好等，以便于设计出更符合学生需求的案例资源。再次，还需对教学内容进行深入剖析，确定案例资源应涵盖的知识点和技能点。最后，要考虑教学环境，包括教学设施、教学时间以及教学资源等，以确保案例资源的可行性和实用性。

（二）资源设计

资源设计是案例资源开发的核心环节，它涉及案例资源的结构、内容、形式以及呈现方式等方面。在资源设计过程中，应遵循以下几个原则。

目标导向原则：案例资源的设计应紧密围绕教学目标展开，确保资源内容能够有效地支持教学目标的实现。

学生中心原则：案例资源的设计应充分考虑学生的需求和特点，注重激发学生的学习兴趣和积极性。

实用性原则：案例资源的设计应注重实用性和可操作性，确保资源内容能够在实际教学中得到有效应用。

创新性原则：案例资源的设计应体现创新性和独特性，注重结合新技术和新理念，进而推动教学方法的创新。

在资源设计过程中，还需注意案例资源的结构要清晰合理、内容要丰富多样、形式要灵活多变、呈现方式要直观生动。同时，还应充分考虑案例资源的可重复使用和可扩展性，以便于在后续教学中进行持续改进和优化。

（三）资源开发

资源开发是将资源设计转化为实际教学资源的过程。在资源开发过程中，需要根据资源设计的要求，选择合适的技术和工具进行开发。这包括文本编写、图片制作、视频剪辑、声频录制等方面的工作。在资源开发过程中，应注重资源的质量和利用效果，

确保资源内容准确、清晰、生动，能够吸引学生的注意力和兴趣。同时，还应注重资源的易用性和兼容性，确保资源能够在不同的教学环境中得到顺利应用。

（四）资源实施

资源实施是将案例资源应用于实际教学的过程。在资源实施的过程中，教师需要根据教学目标和教学内容，选择合适的案例资源，并结合具体的教学情境进行灵活运用。在资源实施过程中，教师应注重激发学生的学习兴趣和积极性，引导学生主动参与到案例学习和讨论中。同时，教师还应关注学生的学习过程和学习效果，及时给予指导和反馈，帮助学生更好地理解和掌握案例资源中的知识点和技能点。

（五）效果评估

效果评估是对案例资源实施效果进行检验和反馈的环节。在效果评估过程中，可以通过观察学生的学习表现、收集学生的反馈意见、分析学生的学习成绩等方式，对案例资源的应用效果进行全面评估。通过效果评估，可以了解案例资源在实际教学中的优势和不足，为后续的改进和优化提供依据。同时，效果评估还可以帮助教师更好地了解学生的学习情况和需求，为今后的教学提供有益的参考和借鉴。

（六）持续改进与优化

案例资源的设计、开发与实施并非一蹴而就的过程，而是一个持续不断、循环往复的过程。在每一次实施后，都需要对案例资源的效果进行认真评估，收集学生和教师的反馈意见，发现其中存在的问题和不足。然后，根据评估结果和反馈意见，对案例资源进行持续改进和优化，提升资源的质量和效果。这种持续改进和优化的过程，不仅能够使案例资源更加符合教学实际和学生需求，还能够推动教学方法的不断创新和发展。

三、案例中的教学应用与效果

在教育教学实践中，案例的应用是提升教学质量、推动教学方法创新的关键环节。

（一）案例的教学应用过程

在案例应用过程中，首先需要根据教学目标和教学内容，选择具有代表性、实用性和启发性的案例。这些案例既可以来源于实际生活中的问题、历史事件、科学实验等，也可以是根据教学需要自行设计的虚构案例。同时，为了确保案例教学的顺利进行，教师还需要对案例进行充分的准备，包括了解案例的背景、内容、涉及的知识点等，并设计相应的教学活动和问题，以便于引导学生进行深入思考和讨论。

在课堂上，教师可以通过讲述、多媒体展示等方式，将案例引入课堂，并呈现案例的具体内容。在引入案例时，教师应注重激发学生的学习兴趣和好奇心，使他们能够主动参与到案例学习中。同时，教师还可以通过设置悬念、提出问题等方式，引导学生对案例进行深入思考，激发他们的探究欲望。

案例分析与讨论是案例教学的核心环节。在这一环节中，教师可以引导学生对案例进行深入分析，探讨案例中的问题、原因、解决方案等。同时，教师还可以鼓励学生提出自己的观点和看法，与同学进行交流和讨论。通过案例分析与讨论，学生可以更加深入地理解教学内容，掌握相关知识点，并培养自己的批判性思维和创新能力。

在案例教学结束后，教师需要对整个教学过程进行总结和反思。这包括对案例教学效果的评估、学生表现的点评、教学经验的总结等。通过总结和反思，教师可以发现教学中的不足和问题，为今后的教学提供有益的参考和借鉴。

（二）案例的教学效果

案例教学通过引入具有实际意义的案例，将抽象的理论知识与具体实践相结合，使学习内容更加生动、有趣。这种教学方式能够激发学生的学习兴趣和好奇心，使他们更加主动地参与到学习中。同时，案例教学还能够培养学生的实践能力，使他们在解决问题的过程中获得成就感，进一步提高学习的积极性。案例教学注重引导学生对案例进行深入分析和讨论，培养他们的批判性思维和创新能力。通过案例分析，学生可以学会如何识别问题、分析问题以及提出解决方案，并学会从不同的角度看待问题。这种教学方式能够提高学生的分析和解决问题的能力，使他们在面对实际问题时能够迅速找到解决方法。

在案例教学过程中，学生需要进行小组讨论与合作，共同分析案例并解决问题。这种教学方式能够培养学生的团队协作精神和沟通能力，使他们学会如何与他人合作、分享观点、解决分歧。同时，通过小组讨论与合作，学生还能够相互学习、相互启发，进一步提高自己的学习效果。案例教学注重学生的主体性和参与性，使教师从传统的知识传授者转变为引导者和辅助者。这种教学方式能够激发学生的学习兴趣和积极性，使他们更加深入地理解和掌握教学内容。同时，案例教学还能够培养学生的实践能力和创新精神，使他们在学习过程中不断提升自己的综合素质。因此，案例教学能够显著提升教学质量和效果，实现教学目标的最大化。

（三）案例教学的优化策略

尽管案例教学具有诸多优势，但在实际应用过程中仍存在一些问题和挑战。为了进一步优化案例教学效果，教师可以采取以下策略。

（1）精选案例，确保案例的针对性和实用性。

（2）加强引导，确保学生在案例分析过程中能够深入思考和讨论。

（3）注重反馈，及时给予学生指导和建议，帮助他们更好地理解和掌握案例内容。

（4）创新教学方法和手段，结合现代信息技术和多元化教学资源，提高案例教学的吸引力和实效性。

四、案例中的创新点与亮点

在教育教学实践中，案例的应用是提升教学质量、推动教学方法创新的关键环节。

（一）案例的创新点

案例教学的创新首先体现在教学理念上。传统的教学往往注重知识的灌输和传授，而案例教学则更加注重学生的主体性和参与性。它强调学生通过分析、讨论和实践来获取知识、提升能力，从而培养学生的创新精神和实践能力。这种教学理念的创新，使案例教学成为一种更加符合现代教育发展趋势的教学方式。

案例教学在教学方法上也具有显著的创新性。它摒弃了传统的"填鸭式"教学，采用了一种更加灵活、多样的教学方法。在案例教学中，教师可以通过引入实际案例、组织小组讨论、开展角色扮演等方式，激发学生的学习兴趣和积极性。同时，案例教学还注重学生的实践能力和创新思维的培养，使得学生在学习过程中能够不断挖掘自己的潜力，实现自我价值的提升。

案例教学在教学内容上也进行了创新。它不再局限于课本上的理论知识，而是更加注重将理论知识与实际案例相结合。通过引入具有代表性、实用性的案例，使得教学内容更加生动、有趣，更加贴近学生的生活实际。这种教学内容的创新，不仅能够提高学生的学习兴趣和积极性，还能够帮助学生更好地理解和掌握理论知识，实现知识的内化与迁移。

（二）案例的亮点

案例教学的亮点之一在于其强烈的实践性。案例教学通过引入实际案例，让学生置身于真实的情境中，进行问题分析、方案制订和决策实施等实践活动。这种实践性的教学方式能够帮助学生将理论知识与实际操作相结合，提升他们的实践能力和解决问题的能力。同时，案例教学还能够培养学生的团队协作精神和沟通能力，使他们在实践中不断提升自己的综合素质。

案例教学注重启发学生的思维，激发他们的创新精神。在案例分析过程中，教师需要引导学生从多个角度、多个层面去思考问题，寻找解决问题的最佳方案。这种启发性的教学方式，能够帮助学生拓宽思维视野，培养他们的批判性思维和创新能力。同时，案例教学还能够鼓励学生提出自己的观点和看法，与同学进行交流和讨论，从而激发他们的学习热情和创造力。

案例教学具有很强的互动性。在案例教学过程中，教师需要与学生进行频繁的互动和交流，了解他们的学习情况和需求，并给予及时的指导和帮助。同时，学生之间也需要进行积极的互动与合作，共同分析问题、解决问题。这种互动性的教学方式，能够营造出一种积极、活跃的学习氛围，激发学生的学习兴趣和主动性。此外，通过互动与合作，学生还能够学会如何与他人有效沟通、协调合作，为未来的工作和生活奠定良好的基础。

案例教学具有很强的针对性。在案例选择过程中，教师需要充分考虑学生的专业背景、认知水平和实际需求，选择具有代表性、实用性的案例。这种针对性的教学方式，能够确保案例教学的效果最大化，帮助学生更好地理解和掌握相关知识。同时，案例教学还能够针对学生的薄弱环节进行指导和训练，帮助他们弥补不足，提高学习效果。

第二节　高职商务英语数字教学资源的成功经验分享

一、成功的关键因素分析

随着全球化的加速推进，商务英语作为国际商务交流的重要工具，其重要性日益凸显。高职商务英语专业旨在培养具备良好商务英语沟通能力和国际商务实践能力的高素质人才。然而，要实现这一目标，并非易事，需要关注多个关键因素。

（一）课程设置与教学内容

课程设置是高职商务英语教学的基础，其合理与否直接影响到学生的学习效果和未来的职业发展。成功的商务英语课程设置应具备以下几个特点。

（1）实用性与针对性：高职商务英语的课程设置应紧密结合市场需求，注重培养学生的实际应用能力。课程内容应涵盖商务英语的基本知识和技能，如商务沟通、商务谈判、商务礼仪等，同时还应关注国际商务的最新动态和趋势，使学生能够适应不断变化的国际市场。

（2）系统性与连贯性：商务英语课程设置应形成一个完整的体系，各门课程之间应相互衔接、相互支撑，形成一个有机的整体。从基础语言技能的培养到高级商务知识的学习，应形成一个逐步递进的过程，确保学生在整个学习过程中能够逐步提升自己的商务英语能力。

（3）创新性与拓展性：随着国际商务领域的不断发展，商务英语课程也应不断创新，引入新的教学内容和教学方法。同时，还应注重培养学生的创新能力和拓展能力，鼓励他们积极探索新的商务领域和商业模式，为未来的职业发展奠定坚实的基础。

（二）师资力量与教学质量

师资力量是高职商务英语教学质量的关键因素。优秀的商务英语教师应具备以下几个方面的素质和能力。

（1）深厚的语言功底：商务英语教师应具备扎实的英语语言基础，能够熟练运用英语进行商务交流和教学；同时，还应具备较高的汉语水平，能够用清晰、准确的语言向学生传授商务知识。

（2）丰富的商务实践经验：商务英语教师应具备丰富的商务实践经验，能够结合实际情况进行案例教学和实践指导。他们应了解国际商务的最新动态和趋势，能够为学生提供前沿的商务知识和信息。

（3）良好的教学能力与师德修养：商务英语教师应具备良好的教学能力和师德修养，能够采用多种教学方法和手段激发学生的学习兴趣和积极性。同时，还应关注学生的个体差异，因材施教，为每个学生提供个性化的指导和帮助。

（三）实践教学与能力培养

实践教学是高职商务英语教学的重要环节，对于培养学生的实际应用能力和职业素养具有重要意义。成功的商务英语实践教学应具备以下几个特点。

（1）多样化的实践形式：商务英语实践教学应采用多样化的形式，如模拟商务谈判、商务角色扮演、实地考察等，以提高学生的参与度和实践效果。这些实践形式能够让学生在真实的商务环境中锻炼自己的沟通能力和应变能力。

（2）紧密结合课程内容：商务英语实践教学应紧密结合课程内容，将理论知识与实践操作相结合。通过实践教学，学生可以更好地理解和掌握商务英语的基本知识和技能，并将其应用于实际商务活动中。

（3）注重能力培养与素质提升：商务英语实践教学的最终目的是培养学生的实际应用能力和职业素养。因此，在实践教学过程中，应注重培养学生的沟通能力、团队协作能力、创新能力等综合素质，使他们能够更好地适应未来的职业发展。

（四）校企合作与资源共享

校企合作是高职商务英语教学的重要途径，有助于实现学校与企业之间的资源共享和优势互补。通过校企合作，学校可以了解企业的实际需求，调整课程设置和教学内容；企业则可以获得学校的人才支持和智力支持，推动企业的创新发展。成功的校企合作应具备以下几个特点。

（1）深度合作与共同育人：学校与企业应建立深度合作关系，共同制订人才培养方案和教学计划。通过共同育人，学校可以为企业提供定制化的人才培养和输送服务，满足企业的用人需求。

（2）资源共享与互利共赢：学校与企业应实现资源共享，包括教学资源、实践基地、师资力量等方面的共享。通过资源共享，双方可以降低成本、提高效率，实现互利共赢的局面。

（3）及时反馈与持续改进：校企合作应建立及时的反馈机制，定期对人才培养质量进行评估和反馈。根据反馈结果，双方可以及时调整教学策略与合作方式，确保人才培养的质量和效果。

二、资源设计与开发中的创新策略

随着全球化的加速和国际贸易的蓬勃发展，商务英语作为连接国内外商务活动的重要桥梁，其教育资源的设计与开发显得尤为重要。高职商务英语作为培养商务英语专业人才的重要基地，其资源设计与开发的创新策略直接关系到教学质量和人才培养的效果。

（一）高职商务英语资源设计与开发的现状分析

目前，高职商务英语资源设计与开发面临着多方面的挑战。一方面，传统的商务英语教材往往过于注重理论知识的传授，而忽略了实际应用能力的培养，导致学生难以将所学的知识应用于实际商务场景中。另一方面，随着信息技术的飞速发展，学生对学习资源的需求也日益多样化，传统的教学资源已经难以满足他们的学习需求。因此，高职商务英语资源设计与开发需要不断创新，以适应时代的发展和学生的需求。

（二）高职商务英语资源设计与开发的创新策略

1. 以学生为中心，注重实际应用能力的培养

在高职商务英语资源设计与开发中，应始终坚持以学生为中心的原则，注重实际应用能力的培养。具体来说，可以通过以下方式进行创新。

（1）设计真实商务场景的教学案例，让学生在模拟的商务环境中进行角色扮演和实际操作，从而提升他们的商务英语沟通能力。

（2）开发基于项目的实践教学资源，引导学生通过团队合作的方式完成商务项目，培养他们的团队协作能力和解决问题的能力。

（3）建立商务英语实践基地，与企业合作开展实习实训活动，让学生在实践中深入了解商务流程和行业规范，提升他们的职业素养。

2.整合多元化资源，丰富教学手段和形式

为了满足学生对学习资源多样化的需求，高职商务英语资源设计与开发应整合多元化资源，丰富教学手段和形式。具体来说，可以从以下几个方面进行创新。

（1）利用现代信息技术手段，如多媒体、网络等，开发在线教学资源，为学生提供自主学习和互动学习的平台。

（2）引入多媒体教学资源，如商务英语视频、声频材料等，通过视觉和听觉的双重刺激，激发学生的学习兴趣和积极性。

（3）结合行业发展趋势和市场需求，不断更新和优化教学资源内容，确保教学资源的前沿性和实用性。

3.加强校企合作，实现资源共享与优势互补

校企合作是高职商务英语资源设计与开发的重要途径。通过校企合作，可以实现资源共享与优势互补，提升资源设计与开发的效率和质量。具体来说，可以采取以下措施：

（1）与企业合作开发商务英语教材和教学案例，确保教学资源与市场需求紧密结合。

（2）邀请企业专家参与教学资源的设计与开发过程，提供行业前沿信息和专业建议。

（3）建立校企合作的实践教学基地，为学生提供实习实训机会，促进学校与企业之间的深度合作。

（三）高职商务英语资源设计与开发创新策略的实施保障

1.加强师资队伍建设，提升教师的创新能力和专业素养

教师是高职商务英语资源设计与开发的重要力量。为了保障创新策略的有效实施，应加强师资队伍建设，提升教师的创新能力和专业素养。具体来说，可以采取以下措施：

（1）加强教师的职业培训和教育，提升他们的教育教学水平和创新能力。

（2）鼓励教师参与行业交流和学术研究活动，拓宽他们的视野和知识面。

（3）建立激励机制，对在资源设计与开发中表现突出的教师进行表彰和奖励。

2. 加大资金投入，保障资源设计与开发的顺利进行

资金是高职商务英语资源设计与开发的物质基础。为了保障创新策略的顺利实施，应加大资金投入，为资源设计与开发提供充足的经费保障。具体来说，可以采取以下措施：

（1）争取政府和社会各界的资金支持，为资源设计与开发提供稳定的经费来源。

（2）优化资金使用结构，确保资金用于关键领域和重点项目的建设。

（3）建立资金使用监管机制，确保资金的合理使用和效益最大化。

三、教学应用中的有效方法

高职商务英语教学旨在培养具备商务英语沟通能力、商务实践能力和跨文化交际能力的高素质人才。在当前全球经济一体化的背景下，商务英语教学显得尤为重要。然而，由于学生基础、教学资源、教学方法等多方面的差异，高职商务英语教学面临着诸多挑战。因此，探索有效的教学方法，提高商务英语的教学质量，成为高职商务英语教师亟待解决的问题。

（一）情境模拟教学法

情境模拟教学法是一种通过模拟真实商务场景，让学生在模拟环境中进行角色扮演和实际操作的教学方法。这种方法能够使学生更加直观地了解商务流程，提高学生的实际操作能力和应变能力。在情境模拟教学中，教师可以设计各种商务场景，如商务谈判、商务会议、商务礼仪等，并要求学生分组进行角色扮演。通过模拟实践，学生可以更加深入地理解商务知识，提升商务沟通技能。

（二）案例分析法

案例分析法是通过引入真实的商务案例，引导学生进行分析、讨论和总结的教学方法。这种方法能够帮助学生将理论知识与实际商务活动相结合，提高学生分析问题和解决问题的能力。在案例教学中，教师应选择具有代表性、时效性和启发性的案例，并引导学生从多个角度进行分析。通过案例分析，学生可以更加深入地了解商务实践中的各种问题，掌握解决问题的策略和方法。

（三）任务驱动教学法

任务驱动教学法是以任务为导向，通过完成任务来达成教学目标的教学方法。这种方法能够激发学生的学习兴趣和主动性，提高学生的自主学习能力和实践操作能力。在任务驱动教学中，教师应设计具有挑战性和实用性的任务，并要求学生通过查阅资

料、小组讨论、实践操作等方式完成任务。通过任务的完成，学生可以更加深入地理解商务知识，提高商务实践能力。

（四）项目教学法

项目教学法是以项目为核心，通过团队协作完成项目的方式来达成教学目标的教学方法。这种方法能够培养学生的团队协作能力和项目管理能力，提高学生的综合素质。在项目教学中，教师应选择合适的商务项目，并指导学生分组进行项目实施。通过项目的实施，学生可以更加深入地了解商务流程，掌握项目管理的方法和技巧。

（五）多媒体辅助教学

多媒体辅助教学是利用现代信息技术手段，如多媒体课件、网络资源等，辅助教学活动进行的教学方法。这种方法能够丰富教学内容和形式，提高学生的学习兴趣和参与度。在商务英语教学中，教师可以利用多媒体资源制作生动的课件，展示商务场景、商务礼仪等内容；同时，也可以引导学生利用网络资源进行自主学习和拓展学习。通过多媒体辅助教学，学生可以更加直观地了解商务知识，提升学习效果。

（六）互动式教学法

互动式教学法强调师生之间的互动和学生之间的合作，通过提问、讨论、辩论等方式激发学生的学习兴趣和思维能力。在商务英语教学中，教师应鼓励学生积极参与课堂讨论，发表自己的观点和看法；同时，也可以设计一些互动性的教学活动，如小组讨论、角色扮演等，以提高学生的参与度与合作能力。通过互动式教学，学生可以更加深入地理解商务知识，提高商务沟通能力。

（七）实践教学与校企合作

实践教学是高职商务英语教学中的重要环节，通过实践教学，学生能够将在课堂上学到的理论知识应用到实际工作中，提升实践能力。校企合作是实现实践教学的重要途径之一。学校可以与企业建立合作关系，共同开展实践教学活动。例如：可以安排学生到企业进行实习实训，参与企业的商务活动，了解企业的运营模式和商务流程。同时，企业也可以为学校提供实践教学资源和指导，帮助学校提高实践教学质量。

（八）评价方式的多元化

评价方式的多元化也是高职商务英语教学中的有效方法之一。传统的评价方式往往过于注重学生的考试成绩，而忽略了学生的实际能力和综合素质。因此，应采用多种评价方式相结合的方法，如课堂表现评价、作业评价、实践报告评价等，以全面反映学生的学习成果和能力水平。同时，也可以引入企业评价和行业认证等外部评价方式，增强评价的客观性和实用性。

四、持续改进与优化的经验

随着全球化的深入发展，商务英语作为国际交流的重要工具，其教学质量和教学效果越来越受到关注。高职商务英语教学作为培养商务英语专业人才的主要阵地，其持续改进与优化显得尤为重要。

（一）明确教学目标，注重实际应用

高职商务英语教学应始终围绕培养学生的实际应用能力展开。在教学目标的设定上，应明确强调对商务英语沟通、商务实务操作和跨文化交际等方面能力的培养。同时，注重将教学目标与实际商务活动紧密结合，使学生在学习过程中能够真正掌握商务英语的实用技能。

（二）优化课程设置，整合教学资源

课程设置是高职商务英语教学持续改进与优化的关键环节。在课程设置上，应根据行业发展趋势和市场需求，不断更新和优化教学内容，确保课程的时效性和实用性。同时，整合各种教学资源，如教材、多媒体资源、网络资源等，为学生提供丰富多样的学习材料和学习途径。

（三）创新教学方法，提升教学效果

教学方法的创新是高职商务英语教学持续改进与优化的重要手段。在教学实践中，应采用多种教学方法相结合的方式，如情境模拟、案例分析、项目教学等，激发学生的学习兴趣和主动性；同时，注重培养学生的自主学习能力与合作学习能力，提升教学效果。

（四）加强师资队伍建设，提升教师素质

教师是高职商务英语教学持续改进与优化的关键力量。在师资队伍建设上，应注重提升教师的专业素质和教育教学能力。通过组织教师参加培训、研讨会等活动，不断更新教师的教育理念和教学方法。同时，鼓励教师开展科研活动，提升教师的学术水平和创新能力。

（五）完善教学评价体系，促进持续改进

教学评价体系是高职商务英语教学持续改进与优化的重要保障。在教学评价上，应注重多元化和全面性，采用多种评价方式相结合的方法，如课堂表现评价、作业评价、实践报告评价等，以全面反映学生的学习成果和能力水平。同时，建立反馈机制，及时将评价结果反馈给学生和教师，促进教学持续改进和优化。

（六）深化校企合作，实现产学研一体化

校企合作是高职商务英语教学持续改进与优化的重要途径。通过与企业建立紧密的合作关系，可以实现资源共享和优势互补，为商务英语教学提供实践基地和教学资源。同时，企业也可以为学校提供实习实训机会和就业渠道，帮助学生更好地融入社会和职场。

（七）关注学生个体差异，实施个性化教学

每个学生都是独一无二的个体，他们的学习基础、兴趣爱好、学习能力等方面都存在差异。因此，在高职商务英语教学中，教师应关注学生的个体差异，实施个性化教学。通过了解学生的学习需求和特点，制定有针对性的教学计划和辅导方案，以满足不同学生的学习需求。

（八）引入信息技术手段，提升教学效率和质量

信息技术的发展为高职商务英语教学提供了新的教学手段和途径。在教学实践中，教师可以利用信息技术手段，如在线教学平台、多媒体教学课件等，提高教学效率和质量。通过在线教学平台，学生可以随时随地进行学习，打破时间和空间的限制；多媒体教学课件则可以使教学内容更加生动直观，激发学生的学习兴趣。

（九）建立教学质量监控机制，确保教学质量稳定提升

教学质量监控是高职商务英语教学持续改进与优化的重要保障。学校应建立教学质量监控机制，定期对商务英语教学进行质量评估和监控。通过收集和分析教学数据，了解教学现状和存在的问题，及时制定改进措施和调整教学策略。同时，鼓励教师和学生参与教学质量监控工作，共同推动教学质量的稳步提升。

第三节 高职商务英语数字教学资源的问题与解决方案

一、实践中遇到的主要问题

高职商务英语作为培养具有国际视野和商务英语应用能力人才的重要学科,其教学实践对于提升学生的综合素质和就业竞争力具有不可替代的作用。然而,在实际教学过程中,高职商务英语的实践往往面临着一系列的问题和挑战。

(一)教学资源不足,实践教学难以开展

高职商务英语教学需要大量的教学资源来支持实践教学,包括商务实训室、商务软件、商务案例等。然而,在实际教学中,很多高职院校由于经费有限,难以提供充足的教学资源。这导致很多实践教学活动无法得到有效开展,学生缺乏实际操作的机会,难以真正掌握商务英语的实际应用能力。

(二)师资力量薄弱,缺乏专业性和实践性

高职商务英语教学的师资力量是影响教学质量的关键因素之一。然而,目前很多高职院校的商务英语教师缺乏专业性和实践性,难以有效指导学生进行商务英语实践活动。另外,一些教师缺乏商务背景和实践经验,对商务领域的知识和技能理解不够深入,难以满足学生的实际需求。

(三)教材内容与实际需求脱节,缺乏实用性

高职商务英语教材的编写应该紧密结合实际需求,体现商务英语的实用性和应用性。然而,目前一些高职商务英语教材存在与实际需求脱节的问题,内容过于理论化,缺乏实际商务场景的模拟和案例分析。这导致学生在学习过程中难以将理论知识与实际操作相结合,难以真正掌握商务英语的实用技能。

(四)教学方法单一,缺乏创新性和灵活性

高职商务英语教学应该采用多种教学方法相结合的方式,以提高学生的学习兴趣和主动性。然而,在实际教学中,一些教师往往采用传统的教学方法,如讲授式教学、灌输式教学等,缺乏创新性和灵活性。这种教学方法难以激发学生的学习兴趣和积极性,也难以培养学生的自主学习能力和创新能力。

（五）学生基础差异大，教学难度增加

高职学生的英语基础和学习能力存在差异，这增加了商务英语教学的难度。对于一些英语基础较差的学生来说，商务英语的学习可能会感到吃力，难以跟上教学进度；而对于英语基础较好的学生来说，他们可能会觉得教学内容过于简单，缺乏挑战性。因此，如何平衡不同学生的需求，使教学更具针对性和有效性，是高职商务英语教师面临的一个重要问题。

（六）实践教学与理论教学脱节，缺乏有效衔接

高职商务英语教学中，理论教学与实践教学应该是相辅相成、相互促进的。然而，在实际教学中，往往存在理论教学与实践教学相脱节的问题。一些教师过于注重理论知识的传授，忽视了实践教学的重要性；而另一些教师虽然开展了实践教学活动，但缺乏与理论教学的有效衔接，导致学生难以将理论知识应用于实际商务场景中。

（七）缺乏与企业的深度合作，实践教学缺乏实际性

高职商务英语教学应该紧密结合企业实际需求，为学生提供真实的商务实践环境。然而，目前很多高职院校与企业之间的合作不够深入，缺乏实质性的合作项目和机会。这导致学生在实践教学中难以接触到真实的商务场景和实际问题，难以真正了解企业的运营模式和商务流程。

（八）评价体系不完善，难以全面反映学生能力

高职商务英语教学的评价体系应该全面、客观地反映学生的能力水平。然而，目前一些高职院校的商务英语教学评价体系存在不完善的问题，过于注重考试成绩和理论知识的考核，忽视了对学生实际应用能力和综合素质的评价。这导致评价结果难以全面反映学生的实际水平，也难以为教学改进提供有效的反馈。

针对以上问题，高职商务英语教学需要进行一系列的改进和优化措施。首先，加大教学资源的投入，提升实践教学的质量和水平。其次，加强师资队伍建设，提升教师的专业性和实践性。再次，优化教材内容，使其更加贴近实际需求。复次，创新教学方法，激发学生的学习兴趣和主动性。然后，关注学生的个体差异，实施个性化教学；加强与企业的深度合作，实现产学研一体化。最后，完善评价体系，全面反映学生的能力水平。通过这些措施的实施，可以有效解决高职商务英语实践中遇到的主要问题，提升教学质量和效果。

二、问题产生的原因分析

高职商务英语实践中的问题，是多种因素交织、相互影响的结果。这些问题的产生，既有来自教育资源、师资力量等客观方面的限制，也有教学理念、方法创新等主观方面的不足。下面，我将对高职商务英语实践中问题产生的原因进行深入分析。

（一）教育资源投入不足，实践教学条件受限

教育资源投入不足是导致高职商务英语实践问题产生的重要原因之一。首先，高职院校往往面临经费紧张的问题，难以在商务英语实践教学上投入足够的资金。这导致商务实训室建设滞后，商务软件更新不及时，实践教学所需的硬件和软件条件得不到满足。其次，实践教学需要大量的教学材料、案例库等资源支持，但由于资源有限，很多高职院校无法为学生提供丰富多样的实践教学内容。这些客观条件的限制使高职商务英语实践教学难以有效开展，影响了学生实践能力的培养。

（二）师资力量薄弱，教师实践经验不足

高职商务英语教师的专业水平和实践经验直接影响到实践教学的质量。然而，目前很多高职院校的商务英语教师缺乏实践经验和商务背景，难以有效指导学生进行商务英语的实践活动。一方面，一些教师毕业于语言文学专业，对商务领域的知识和技能理解不够深入，缺乏实际的商务操作能力。另一方面，一些教师虽然具有商务背景，但缺乏教学经验，难以将商务知识与教学实践相结合。因此，师资力量的薄弱是导致高职商务英语实践问题产生的重要原因之一。

（三）教学理念落后，教学方法陈旧

教学理念和教学方法是影响高职商务英语实践效果的关键因素。然而，一些高职院校的商务英语教师仍然秉持传统的教学理念和方法，注重知识的传授而忽视能力的培养。他们往往采用讲授式教学、灌输式教学等陈旧的教学方法，缺乏创新性和灵活性。这种教学理念和方法难以激发学生的学习兴趣和主动性，也无法满足现代商务英语教学的需求。另外，一些教师缺乏对学生个体差异的关注，没有实施个性化教学，导致教学效果不佳。

（四）教材内容与实际需求脱节

教材是高职商务英语教学的重要依据，但目前一些商务英语教材存在与实际需求脱节的问题。一些教材过于注重理论知识的传授，而忽视了实际应用技能的培养。同时，

教材内容更新不及时，难以反映商务领域的最新发展和变化。这种教材内容的滞后性和不实用性使得学生在学习过程中难以将理论知识与实际操作相结合，难以真正掌握商务英语的实用技能。

（五）校企合作不够深入，实践教学缺乏实际性

校企合作是提升高职商务英语实践教学质量的有效途径，但目前很多高职院校与企业之间的合作不够深入。一方面，企业对于参与高职商务英语实践教学的积极性不高，缺乏与学校的合作意愿；另一方面，学校对于与企业合作的重要性认识不足，缺乏主动寻求合作的动力。因此，校企合作不够深入导致实践教学缺乏实际性，学生难以接触到真实的商务场景和实际问题，难以真正了解企业的运营模式和商务流程。

（六）评价体系不完善，难以全面反映学生能力

评价体系的完善与否直接影响到高职商务英语实践教学的效果。目前，一些高职院校的商务英语教学评价体系存在不完善的问题。一方面，评价内容过于单一，过于注重考试成绩和理论知识的考核，而忽视了对学生实际应用能力和综合素质的评价。另一方面，评价方式不够科学，缺乏对学生个体差异的考虑，难以全面反映学生的能力水平。这种不完善的评价体系导致评价结果无法为教学改进提供有效的反馈，也影响了学生的学习积极性。

（七）学校对实践教学的重视程度不够

在一些高职院校中，实践教学的地位往往被忽视，学校更多地关注理论教学而忽视实践环节，导致实践教学在课程设置、教学安排等方面得不到足够的重视，影响了实践教学的质量和效果。同时，学校对于实践教学的投入不足，缺乏必要的激励机制和政策支持，使得教师缺乏开展实践教学的动力。

三、针对性的解决方案与措施

针对高职商务英语实践中遇到的问题，我们需要制订一系列解决方案与措施，以提升教学质量和效果，满足社会对商务英语人才的需求。以下是对高职商务英语问题提出的具体解决方案与措施。

（一）加大教育资源投入，优化实践教学条件

为了解决高职商务英语实践教学中教学资源不足的问题，学校应加大教育资源投入，优化实践教学条件。首先，学校应增加对商务实训室、商务软件等教学设施的投入，

确保学生有足够的实践机会。同时，学校可以与相关企业合作，共建实训基地，实现资源共享，为学生提供更真实的商务实践环境。其次，学校应加强对实践教学材料、案例库等资源的建设，不断更新和完善教学资源库，为学生提供丰富多样的实践教学内容。

（二）加强师资队伍建设，提升教师实践能力

高职商务英语教师的专业水平和实践经验对教学质量具有重要影响。因此，学校应加强师资队伍建设，提升教师的实践能力。首先，学校可以引进具有商务背景和实践经验的优秀教师，充实师资队伍。其次，对现有教师进行定期培训和实践锻炼，提升他们的商务知识和操作能力。最后，学校可以建立教师与企业合作机制，鼓励教师参与企业的商务活动，了解商务领域的最新动态和实际需求，从而更好地指导学生的实践学习。

（三）更新教学理念、创新教学方法

针对高职商务英语教学理念陈旧、教学方法单一的问题，学校应更新教学理念、创新教学方法。首先，教师应摒弃传统的灌输式教学方式，采用启发式、讨论式等教学方法，激发学生的学习兴趣和主动性。其次，教师应注重培养学生的自主学习能力和创新能力，鼓励他们积极参与实践活动和团队合作。最后，学校可以引入现代教学技术，如多媒体教学、在线教学等，丰富教学手段和形式，提高教学效果。

（四）优化教材内容、贴近实际需求

教材是高职商务英语教学的重要依据，因此，优化教材内容至关重要。学校应组织专家对现有教材进行审查和修订，确保教材内容贴近实际需求，体现商务英语的实用性和应用性。同时，教材应注重培养学生的实际应用能力，增加案例分析、商务模拟等实践环节，让学生在学习理论的同时掌握实际操作技能。此外，学校还可以与企业合作编写教材，将企业的实际案例和经验融入教材中，使教材内容更加生动、实用。

（五）深化校企合作、增强实践教学实际性

校企合作是提升高职商务英语实践教学效果的有效途径。学校应深化与企业的合作，建立稳定的校企合作关系。首先，学校可以与企业共同制订实践教学计划和方案，确保实践教学与企业的实际需求紧密结合。其次，学校可以邀请企业人员参与实践教学活动，为学生提供真实的商务场景和实际问题，帮助他们更好地了解企业的运营模式和商务流程。最后，学校可以与企业合作开展实习实训项目，为学生提供更多的实践机会和岗位体验，让他们在实践中锻炼和提升商务英语应用能力。

（六）完善评价体系，全面反映学生能力

为了全面反映学生的商务英语能力，学校应完善评价体系。首先，评价内容应多元化，既注重理论知识的考核，又重视实践能力的评价。学校可以设立商务英语应用能力测试、商务模拟等实践环节，以检验学生的实际操作能力。其次，评价方式应科学化，采用多种评价方式相结合，如自我评价、同学评价、教师评价等，确保评价结果的客观性和公正性。最后，学校应建立学生能力档案，记录学生在各个实践环节中的表现和成绩，为教学改进提供有效的反馈。

（七）推进课程改革、优化课程设置

针对高职商务英语课程设置不合理的问题，学校应推进课程改革、优化课程设置。首先，学校应根据商务英语的实际需求和学生的个体差异，调整课程结构和内容，确保课程的实用性和针对性。同时，学校可以引入国际化课程，借鉴国外先进的商务英语教学理念和方法，提升课程的国际化水平。其次，学校应增加选修课程的种类和数量，为学生提供更多的选择空间，满足他们的个性化需求。

四、避免类似问题再次出现的建议

高职商务英语教学中存在的问题不仅影响了教学质量，也制约了商务英语人才的培养。为了避免类似问题再次出现，我们需要从多个方面入手，制定并实施有效的措施。以下是对避免高职商务英语类似问题再次出现的具体建议。

（一）深化教育教学改革，优化教学体系

首先，我们需要深化教育教学改革，优化教学体系，以适应商务英语教学的实际需求。这包括调整课程设置、优化课程结构，确保课程内容与行业需求紧密相连。同时，应加大对实践教学的投入，增加实践教学的比重，让学生有更多的机会参与到实际商务活动中，提升他们的实践能力。

（二）加大教育资源投入，提升教学条件

教育资源的投入是保证教学质量的基础。学校应加大对商务英语教学的投入，包括建设高质量的商务实训室、更新教学软件、购买教学资料等。同时，也要注重教学设备的维护和更新，确保教学设备的正常运行，为教学提供有力的物质保障。

（三）加强师资队伍建设，提升教师素质

教师是教学的主体，教师的素质直接影响教学质量。因此，我们需要加强师资队伍建设，提升教师的专业水平和教学能力。具体来说，可以通过引进优秀人才、加强教师培训、开展教学研讨等方式，提升教师的商务知识和教学技能。同时，也要建立完善的教师激励机制，激发教师的教学热情和创新能力。

（四）强化实践教学，提升学生实践能力

实践教学是商务英语教学中的重要环节，对于提升学生的实践能力具有重要意义。因此，我们需要强化实践教学，丰富实践教学的内容和形式。可以通过开展校企合作、组织商务实习、举办模拟商务活动等方式，让学生在实践中学习和成长；同时，也要注重实践教学的考核和评价，确保实践教学的质量和效果。

（五）完善评价体系，注重过程性评价

评价体系的完善对于促进教学质量的提升具有重要意义。我们应完善评价体系，注重过程性评价，关注学生的学习过程和表现。可以通过建立多元化的评价方式、制定科学的评价标准、引入第三方评价等方式，使评价更加客观、公正、全面。同时，也要注重对评价结果的反馈和应用，为教学改进提供有力的支持。

（六）建立长效的监控与反馈机制

为了避免类似问题再次发生，必须建立长效的监控与反馈机制。学校应设立专门的机构或委员会，负责定期检查商务英语教学的各个环节，及时发现并解决问题。同时，应建立学生、教师、企业等多方参与的反馈渠道，收集各方面的意见和建议，为教学改革提供决策依据。

（七）强化与行业企业的合作与交流

商务英语教学的目标是培养符合企业需求的人才，因此，与行业企业的合作与交流至关重要。学校应加强与行业企业的联系，了解行业的最新动态和企业的实际需求，及时调整教学内容和方式。同时，可以邀请企业人员参与教学活动，提供实践指导和就业建议，帮助学生更好地适应职场需求。

（八）推动教学资源的共享与利用

为了避免资源的浪费和重复建设，应推动教学资源的共享与利用。学校可以与其他高校、企业等建立资源共享平台，实现教学资源的互通有无；同时，也可以利用现

代信息技术手段,如在线教育、远程教育等,打破地域限制,扩大优质教学资源的覆盖范围。

(九)注重学生个体差异,实施个性化教学

每个学生都有其独特的学习特点和需求,因此,我们需要注重学生个体差异,实施个性化教学。教师可以通过了解学生的学习风格、兴趣爱好等,制订个性化的教学方案,满足学生的不同需求。同时,也可以利用现代教学技术,如智能教学系统、大数据分析等,为个性化教学提供有力支持。

(十)营造良好的学习氛围,激发学生的学习兴趣

学习氛围是影响学生学习效果的重要因素。学校应营造良好的学习氛围,激发学生的学习兴趣和积极性。可以通过举办商务英语竞赛、开设商务英语角、邀请行业专家举办讲座等方式,为学生提供丰富多彩的学习体验。同时,也要注重培养学生的自主学习能力和团队合作精神,让他们在学习中不断成长和进步。

第九章 3D网络学习空间平台在高职商务英语教学中的应用

第一节 3D网络学习空间平台的独特设计特点

一、3D虚拟环境的构建与呈现

（一）概述

随着信息技术的快速发展，3D虚拟环境在教育领域的应用日益广泛。高职商务英语作为培养学生商务英语应用能力的重要课程，其教学质量直接关系到学生的职业发展。因此，将3D虚拟环境应用于高职商务英语教学中，对于提高学生的学习兴趣、实践能力和综合素质具有重要意义。

（二）3D虚拟环境在高职商务英语中的构建

在构建3D虚拟环境时，应遵循真实性、交互性、实用性等原则，确保虚拟环境能够真实反映商务场景，提供丰富的交互体验，并满足商务英语教学的实际需求。同时，构建目标应明确，旨在提高学生的商务英语应用能力、跨文化交际能力以及团队协作能力。虚拟场景是3D虚拟环境的核心组成部分，应根据商务英语的课程内容和学生特点进行设计，可以包括办公室、会议室、商务洽谈室、展览厅等不同类型的商务场景，每个场景都应具备相应的设施、道具和人物角色。通过场景切换，学生可以在不同的商务环境中进行实践学习。

在虚拟环境中，应设定不同的角色，如客户、供应商、合作伙伴等，并赋予他们各自的特点和任务。学生可以选择不同的角色进行扮演，与虚拟环境中的其他角色进行交互。同时，虚拟场景应设计丰富的交互功能，如对话、谈判、演示等，以便于学生能够充分参与到虚拟的商务活动中。

（三）3D 虚拟环境在高职商务英语中的呈现

3D 虚拟环境的视觉呈现是吸引学生注意力、提高学习兴趣的关键。通过高精度的建模和渲染技术，可以呈现出逼真的场景、细腻的人物形象和生动的动画效果。同时，可以运用光影、色彩等视觉元素来营造不同的氛围和情感，使学生更好地沉浸在虚拟商务环境中。除了视觉呈现外，听觉呈现也是 3D 虚拟环境中的重要组成部分。通过添加背景音乐、环境音效和角色对话等声频元素，可以增强虚拟环境的真实感和沉浸感。学生可以通过听觉感知到虚拟场景中的氛围变化、角色情感等信息，从而更好地理解商务场景和角色行为。

交互体验是 3D 虚拟环境的核心优势之一。在高职商务英语教学中，通过设计各种交互任务和挑战，学生可以与虚拟环境中的角色进行对话、谈判、演示等互动操作。这些操作应具有高度的真实性和灵活性，使学生能够根据自己的意愿和策略进行选择和调整。同时，系统应提供及时的反馈和评价，帮助学生了解自己的表现和不足，从而不断改进和提高。

（四）3D 虚拟环境在高职商务英语中的应用效果

3D 虚拟环境以其逼真的场景和丰富的交互体验，能够激发学生的学习兴趣和好奇心。学生在虚拟环境中可以自由地探索、实践和创新，从而更加积极地参与到商务英语学习中。通过在 3D 虚拟环境中进行实践学习，学生可以模拟真实的商务场景，锻炼自己的商务英语应用能力、跨文化交际能力以及团队协作能力等综合素质。这种实践学习方式比传统的课堂教学更加贴近实际，有助于学生更好地适应未来的职业发展。

3D 虚拟环境的应用为高职商务英语教学带来了新的思路和方法。教师可以根据实际需求设计不同的虚拟场景和任务，灵活调整教学策略和方式。同时，学生也可以根据自己的兴趣和特点选择适合自己的学习路径和方式。这种教学模式的创新与发展有助于提高教学质量和效果。

二、沉浸式学习体验的设计

（一）概述

在全球化日益加深的今天，商务英语的学习对高职学生的职业发展具有不可忽视的作用。为了提高学习效果，培养学生的实际应用能力，设计一种沉浸式学习体验至关重要。

（二）沉浸式学习体验的概念与特点

沉浸式学习体验是一种通过模拟真实环境，让学生在其中进行实践、探索和学习的教育方式。它强调学生的主动参与和体验，让学生在模拟的情境中自然地运用所学知识，从而达到深度学习和理解的目的。

商务英语沉浸式学习体验的特点主要体现在以下几个方面：首先，它注重真实场景的模拟，让学生在模拟的商务环境中进行实践；其次，它强调学生的主动参与和互动，鼓励学生通过角色扮演、任务完成等方式进行实践学习；最后，它关注学生的情感体验，通过营造积极的学习氛围，激发学生的学习兴趣和动力。

（三）高职商务英语沉浸式学习体验的设计原则

设计商务英语沉浸式学习体验时，应尽可能还原真实的商务场景，包括办公环境、会议场所、商务洽谈室等；同时，还需模拟真实的商务活动，如商务谈判、商务演讲、商务接待等，以便于学生能够在真实的情境中学习和实践。沉浸式学习体验强调学生的主动参与和互动。因此，在设计过程中，应设置多样化的互动环节，如角色扮演、小组讨论、团队协作等，以激发学生的学习兴趣和积极性。

商务英语的学习注重实际应用能力。在设计沉浸式学习体验时，应注重培养学生的实践能力，设置与实际商务活动紧密相关的任务和挑战，让学生在实践中掌握商务英语的知识和技能。每个学生的学习需求和兴趣点都有所不同。因此，在设计沉浸式学习体验时，应充分考虑学生的个性化需求，提供多样化的学习资源和路径，以满足不同学生的学习需求。

（四）高职商务英语沉浸式学习体验的设计实践

首先，我们需要构建真实的商务场景。这包括办公室、会议室、展览厅等不同的商务环境。每个场景都应具备相应的设施、道具和装饰，以营造真实的商务氛围。同时，我们还需要考虑不同商务场景的布局和装饰风格，以便于学生能够更好地理解和适应各种商务环境。在商务英语沉浸式学习体验中，学生将扮演不同的商务角色，如经理、秘书、客户等。通过角色扮演，学生可以更好地了解商务角色的工作内容和职责，提升他们在实际商务活动中的应对能力。同时，我们还需要设计各种互动环节，如商务谈判、商务会议等，让学生在互动中学习和实践商务英语。

为了提高学生的实践能力和应对能力，我们需要设计一系列与商务活动紧密相关的任务和挑战。这些任务和挑战包括商务信函的撰写、商务演讲的准备、商务谈判的策略制定等。通过完成这些任务和挑战，学生可以更好地掌握商务英语知识和技能，提高他们的实际应用能力。在商务英语沉浸式学习体验中,及时的反馈和评价对于学生的学习效果至关重要。我们需要建立一套完善的反馈和评价机制,以便于学生能够及时了解自己的学习情况和进步程度。同时,我们还需要根据学生的反馈和评价对沉浸式学习体验进行不断优化和改进,以更好地满足学生的学习需求和提高他们的学习效果。

三、交互性与社交功能的强化

(一)概述

在高职商务英语教学中,强化交互性与社交功能对于提高学生的实际应用能力和综合素质具有重要意义。随着全球化的推进和商务英语教育的不断发展,传统的单向教学模式已无法满足现代商务英语教学的需求。

(二)高职商务英语交互性的强化

为了提高学生的商务英语应用能力,教师应创设多元化的交互情境,包括模拟商务谈判、商务会议、商务接待等真实场景。在这些情境中,学生可以扮演不同的角色,进行实际的语言交流和互动。通过模拟真实的商务活动,学生能够更好地理解和运用商务英语知识,提高语言的准确性和流利性。除了创设交互情境外,教师还应采用多样化的交互方式,如小组讨论、角色扮演、案例分析等。这些方式能够激发学生的学习兴趣和积极性,促进他们之间的合作与交流。通过小组讨论,学生可以共同探讨问题、分享经验;通过角色扮演,学生可以体验不同的商务角色,提高语言运用的灵活性;通过案例分析,学生可以学习如何分析和解决商务问题,提升解决实际问题的能力。

现代技术手段如多媒体、互联网等也为强化高职商务英语的交互性提供了有力支持。教师可以利用这些技术手段,制作丰富的教学课件、开展在线讨论、建立学习社区等。这些方式能够打破时间和空间的限制,使学生能够随时随地进行学习和交流。同时,现代技术手段还能够提供丰富的学习资源和信息,帮助学生拓宽视野、提升学习效果。

(三)高职商务英语社交功能的强化

商务英语作为一种跨文化的交际工具,其社交功能的强化离不开对学生跨文化交际能力的培养。教师应注重培养学生的跨文化意识,让他们了解不同文化背景下的商务礼仪、习俗和思维方式。同时,教师还应通过实践活动如国际交流、商务考察等,让学生亲身体验不同文化间的差异和相似之处，提高他们的跨文化交际能力。

商务沟通技巧是商务英语社交功能的重要组成部分。教师应教授学生有效的商务沟通技巧，如倾听、表达、反馈等。通过模拟商务场景中的沟通活动，学生可以练习这些技巧并学会如何在不同情境下灵活应用。此外，教师还可以邀请企业人士或具有丰富商务经验的人士来校进行讲座或指导，为学生提供更真实的商务沟通体验。

在商务活动中，团队协作能力对于实现共同目标至关重要。因此，高职商务英语教学中应注重学生团队协作能力的培养。教师可以通过分组活动、团队项目等方式，让学生在完成任务的过程中学会相互协作、分工合作。同时，教师还应引导学生学会处理团队内部的冲突和分歧，培养他们的团队意识与合作精神。

（四）交互性与社交功能强化的实施策略

为了强化高职商务英语的交互性与社交功能，教师应整合各种教学资源，优化课程设计。这包括选择具有实际意义的商务话题、设计具有挑战性的学习任务、提供丰富的学习材料等。通过优化课程设计，教师可以为学生创造一个既有趣又富有挑战性的学习环境，激发他们的学习热情和积极性。

在教学过程中，教师应加强与学生的互动，及时了解他们的学习需求和困难。通过课堂讨论、在线交流等方式，教师可以为学生提供及时的指导和帮助。同时，教师还应根据学生的反馈和表现，及时调整教学策略和方法，从而确保教学效果的最大化。除了课堂教学外，教师还应积极组织学生开展各种实践活动，如商务考察、企业实习、模拟竞赛等。这些活动能够为学生提供更广阔的学习空间和实践机会，帮助他们更好地理解和应用商务英语知识。通过实践活动，学生可以亲身体验商务英语的社交功能，提高他们的实际应用能力和综合素质。

四、个性化学习路径的定制

（一）概述

随着教育理念的更新和技术的发展，个性化学习已成为高职商务英语教学的重要趋势。每个学生都是独一无二的个体，具有不同的学习需求、兴趣和能力。因此，为高职学生定制个性化的商务英语学习路径至关重要，有助于提高学生的学习兴趣、效率和实际应用能力。

（二）个性化学习路径定制的重要性

每个学生的学习背景、兴趣和目标都有所不同。定制个性化的学习路径能够根据学生的实际情况，提供符合其需求的学习资源和任务。个性化学习路径能够让学生在学习过程中感受到自己的进步和成就，激发他们的学习兴趣和动力。通过选择自己感兴趣的学习内容和方式，学生能够更加积极地投入学习中。

个性化学习路径能够根据学生的能力水平和学习速度，调整学习任务的难度和进度，避免学生因学习过难或过易而失去信心或浪费时间。同时，个性化学习还能够帮助学生更好地理解和掌握知识，提高学习效果。

（三）个性化学习路径定制的原则

在定制个性化学习路径时，应充分尊重学生的主体地位，让学生参与到学习路径的设计和选择中。教师应与学生进行充分的沟通和交流，了解他们的学习需求和目标，共同制订合适的学习计划。根据学生的实际情况和能力水平，制定符合其特点的学习路径；对于基础薄弱的学生，应注重基础知识的巩固和基本技能的培养；对于能力较强的学生，应提供更多的拓展学习和挑战任务。

学习路径的定制应遵循循序渐进的原则，从简单到复杂、从基础到高级，逐步提高学生的商务英语能力；同时，还应根据学生的学习进度和反馈，适时调整学习路径，确保学习的连贯性和有效性。

（四）个性化学习路径定制的实施步骤

首先，教师需要通过问卷调查、访谈等方式，对学生的商务英语学习需求、兴趣、目标以及现有能力水平进行全面了解。这有助于教师准确把握学生的个性化特点，为后续的学习路径定制提供依据。在了解学生需求的基础上，教师应整合各种商务英语的学习资源，包括教材、课件、在线课程、实践项目等。这些资源应涵盖不同难度和层次的学习内容，以满足不同学生的需求。同时，教师还应关注学习资源的更新和拓展，确保学习内容的时效性和丰富性。

根据学生的学习需求和现有能力水平，教师应设计个性化的学习路径，包括确定学习目标、选择学习内容、安排学习进度和方式等。在设计学习路径时，教师应充分考虑学生的实际情况和兴趣点，确保学习路径的针对性和实效性。在学习过程中，教师应密切关注学生的学习进度和反馈，及时发现和解决学生在学习中遇到的问题。同时，教师还应根据学生的实际情况和学习效果，适时调整学习路径，确保学习的顺利进行。此外，教师还应鼓励学生进行自我监控和反思，帮助他们更好地掌握自己的学习进度和效果。

学习成果的评价和反馈是个性化学习路径定制的重要环节。教师应根据学生的学习目标和路径，制定合适的评价标准和方法，对学生的学习成果进行全面、客观的评价。

同时，教师还应将评价结果及时反馈给学生，帮助他们了解自己的优点和不足，以便于在未来的学习中进行调整和改进。

（五）个性化学习路径定制的挑战与对策

个性化学习路径的定制需要教师具备较高的专业素养和教育教学能力。因此，教师应不断提升自己的商务英语教学水平，学习先进的教育理念和教学方法，以便于更好地指导学生进行个性化学习。个性化学习路径的定制需要大量的学习资源支持。然而，目前商务英语学习资源的质量和数量参差不齐，给学习路径的定制带来了一定的挑战。因此，教师应加强对学习资源的筛选和整合，优化学习资源的配置和使用，确保学习路径的有效实施。

个性化学习路径的定制强调学生的主体性和自主性。然而，部分学生可能缺乏自主学习的意识和能力，导致学习效果不佳。因此，教师应加强对学生自主学习能力的培养和引导，帮助他们养成良好的学习习惯和方法，提高自主学习能力。

第二节 平台功能与学生沉浸式学习体验

一、平台功能的详细介绍

（一）概述

随着全球经济的深入发展和国际交流的日益频繁，商务英语在高职教育中的地位也逐渐凸显。为了满足高职学生对商务英语学习的需求，提高学习效率和质量，因此构建一个功能完善、操作便捷的高职商务英语平台显得尤为重要。

（二）高职商务英语平台的核心功能

高职商务英语平台的首要功能是整合和管理丰富的学习资源，其中包括各类商务英语教材、课件、视频教程、在线课程等。平台通过分类和标签化管理，使用户能够方便地搜索和获取所需的学习资源。同时，平台还应支持用户上传和分享自己的学习资源，形成一个开放、共享的学习资源库。平台提供全面的在线学习功能，支持学生随时随地进行自主学习，学生可以通过平台观看视频教程、参加在线课程、完成练习和测试等。平台还具备学习进度跟踪功能，记录学生的学习情况，帮助他们了解自己的学习进度和成果。

高职商务英语平台应注重培养学生的语言应用能力和跨文化交际能力。因此，平台需要提供多种互动交流功能，如在线讨论区、语音聊天室、实时翻译工具等。学生可以在平台上与教师、同学或其他语言学习者进行实时交流，分享学习心得和经验，提高语言运用能力和跨文化交际能力。

平台利用大数据和人工智能技术，对学生的学习行为和兴趣进行分析，为他们提供个性化的学习资源推荐。通过智能推荐功能，学生可以更加精准地获取符合自己需求的学习资源，提高学习效率和质量。平台应提供学习评估与反馈功能，帮助学生了解自己的学习状况和进步情况。通过在线练习和测试，平台可以对学生的学习成果进行实时评估，并给出相应的反馈和建议。学生可以根据反馈调整学习策略和方法，提升学习效果。

（三）高职商务英语平台的辅助功能

高职商务英语平台具备完善的用户管理功能，包括用户注册、登录、个人信息管理、学习记录查看等。平台通过用户管理功能，确保用户信息的准确性和安全性，同时为用户提供个性化的学习体验。平台支持教师或管理员对课程进行管理，包括课程的创建、编辑、发布和删除等操作。课程管理功能使得平台能够根据实际需求灵活调整课程内容，从而满足不同学生的学习需求。

平台通过消息通知功能，及时向用户发送学习提醒、课程更新、活动通知等信息。这有助于用户及时了解平台动态，不错过任何重要的学习机会。高职商务英语平台支持多种终端设备的使用，如电脑、手机、平板等。平台通过优化界面设计和交互方式，确保在各种终端设备上都能获得良好的用户体验。

（四）高职商务英语平台的意义与价值

高职商务英语平台通过整合优质学习资源、提供在线学习功能和智能推荐服务，使学生能够更加方便、高效地进行商务英语学习。平台的学习评估与反馈功能还能帮助学生及时了解自己的学习状况，调整学习策略，从而提高学习效果。平台强调学生的自主学习和互动交流，鼓励学生通过自主学习与合作学习的方式提升商务英语能力。这种学习方式有助于培养学生的自主学习能力、团队协作精神和跨文化交际能力，为他们未来的职业发展奠定坚实基础。

高职商务英语平台通过开放共享的学习资源库，实现了教育资源的优化配置和共享利用。这有助于缩小不同地区、不同学校之间的教育差距，促进教育均衡发展。高职商务英语平台的建设和应用，为商务英语教学提供了新的思路和手段。平台功能的不断完善和优化，将推动商务英语教学不断创新和发展，为培养更多具有国际化视野和竞争力的商务英语人才提供有力支持。

二、学生在 3D 环境中的学习行为分析

随着科技的飞速发展，三维（3D）技术在教育领域的应用越来越广泛，为学生提供了更加直观、生动的学习环境。然而，3D 环境对于学生的学习行为究竟有何影响？学生在 3D 环境中的学习行为又有哪些特点？

（一）3D 环境对学生学习行为的影响

3D 环境以其独特的视觉呈现和交互方式，极大地提高了学生的学习兴趣。与传统的学习环境相比，3D 环境能够模拟真实世界的场景，使学生仿佛置身其中，从而更加投入地学习。此外，3D 环境中的互动元素也增加了学生的参与度，使得学习过程更加有趣和生动。3D 环境有助于学生形成空间感，提升他们的空间认知能力。在 3D 环境中，学生可以自由地观察、探索和操作虚拟物体，从而能更好地理解空间关系和结构。这种空间认知能力的提升对于某些学科（如物理、地理等）的学习尤为重要。

3D 环境为学生提供了一个共享的虚拟空间，使得多人在线协作成为可能。学生可以在这个空间中讨论问题、交流想法、共同完成任务，从而增强他们的协作与交流能力。这种能力在当今社会越来越受到重视，对于学生未来的职业发展具有重要意义。

（二）学生在 3D 环境中的学习行为特点

在 3D 环境中，学生更倾向于进行自主探索和发现式学习。他们可以自由地探索虚拟空间，发现新的知识点和问题，从而培养自己的创新思维和解决问题的能力。这种学习方式有助于提高学生的主动性和自主性，使他们更加主动地参与到学习过程中。

3D 环境为学生提供了多样化的学习方式。除了传统的阅读、听讲等方式外，学生还可以通过观察、操作、实验等多种方式进行学习。这种多样化的学习方式使得学习过程更加丰富多彩，有助于激发学生的学习兴趣和积极性。在 3D 环境中，学生之间的互动非常频繁和紧密，他们可以通过语音、文字、动作等方式进行交流，分享彼此的想法和成果。这种高度互动性有助于培养学生的合作精神和沟通能力，同时也能够激发学生的学习动力和竞争意识。

（三）3D 环境中学生学习行为的优化策略

为了充分发挥 3D 环境的教学优势，教师需要精心设计教学环境。首先，要确保虚拟场景的逼真度和互动性，使学生能够沉浸其中。其次，要合理安排教学内容和任务，使学生在探索过程中能够逐步掌握知识和技能。最后，要关注学生的学习需求和反馈，及时调整教学策略和方法。

在 3D 环境中，教师应注重培养学生的自主学习能力。可以通过引导学生制订学习计划、自主选择学习资源、进行自我评价等方式，帮助学生逐步形成良好的自主学习习惯和能力。同时，教师还要关注学生的个体差异，为不同水平的学生提供个性化的学习支持和指导。虽然 3D 环境教学具有许多优势，但线上教学仍无法完全替代线下教学。因此，教师应积极探索线上、线下教学的融合模式，将 3D 环境的优势与线下教学的特点相结合，为学生提供更加全面、深入的学习体验。例如：可以在线下教学中引入 3D 模拟实验、虚拟实训等环节，增强学生对知识点的理解和应用能力。

三、沉浸式学习体验对学生学习效果的影响

（一）概述

随着信息技术的飞速发展，教育领域迎来了前所未有的变革。沉浸式学习体验作为其中的一种新兴教学模式，以其独特的优势正逐渐受到广大师生的青睐。沉浸式学习体验通过模拟真实环境、提供多维度的感官刺激以及互动式的学习方式，使学生能够全身心地投入学习过程中，从而提升学习效果。

（二）沉浸式学习体验的定义与特点

沉浸式学习体验是一种通过技术手段营造高度真实、互动的学习环境，使学生能够在这种环境中进行深度学习的教学模式。它主要依赖于虚拟现实、增强现实、混合现实（MR）等先进技术，为学生打造一个全新的学习空间。沉浸式学习体验的特点主要表现在以下几个方面。

（1）高度真实的环境模拟：通过技术手段模拟真实世界的场景和情境，使学生仿佛置身其中，增强学习的真实感和代入感。

（2）多维度的感官刺激：沉浸式学习体验能够提供视觉、听觉、触觉等多维度的感官刺激，使学生更加全面地理解和掌握知识。

（3）互动式的学习方式：学生在沉浸式的学习环境中可以与虚拟对象进行互动，通过实践操作来加深其对知识的理解和应用。

（三）沉浸式学习体验对学生学习效果的影响

沉浸式学习体验以其独特的教学方式和丰富的学习资源，能够极大地激发学生的学习兴趣和积极性。学生在高度真实的环境中学习，能够感受到学习的乐趣，从而更加主动地投入学习中。这种积极的学习态度有助于提高学生的学习效果。沉浸式学习

体验通过多维度的感官刺激和互动式的学习方式，使学生能够更加深入地理解和掌握知识。学生在实际操作中与虚拟对象进行互动，能够更好地理解知识的内在逻辑和应用场景。同时，高度真实的环境模拟也能够帮助学生形成更加深刻的记忆，从而提高学习效果。

沉浸式学习体验鼓励学生进行自主学习和探究，通过实践操作来解决问题。这种学习方式有助于培养学生的创新思维和实践能力。学生在面对问题时，需要运用所学知识进行思考和探索，寻找解决问题的方法。这种过程不仅能够锻炼学生的思维能力，还能够提高他们的实践操作能力。

沉浸式学习体验往往涉及多人共同参与的学习活动，学生需要在团队中协作完成任务。这种学习方式有助于培养学生的协作和交流能力。在团队中，学生需要与他人分享自己的想法和见解，共同解决问题。这种过程不仅能够提高学生的沟通能力，还能够培养他们的团队合作精神。

（四）如何有效实施沉浸式学习体验

并非所有教学内容都适合采用沉浸式学习体验的方式进行教学。因此，教师在实施沉浸式学习体验时，需要根据教学内容和目标选择合适的场景和情境。同时，教师还需要注意场景的真实性和可操作性，以确保学生能够充分投入学习中。沉浸式学习体验需要依赖先进的技术手段和设备来实现。因此，学校需要为教师和学生提供必要的技术支持与设备保障，确保沉浸式学习体验能够顺利进行；同时，还需要定期对设备进行维护和更新，以保证其正常运行和性能稳定。

教师在实施沉浸式学习体验中扮演着重要的角色。因此，学校需要加强对教师的培训和指导，帮助他们掌握沉浸式学习体验的教学方法和技巧。同时，还需要鼓励教师积极探索和创新教学方式，以更好地发挥沉浸式学习体验的优势。

四、平台功能优化与学生体验提升的策略

（一）概述

在信息化、数字化的时代背景下，各类教育平台如雨后春笋般涌现，为学生提供了丰富的学习资源和便捷的学习途径。然而，随着市场竞争的加剧和用户需求的多样化，平台功能的优化与学生体验的提升成了教育平台持续发展的关键所在。

（二）平台功能优化策略

平台功能的优化应始终以用户需求为导向。通过市场调研、用户访谈等方式，深入了解学生的学习习惯、兴趣偏好以及在学习过程中遇到的困难和问题。基于这些需求信息，对平台功能进行有针对性的优化，以满足用户的实际需求。

复杂烦琐的操作流程往往会影响用户的使用体验。因此，平台应尽可能简化操作流程，减少不必要的步骤和点击次数。同时，提供清晰明确的操作指引和提示，帮助用户快速掌握平台的使用方法。随着大数据时代的到来，平台需要处理的数据量越来越大。为了提升用户体验，平台应不断优化数据处理能力，提高响应速度和准确性。例如：采用先进的算法和技术，对海量数据进行高效处理和分析，为用户提供更加精准的学习推荐和资源匹配。

保障用户数据安全是平台功能优化的重要一环。平台应采取多种措施，加强数据的安全防护，防止用户信息泄露和滥用；同时，建立完善的用户隐私保护机制，确保用户的合法权益得到保障。

（三）学生体验提升策略

每个学生都有独特的学习需求和兴趣偏好。平台应通过数据分析等技术手段，为用户提供个性化的学习资源和推荐服务。例如：根据学生的学习进度和成绩情况，为其定制合适的学习计划和课程安排；根据用户的兴趣偏好，为其推荐相关的学习资料和活动。互动式教学能够激发学生的学习兴趣和积极性，提升学习效果。平台应设计丰富多样的互动环节，如在线讨论、小组合作、实时问答等，让学生在轻松愉快的氛围中学习；同时，建立有效的反馈机制，及时收集学生的意见和建议，对教学内容和方式进行持续改进。

学习资源的质量直接关系到学生的学习效果。平台应积极与知名教育机构和专家合作，引进优质的教育资源和课程内容。同时，建立严格的资源审核机制，确保资源的准确性和权威性。此外，平台还可以鼓励用户上传和分享自己的学习资源，形成丰富多样的学习资源库。

优质的客户服务是提升学生体验的重要保障。平台应建立专业的客户服务团队，为用户提供及时、准确、友好的服务。当用户在使用过程中遇到问题或困难时，客服人员要能迅速响应并提供有效的解决方案。同时，平台还可以通过设置在线客服、建立用户社区等方式，方便用户之间的交流和互助。

（四）综合策略与实施建议

平台功能优化与学生体验提升需要多个部门的协作与配合。因此，平台应建立跨部门协作机制，加强各部门之间的沟通与协作。同时，整合内外部资源，形成合力，共同推动平台功能的优化和学生体验的提升。教育市场在不断变化和发展，平台应保持敏锐的洞察力，关注市场动态和用户需求的变化。通过持续创新和迭代，不断优化平台功能和提升用户体验，以适应市场的变化和满足用户的需求。

用户反馈是优化平台功能和提升用户体验的重要依据。平台应建立有效的用户反馈机制，收集和分析用户的意见和建议。针对用户反馈的问题和需求，及时进行改进和优化，从而提升用户满意度和忠诚度。为确保平台功能的充分发挥和学生体验的有效提升，平台应定期对用户进行培训和支持，通过举办线上线下培训活动、提供用户手册和教程等方式，帮助用户更好地了解和使用平台功能。同时，建立用户支持团队，为用户提供及时的技术支持和问题解决服务。

第三节　商务英语教学情境模拟与增强学生参与性

一、利用平台进行商务英语教学情境模拟的方法

（一）概述

商务英语作为专门用途英语的一个分支，旨在培养学生在商务环境中的语言运用能力和跨文化交际能力。然而，传统的商务英语教学方法往往侧重于语法和词汇的学习，忽视了实际商务场景的模拟和实践。随着信息技术的不断发展，利用平台进行商务英语教学情境模拟成了一种有效的教学方法。

（二）平台选择与功能分析

在进行商务英语教学情境模拟之前，首先需要选择适合的平台。目前，市场上存在着多种教育平台，如在线教育平台、虚拟现实平台等。在选择平台时，需要考虑平台的稳定性、易用性、交互性以及是否支持商务英语教学的特定需求。

选定平台后，需要对平台的功能进行深入分析。一个好的商务英语教学情境模拟平台应具备以下功能：支持多人在线协作、提供丰富的商务场景和案例、允许学生进行角色扮演和互动、具备实时反馈和评估机制等。这些功能能够帮助学生更好地融入商务环境，提高语言运用能力和交际能力。

（三）商务英语教学情境模拟的设计与实施

在进行商务英语教学情境模拟之前，需要根据教学目标和学生需求设计合适的商务场景。场景设计应涵盖商务谈判、会议、报告、营销等方面，以全面提高学生的商务英语能力。同时，场景设计应具有一定的真实性和挑战性，以激发学生的学习兴趣和积极性。

在情境设计完成后，需要对学生进行角色分配和任务设定。根据场景的不同，可以设定不同的角色，如谈判代表、会议主持人、营销人员等。同时，需要为每个角色设定具体的任务和目标，以确保学生能够充分参与并达到预期的学习效果。

在平台上进行商务英语教学情境模拟时，教师需要指导学生正确操作平台，确保学生能够顺利进入模拟环境。在模拟过程中，教师应鼓励学生积极参与互动，与其他角色进行对话与合作。同时，教师还应关注学生的表现，及时给予指导和反馈。

（四）教学效果评估与反馈

商务英语教学情境模拟结束后，需要对教学效果进行评估。评估可以通过多种方式进行，如观察学生的表现、收集学生的作品、进行问卷调查等。评估内容应涵盖学生的语言运用能力、跨文化交际能力、团队协作能力等方面。通过评估，可以了解学生在模拟过程中的表现和不足，为今后的教学提供改进的方向。

评估完成后，教师应及时向学生提供反馈和指导。反馈应具体、明确，指出学生在模拟过程中的优点和不足，并提出改进建议。同时，教师还应针对学生在模拟过程中遇到的问题和困难进行解答和指导，帮助学生提高商务英语能力和应对实际商务场景的能力。

二、情境模拟对学生参与度的影响分析

（一）概述

随着教育理念的更新和教学方法的创新，情境模拟作为一种新型的教学形式，在商务英语教学中发挥着越来越重要的作用。情境模拟通过构建真实的商务环境，让学生在模拟的商务场景中进行角色扮演和互动，从而提高学生的参与度和学习兴趣。

（二）情境模拟的定义与特点

情境模拟是一种基于实际情境的教学方法，通过模拟真实的商务环境，让学生在模拟的场景中进行角色扮演和互动，以达到提高学习效果的目的。情境模拟具有以下三个特点。

（1）真实性：情境模拟力求还原真实的商务环境，使学生在模拟中能够感受到真实的商务氛围，从而更好地理解和应用所学知识。

（2）互动性：情境模拟鼓励学生之间的互动与合作，通过角色扮演和对话交流，提高学生的口语表达能力和团队协作能力。

（3）灵活性：情境模拟可以根据不同的教学目标和学生需求进行灵活设计，以满足个性化的学习需求。

（三）情境模拟对学生参与度的影响

传统的商务英语教学往往注重语法和词汇的学习，忽视了实际商务场景的模拟和实践；而情境模拟通过构建真实的商务环境，让学生在模拟的商务场景中进行角色扮演和互动，使得学习过程更加生动有趣，从而激发学生的学习兴趣。学生在参与情境模拟的过程中，能够感受到学习的乐趣，进而更加积极地投入学习中。情境模拟中的商务场景往往具有一定的复杂性和挑战性，需要学生运用所学知识进行分析和判断。在模拟过程中，学生需要主动思考如何解决问题、如何进行有效的沟通等，这有助于培养学生的批判性思维和解决问题的能力。同时，通过与其他角色的互动与合作，学生还能够从多个角度审视问题，拓宽思维视野。

情境模拟为学生提供了一个实践的平台，让学生在模拟的商务场景中进行实际操作。通过角色扮演和互动，学生能够更好地理解和应用所学知识，提升实践能力。此外，情境模拟还能够帮助学生熟悉商务流程和规范，掌握商务沟通技巧和策略，为将来的职业生涯奠定坚实基础。情境模拟通常需要学生分组进行，每个小组内的成员需要共同完成任务。在模拟过程中，学生需要相互协作、密切配合，共同应对各种挑战。这种团队协作的经历有助于培养学生的团队意识和协作能力，提高学生的综合素质。

（四）优化情境模拟以提高学生参与度的策略

情境模拟任务的设计应充分考虑学生的实际情况和教学目标，确保任务具有一定的挑战性和趣味性。同时，任务的设计还应注重培养学生的综合能力和素质，避免过于简单或过于复杂。在情境模拟过程中，教师应充分发挥引导作用，及时给予学生指导和帮助。同时，教师还应关注学生的表现，及时给予反馈和评价，帮助学生认识不足并改进、提高。

课堂氛围对于学生的参与度具有重要影响。教师应努力营造积极、开放、包容的课堂氛围，鼓励学生大胆尝试、积极参与。此外，教师还可以通过设置奖励机制等方式，激发学生的参与热情。

第四节 平台使用效果与反馈分析

一、平台使用情况的统计与分析

（一）概述

随着信息技术的飞速发展，教育平台在商务英语教学中的应用越来越广泛。这些平台通过提供丰富的教学资源、优秀的实时互动和便捷的学习管理功能，极大地提升了商务英语教学的效果和学生的参与度。然而，不同的平台在使用情况上可能存在差异，因此，对平台的使用情况进行统计与分析，有助于我们更好地了解平台的使用状况，优化平台功能，提升教学质量。

（二）平台使用情况的统计

为了全面了解平台的使用情况，我们从多个角度进行了统计，主要包括用户活跃度、教学资源使用情况、互动功能使用情况等。

用户活跃度是衡量平台使用情况的重要指标之一。我们通过统计平台的登录次数、在线时长和访问频率等指标来评估用户的活跃度。统计数据显示，平台的用户活跃度呈现出稳步上升的趋势，越来越多的用户开始使用平台进行商务英语学习。

平台提供了大量的商务英语教学资源，包括课程视频、声频、课件、案例等。我们统计了各类资源的浏览量、下载量和使用频率。结果显示，课程视频和课件是最受欢迎的资源类型，其浏览量和下载量均居前列。同时，用户对案例资源的关注度也在逐渐提升。平台的互动功能对于提升学生的学习效果具有重要作用。我们统计了用户在平台上的互动行为，如提问、回答、讨论等。数据显示，用户在平台上的互动频率逐渐增加，这表明平台的互动功能得到了有效利用。

（三）平台使用情况的分析

从用户活跃度的统计数据来看，平台的用户群体正在不断扩大。这说明平台在商务英语教学中的影响力逐渐增强，越来越多的学生开始使用平台进行学习。这也为我们进一步推广平台、扩大用户基础提供了有力支持。教学资源使用情况的统计数据显示，用户对教学资源的需求呈现出多样化的特点。除了传统的课程视频和课件以外，用户对案例资源的需求也在逐渐提升。这要求我们在未来的平台建设中，应更加注重教学资源的多样性和丰富性，以满足不同用户的需求。

虽然平台的互动功能得到了有效利用，但仍存在一些不足之处。例如：部分用户反映提问后得不到及时回复，讨论区的氛围不够活跃等。因此，我们需要进一步优化平台的互动功能，提高用户的参与度和满意度。

（四）优化建议与措施

针对平台用户群体不断扩大的趋势，我们应进一步加强平台的推广与宣传，提高平台的知名度和影响力。可以通过与高校合作、举办线上线下活动等方式，吸引更多的用户加入平台。

为了满足用户对教学资源多样化的需求，我们应不断丰富教学资源内容，增加案例、模拟场景等实用型资源。同时，我们还可以引入行业专家进行授课或分享经验，提升资源的质量和实用性。针对互动功能存在的不足，我们应积极优化互动功能体验。例如：我们可以设置专门的客服团队负责回答用户提问，确保问题得到及时回复；同时，可以引入激励机制，鼓励用户积极参与讨论和分享经验，营造活跃的互动氛围。

二、学生与教师对平台的反馈意见收集

（一）概述

在教育信息化的大背景下，商务英语教学平台作为提升教学质量和学生学习效果的重要工具，得到了广泛应用。然而，平台的使用效果往往取决于用户的反馈和意见。为了不断优化平台功能，提升用户体验，我们特别收集了学生与教师对平台的反馈意见，并进行了深入的分析和总结。

（二）学生反馈意见分析

学生是平台的主要使用者之一，他们的反馈意见对于平台的改进至关重要。以下是我们收集到的学生反馈意见的分析。

许多学生表示，平台提供了大量的教学资源，包括课程视频、课件、习题等，这对于他们的学习非常有帮助。然而，他们指出，这些资源的分类不够清晰，有时候难以快速找到所需要的内容，因此，建议平台进一步优化资源分类和搜索功能，提高资源的易用性。学生普遍认为，平台的互动功能非常强大，包括在线讨论、提问、作业提交等；然而，他们也反映，尽管有这些功能，但实际上学生的参与度并不高，有时候提问得不到及时回复，讨论区的氛围也不够活跃。因此，建议平台通过激励机制、定期活动等方式提高学生的参与度。

大部分学生表示，平台的界面设计简洁明了、易于使用；但是，也有部分学生反映，在某些具体操作上存在一些不便，如视频播放不流畅、页面加载速度慢等。因此，建议平台加强技术优化，提升操作体验。

（三）教师反馈意见分析

教师是平台的重要使用者，他们的反馈意见对于平台教学功能的完善具有重要意义。以下是我们收集到的教师反馈意见的分析。

教师们普遍认为，平台的教学管理功能非常实用，包括学生信息管理、课程安排、作业批改等。只是，他们还希望平台能够提供更深入的数据分析功能，帮助他们更好地了解学生的学习情况和教学效果。因此，建议平台加强数据分析功能的开发，为教师提供更有价值的教学支持。教师们表示，平台支持多种教学模式，如在线直播、录播课程等，这为他们的教学提供了很大的灵活性。但是，他们也指出，不同教师和学生有不同的教学和学习需求，希望平台能够提供更多个性化的教学工具和资源，因此，建议平台在保持功能多样性的基础上，进一步关注个性化教学需求的满足。

大部分教师反映，平台的客服支持响应迅速，能够及时解决他们在使用过程中遇到的问题。然而，他们也表示，有时候客服对于教学方面的专业问题了解不够深入，无法提供有效的解决方案。因此，建议平台加强对客服团队的专业培训，提升他们的教学服务能力。

第十章 结论与展望

第一节 研究成果总结

一、高职商务英语数字教学资源设计与开发的主要成果

（一）概述

随着信息技术的迅猛发展，数字教学资源在高职商务英语教学中的应用越来越广泛。这些资源以其独特的优势，为商务英语教学提供了全新的教学模式和手段，极大地提升了教学效果和学生的学习体验。

（二）数字教学资源设计与开发的理念与目标

在高职商务英语数字教学资源的设计与开发过程中，我们始终坚持以学生为中心、以实用为导向的理念。我们的目标是构建一套内容丰富、形式多样、交互性强的数字教学资源体系，以满足学生自主学习、个性化学习的需求，同时提升教师的教学效率和效果。

（三）数字教学资源设计与开发的主要内容

我们根据高职商务英语教学的特点和需求，对课程内容进行了精心的设计与开发。包括商务英语口语、商务英语写作、商务英语翻译等模块，每个模块都涵盖了丰富的知识点和实用的技能点。同时，我们还注重课程内容的时效性和实用性，不断更新和完善教学资源，确保学生能够学到最新、最实用的商务英语知识。为了增强学生的学习体验和兴趣，我们还制作了大量的多媒体教学资源，包括视频、声频、图片等。这些资源不仅丰富了教学内容，还提高了学生的参与度和互动性。同时，我们还对这些资源进行了整合和优化，使其更加符合学生的认知规律和学习习惯。

我们搭建了一个功能强大的交互式教学平台，为学生提供在线学习、交流、测试等多种功能。学生既可以通过平台随时随地进行学习，与教师和其他学生进行交流互动，还可以进行在线测试和自我评价。这一平台的搭建与完善，极大地提升了学生的学习效率和效果。

（四）数字教学资源设计与开发的创新点

我们根据学生的不同需求和水平，设计了个性化的学习路径：学生可以根据自己的实际情况选择适合自己的学习内容和难度，实现自主学习和个性化发展。我们利用人工智能技术，开发了一套智能化学习辅助系统：该系统能够根据学生的学习情况和反馈，智能推荐相关的学习资源和练习题目，帮助学生更好地掌握知识和技能。

我们注重跨平台学习体验的优化，确保学生在不同设备和平台上都能够获得一致的学习体验。无论电脑、手机还是平板，学生都可以方便地访问和使用数字教学资源。

（五）数字教学资源设计与开发的实施效果

通过高职商务英语数字教学资源的设计与开发，我们取得了显著的实施效果。学生的学习兴趣和积极性得到了极大提升，自主学习能力和综合素质也得到了显著提高。同时，教师的教学效率和效果得到了明显改善，教学质量也得到了进一步提升。

二、3D 网络学习空间平台在商务英语教学中的应用成效

（一）概述

随着信息技术的不断发展，3D 技术已经逐渐渗透到教育领域，为商务英语教学提供了全新的教学模式和学习体验。3D 网络学习空间平台以其独特的优势，如沉浸式学习、交互性强、可视化展示等，为商务英语教学带来了革命性的变革。

（二）3D 网络学习空间平台在商务英语教学中的应用概述

3D 网络学习空间平台通过构建三维虚拟环境，为商务英语教学提供了丰富的场景和情境。学生可以在这个虚拟环境中进行角色扮演、模拟商务活动、互动学习等，从而更加直观地理解和掌握商务英语的知识和技能。同时，教师也可以利用这一平台设计各种教学活动和任务，引导学生进行自主学习与合作学习，提高教学效果和学习效率。

（三）3D 网络学习空间平台在商务英语教学中的应用成效

3D 网络学习空间平台通过构建逼真的商务场景和情境，使学生仿佛置身于真实的商务环境中。这种沉浸式的学习体验让学生更加投入地参与到学习中，增强了学习的趣味性和吸引力。同时，平台中的互动功能和社交功能也让学生能够在学习中与他人进行交流与合作，进一步提高了学习兴趣和积极性。通过在 3D 网络学习空间平台的学习，学生能够更加直观地理解和掌握商务英语知识和技能。平台中的三维模型和动画展示可以帮助学生更好地理解商务概念和流程，而模拟商务活动则可以让学生在实际操作中巩固和应用所学知识。这种学习方式不仅提高了学习效果，还促进了知识的内化和长期记忆。

3D 网络学习空间平台为学生提供了大量的实践机会和场景。学生可以在虚拟环境中进行角色扮演、商务谈判、会议组织等实践活动，从而锻炼自己的实践能力和解决问题的能力。同时，平台中的合作学习和竞争学习也可以培养学生的团队协作精神和竞争意识，提升其综合素质和创新能力。

（四）3D 网络学习空间平台应用中存在的问题与挑战

虽然 3D 网络学习空间平台在商务英语教学中取得了显著的应用成效，但在实际应用中也存在一些问题和挑战。

3D 网络学习空间平台的建设和维护需要较高的技术支持和投入。平台需要不断更新和升级以适应新的教学需求和技术发展，这需要投入大量的人力、物力和财力。同时，平台的稳定性和安全性也需要得到保障，以防止出现技术故障和数据泄露等问题。目前，许多商务英语教师对 3D 网络学习空间平台的应用还不够熟悉和熟练。他们缺乏相关的技术培训和经验积累，难以充分发挥平台的教学优势。因此，需要加强教师培训和技术支持，提高他们的应用能力和教学水平。

由于 3D 网络学习空间平台是一种全新的教学模式和学习方式，部分学生可能会存在适应性的问题。他们可能对这种沉浸式的学习环境和交互方式感到陌生和不适应，需要一定的时间来适应和熟悉。同时，不同学生的学习风格和需求也存在差异，因此，需要关注个体差异并提供个性化的学习支持。

第二节 研究的局限性和不足之处

一、研究方法与数据来源的局限性

(一) 概述

在社会科学研究中,研究方法和数据来源的选择至关重要。它们不仅决定了研究的深度和广度,还直接影响了研究的可信度和有效性。然而,无论采用何种研究方法或数据来源,都存在一定的局限性。

(二) 研究方法的局限性

定性研究通常依赖于深入访谈、案例研究、观察等方式来收集和分析数据。这种方法能够深入了解现象的本质和背后的原因,但也存在一些局限性。首先,定性研究的结果往往受到研究者主观性的影响,不同研究者可能会得出不同的结论。其次,定性研究的样本通常规模较小,难以代表整体情况,因此,其结果的普适性有限。最后,定性研究的数据收集和分析过程较为烦琐和耗时,需要研究者具备较高的专业素养和耐心。

定量研究主要通过问卷调查、实验、统计分析等方式来收集和分析数据。这种方法具有客观性和可重复性的优点,但也存在一定的局限性。首先,定量研究往往只能揭示变量之间的表面关系,难以深入探究现象背后的原因和机制。其次,问卷调查等方式可能存在样本偏差和回答偏差等问题,影响结果的准确性。最后,定量研究通常要求研究者具备较高的统计知识和技能,否则可能导致数据分析的失误或偏差。

混合研究结合了定性研究和定量研究的优点,旨在弥补单一研究方法的不足。然而,混合研究也存在一些局限性。首先,混合研究需要同时运用两种或多种研究方法,这增加了研究的复杂性和难度。其次,不同研究方法之间的衔接和整合可能存在一定的困难,需要研究者具备较高的综合能力和判断力。最后,混合研究可能面临资源限制和时间压力等问题,导致研究难以充分展开。

(三) 数据来源的局限性

二手数据通常是指已经存在的、由他人收集和分析的数据。使用二手数据可以节省研究的时间和成本，但也存在一些局限性。首先，二手数据的质量和可靠性可能无法得到保证，因为数据的收集和分析过程可能受到多种因素的影响。其次，二手数据可能无法满足研究的特定需求，因为数据收集的目的和范围可能与研究目的不一致。此外，二手数据的获取和使用可能受到法律和道德规范的限制，需要研究者谨慎处理。

一手数据是研究者亲自收集的数据，通常具有较高的可靠性和针对性。然而，一手数据的收集也存在一些局限性。首先，一手数据的收集需要投入大量的人力、物力和财力，成本较高。其次，一手数据的收集过程可能受到多种因素的影响，如样本选择、数据收集工具和方法等，这些因素可能导致数据的偏差或失真。最后，一手数据的收集和分析需要研究者具备较高的专业素养和技能，否则可能导致数据的质量问题。

二、实践应用中遇到的问题与挑战

在商务英语教学实践中，无论是教学方法的革新还是技术应用，都会遭遇一系列问题和挑战。这些问题和挑战不仅来自教学内容的复杂性，也来自学生、教师以及技术本身的限制。

（一）学生层面的问题与挑战

商务英语教学面对的学生群体基础水平参差不齐，这给教学实践带来了极大的挑战。基础薄弱的学生难以跟上教学进度，而基础较好的学生则可能觉得教学内容过于简单，缺乏挑战性。如何在教学中平衡不同水平学生的需求，确保每位学生都能获得有效的学习体验，是教学实践中需要解决的重要问题。商务英语作为一门专业性较强的课程，需要学生投入大量的时间和精力进行学习和实践。然而，部分学生可能因为对商务领域不感兴趣或者认为商务英语与未来职业发展方向不符而缺乏学习动力。如何激发学生的学习兴趣和积极性，提高他们的学习参与度，是教学实践中需要面对的挑战。

商务英语教学注重培养学生的实际应用能力和自主学习能力。然而，部分学生可能更习惯于传统的被动接受式学习，缺乏自主学习和独立思考的能力。这导致他们在面对实际问题时难以灵活地运用所学知识，也无法有效进行自主学习和终身学习。因此，如何培养学生的自主学习能力，提高他们的综合素质，是教学实践中需要解决的重要问题。

（二）教师层面的问题与挑战

部分商务英语教师可能仍坚持传统的教学理念和方法，难以适应新时代的教学需求。他们可能过于注重知识的传授而忽视学生能力的培养，或者过于依赖教材而忽视实际应用的结合。这种落后的教学理念和方法不仅影响了教学效果，也限制了学生的发展。因此，教师需要不断更新教学理念和方法，以适应新时代的教学需求。随着信息技术的快速发展，商务英语教学越来越多地依赖于技术手段。然而，部分教师可能由于年龄、技术背景等原因，对新技术应用不够熟练或者缺乏足够的认识，导致他们在教学中无法充分发挥技术的作用，也无法为学生提供有效的技术支持。因此，教师需要不断提升自己的技术应用能力，以便更好地服务于教学实践。

（三）技术层面的问题与挑战

商务英语教学实践中所使用的技术设备和软件往往需要不断更新换代以适应新的教学需求。然而，这也会带来一系列问题，如技术更新成本高昂、设备维护困难等。此外，新技术的引入也可能导致旧设备的淘汰和浪费，给学校带来经济负担。因此，如何在保证教学质量的前提下降低技术成本，是教学实践中需要解决的问题。虽然技术手段为商务英语教学提供了更多的可能性，但如何将技术与教学内容有效整合仍是一个难题。教师需要花费大量的时间和精力去探索适合的教学方法和手段，以确保技术真正为教学服务。同时，学生也需要适应这种新型的教学方式，这可能需要一定的时间和过程。因此，如何实现技术与教学内容的深度融合，提高教学效果，是教学实践中需要面对的挑战。

第三节　未来研究方向和建议

一、高职商务英语数字教学资源设计与开发

随着信息技术的迅猛发展，数字教学资源在高职商务英语教学中的应用日益广泛。数字教学资源以其独特的优势，如资源丰富、交互性强、可重复利用等，为商务英语教学提供了全新的教学模式和学习体验。然而，目前高职商务英语数字教学资源的设计与开发仍存在诸多问题，如资源内容单一、缺乏创新性、缺乏个性化学习支持等。因此，探索高职商务英语数字教学资源设计与开发的创新路径，对于提升商务英语教学质量具有重要意义。

（一）高职商务英语数字教学资源现状分析

目前，高职商务英语数字教学资源主要包括教材配套课件、在线课程、学习平台等。这些资源在一定程度上丰富了教学内容和教学手段，但仍存在一些不足。首先，资源

内容较为单一，缺乏深度和广度，难以满足学生多样化的学习需求。其次，部分资源缺乏创新性，未能充分体现商务英语教学的特点和优势。此外，现有资源在个性化学习支持方面也存在不足，无法有效满足不同学生的学习风格和进度。

（二）高职商务英语数字教学资源设计与开发的创新路径

在设计与开发高职商务英语数字教学资源时，应始终坚持以学生为中心的原则，充分关注学生的学习需求和兴趣。通过调研和分析学生的实际需求，确定资源开发的目标和方向。同时，注重资源的实用性和针对性，确保资源内容与学生的实际学习需求相契合。为了克服现有资源内容单一的问题，应积极整合优质资源，丰富内容形式。一方面，可以引入国内外优秀的商务英语教材、案例、视频等资源，为学生提供多样化的学习材料。另一方面，可以创新资源呈现形式，如利用虚拟现实技术创建商务场景，让学生在模拟环境中进行实践学习。

在资源设计与开发的过程中，应强化创新理念，突出商务英语特色。可以结合商务英语教学的特点和优势，开发具有创新性的教学资源。例如：可以设计具有商务场景的对话练习、商务案例分析等任务，让学生在实践中提升商务英语应用能力；同时，可以融入跨文化交际元素，帮助学生了解不同文化背景下的商务沟通方式。

为了满足不同学生的学习风格和进度需求，应加强个性化学习支持。可以通过分析学生的学习数据和行为，为每个学生提供定制化的学习建议和资源推荐。同时，可以开发智能教学系统，实现对学生学习进度的实时跟踪和反馈，帮助学生更好地掌握知识和技能。

教师在数字教学资源的设计与开发中扮演着关键性角色。为了推动高职商务英语数字教学资源的创新与发展，需要加强教师的培训和技能提升。通过组织专题培训、研讨会等活动，帮助教师掌握数字教学资源设计与开发的基本理念和技术手段。同时，鼓励教师积极参与资源设计与开发工作，发挥他们的创造力和实践经验，推动资源的不断更新和完善。

为了促进高职商务英语数字教学资源的共享与交流，可以建立相应的机制。例如：可以搭建资源共享平台，让不同学校、不同教师之间的资源得以共享和交流；同时，可以定期组织教学资源设计大赛、经验分享会等活动，激发教师的创新热情，推动资源的不断优化和创新。

二、3D 网络学习空间平台在商务英语教学中的拓展应用

（一）概述

随着信息技术的迅猛发展和教育改革的深入推进，3D 网络学习空间平台作为一种新型的教学工具，在商务英语教学中的应用逐渐受到广泛关注。3D 网络学习空间平台通过构建虚拟的三维学习环境，为学生提供了沉浸式的学习体验，有助于激发学生的学习兴趣，提高学习效果。

（二）3D 网络学习空间平台的特点与优势

3D 网络学习空间平台是一种基于虚拟现实技术的在线学习平台，具有以下特点和优势。

沉浸式学习体验：3D 网络学习空间平台通过构建三维虚拟环境，使学生仿佛置身于真实的学习场景中，从而获得沉浸式的学习体验。这种学习方式有助于激发学生的学习兴趣和积极性，提高学习效果。

交互性强：3D 网络学习空间平台支持学生与教师、学生与学生之间的实时互动，包括文字、语音、视频等形式。这种交互方式有助于提高学生的学习参与度，促进知识的共享和交流。

资源丰富多样：3D 网络学习空间平台可以整合多种教学资源，如文本、图片、视频、声频等，形成丰富多样的教学内容。同时，平台还支持用户自定义学习内容，满足学生的个性化学习需求。

突破时空限制：3D 网络学习空间平台不受时间和地点的限制，学生可以随时随地进行学习。这种学习方式有助于提高学生的自主学习能力和终身学习能力。

（三）3D 网络学习空间平台在商务英语教学中的拓展应用

商务英语教学注重培养学生的实际应用能力，而 3D 网络学习空间平台可以为学生提供真实的商务场景模拟。通过构建虚拟的商务环境，学生可以在平台上进行角色扮演，模拟商务谈判、会议、演讲等实际场景。这种学习方式有助于学生在实践中掌握商务知识和技能，提高应对实际问题的能力。商务英语教学涉及不同国家和地区的商务文化和礼仪。3D 网络学习空间平台还可以为学生提供丰富的商务文化交流与体验资源。例如：平台可以构建不同国家的商务场景，让学生了解不同国家的商务文化、商务礼仪和商务谈判风格。此外，平台还可以邀请外籍教师或商务人士进行在线交流，帮助学生拓宽国际视野，提高跨文化交际能力。

商务案例分析是商务英语教学中的重要环节，有助于培养学生分析问题和解决问题的能力。3D网络学习空间平台可以为学生提供丰富的商务案例资源，并支持学生进行在线讨论和交流。学生可以在平台上分析案例，提出自己的见解和解决方案，与其他同学和教师进行互动和讨论。这种学习方式有助于提高学生的批判性思维能力和团队协作能力。

3D网络学习空间平台支持学生的自主学习和个性化学习。学生可以根据自己的学习需求和兴趣，在平台上选择适合自己的学习内容和难度。同时，平台还可以根据学生的学习进度和表现，为学生推荐相应的学习资源和练习题目，帮助学生制定个性化的学习路径。这种学习方式有助于提升学生的自主学习能力和学习效果。

参考文献

[1] 云芳. 高职商务英语专业建设研究：从整到融 [M]. 北京：中国商务出版社，2018.

[2] 陈海燕. 高职商务英语专业实践教学体系研究 [M]. 北京：北京理工大学出版社，2016.

[3] 王娟萍. 高职商务英语专业实践教学体系研究 [M]. 北京：北京理工大学出版社，2014.

[4] 曹深艳. 高职商务英语专业合作育人模式研究与实践 [M]. 北京：北京理工大学出版社，2013.

[5] 崔玉梅. 实用英语口语教程 [M]. 重庆：重庆大学出版社，2022.

[6] 吴清. 初级商务英语阅读 [M]. 上海：复旦大学出版社，2018.

[7] 王淙. 国际商务英语函电：高职高专版 [M]. 西安：西安交通大学出版社，2008.

[8] 唐小波. 高职高专商务英语专业人才就业能力研究 [M]. 北京：北京理工大学出版社，2014.

[9] 肖文萍. 高职外语类专业教学实践与研究：以商务英语和应用英语专业为例 [M]. 北京：对外经济贸易大学出版社，2016.

[10] 李荣庆，李全福. 现代商务英语综合教程（上）[M]. 天津：天津大学出版社，2011.

[11] 房玉靖，刘玉玲. 商务英语综合教程（下册）辅导用书第 2 版 [M]. 北京：对外经济贸易大学出版社，2007.

[12] 欧阳文萍. 高职商务英语人才培养探索与研究 [M]. 西安：西安交通大学出版社，2017.